提质赋能

互联网时代高校学生人才管理模式研究

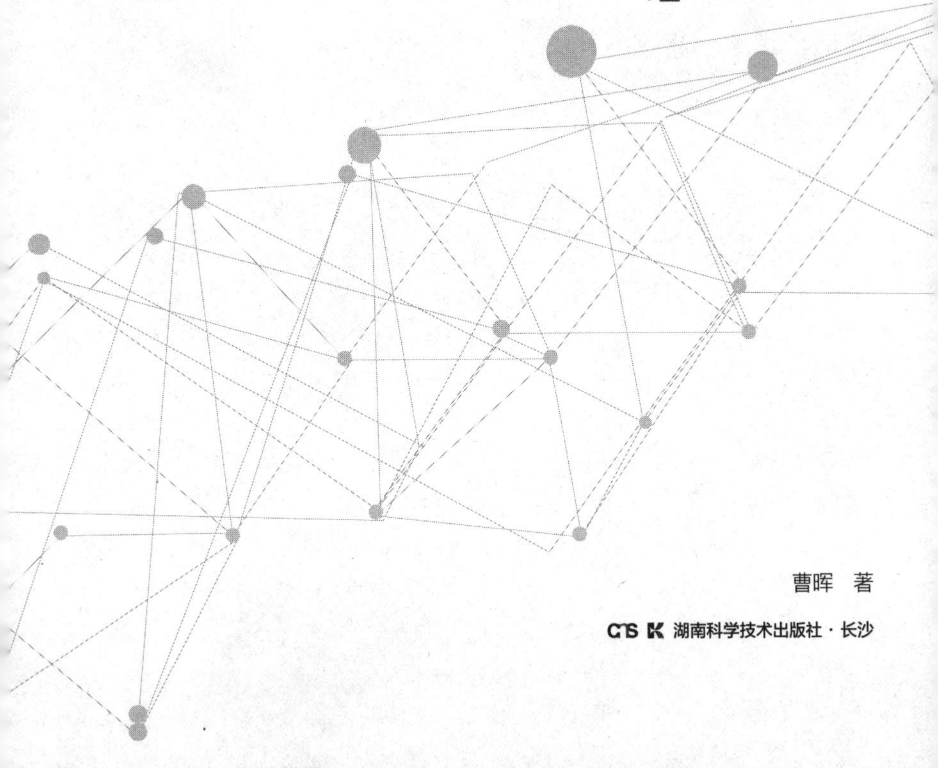

曹晖 著

CTS K 湖南科学技术出版社·长沙

前　言

　　学生管理是高校管理工作的重要组成部分，以培养具有创新精神和实践能力的高层次人才为目标，主要包括学生日常管理和学生学习管理。如何有效地开展这一工作，将完成人才培养使命与建立和谐社会目标相统一，是高校管理工作者要深入研究的课题。

　　培养人才是高校的基本职能。高校对知识的传承、保存、传播、创新和运用，也就是科研、服务、管理等工作无不围绕这一基本职能运转。但高等学校培养什么样的人才？如何培养人才？也就是培养人才的模式，包括培养目标、培养规格、培养方案、培养方法等，则是随着外部环境与内部因素的变化而变化，因高校层次、类型不同而不同，需要不断探索，不断更新，没有也不应有一成不变的人才培养模式。

　　互联网技术的发展带来了大数据和人工智能这样一系列的新技术和衍生产品，这些新技术和新产品让社会的所有领域都发生了变化。各个领域都在借助互联网的力量推动自身发展，通过建立自身的网络平台不断整合资源，通过自身不断地创新以适应时代的变化。互联网给高校学生人才管理工作带来挑战，也为高校学生人才管理创新带来了机遇。在互联网大环境中，充分利用网络技术和线上平台资源，探索高校学生人才管理新模式，将有利于高校学生人才管理实现创新、融合、高质量发展，为当前高等教育发展做出贡献。

本书以互联网为切入点，依托《职业能力导向下的高职学业评价研究》课题（项目编号：22YJG15），通过对高校学生人才管理的相关问题进行了系统的阐述，厘清概念，并全面深入地剖析了互联网对现代高校学生人才管理模式的影响，明晰现代高校管理模式的改革与未来发展方向。

此书对于现代高校管理者具有一定的学术参考价值。由于时间仓促，编者水平有限，本书难免存在不足之处，我们真诚地希望读者对本书提出宝贵的意见和建议。

目 录

理论追问篇

○ 互联网 高校教育新阵地
○ 学生管理 高校教育的基础
○ 人才培养 高校教育的任务

第一章

互联网：高校教育新阵地

21世纪是信息时代，通过教育信息化助力教育现代化的理念备受认可，也成了当代高校教育教学改革的一大主流趋势。互联网在全球范围内的兴起，掀起了一场影响人类思想、行为、活动等方面的深刻变革，这使得人类站在了新的时代——知识经济时代、互联网时代、大数据时代，也使得人类教育进入了革新时代。

第一节　互联网时代高校教育的基本理论

一、"互联网+"高校教育的本质

2015年7月，《国务院关于积极推进"互联网+"行动的指导意见》发布，针对教育领域提出：要针对各级教育创新教育公共服务供给模式和网络化教育新模式，汇集多方力量共同开发数字教育资源及网络教育服务；探索网络学习的学分认定与学分转换等制度，推动高等教育服务模式的变革；与国际接轨，与互联网企业合作，实现国际合作以及校企合作，共同推进"互联网＋教育"变革路径探索。

2015年6月14日举办的2015中国互联网＋创新大会·河北峰会上，业界专家聚焦"互联网＋教育"这一核心议题，纷纷提出了个人的看法、观点：蓬勃发展的"互联网＋"不仅不会使传统教育陷入低潮，反而能为其注入更多活力；纵观第一、二、三代教育可知，其分别以书本、教材、辅导为基本核心，当下我们迎来了第四代教育，同时还明确了学生的核心地位。中国工程院院士李京文表示："中国教育正在迈向4.0时代。"

之后，党的十八届五中全会提出要实施"互联网＋"行动计划，至此，"互联网＋"的理念得以迅速蔓延开来，给各个社会领域均带来了强大冲击，不少行业甚至因此开启了一轮声势浩大的新变革。教育的重要性不言而喻，是经济社会有序运作和健康发展的一大基础领域，不可避免地要面对社会变革的阵痛，因此"互联网＋"也获得教育界的广泛关注与深度思考，"互联网＋教育"成为新时代教育事业发展的重要突破口。

2019年，中共中央办公厅、国务院办公厅印发的《加快推进教育现代化实施方案（2018—2022年）》中，专门指出应充分发挥以互联网为代表的各种信息技术的作用，为教学的高质推进提供有力支撑，并助力智慧教育的动态创新成长，打造更具效能的"互联网＋教育"支撑服务平台。

《中国教育现代化2035》提出：构建服务全民的终身学习体系，注重教育普及，注重终身学习和个性化教育。在互联网时代，在线教育让学习变得触手可及，利用课余时间学习一门新语种，利用非工作时间学习一门新技能，利用晚年时光提升自己，正成为当下许多人选择在线学习的真实写照。

在"互联网＋"概念尚未诞生时，互联网教育便已运行和积淀了八九个年头。换言之，即便政府并未制订"互联网+"计划，教育模式的探索实践也已经推动铺开，大数据、云计算、互联网等技术越来越多地融入教育行业，"智能"的力量不断重塑教育形态，教育行业的互联网化目标已然实现。作为教育变革的重要契机，"互联网+"的作用在于升级传统教育，而非颠覆教育或颠覆传统教育体制，其最重要的价值就是促进教育者教育理念的改变，从而革新教学模式与教学方法。在融合式教学更受瞩目的当下，"互联网+"浪潮诱发了声势浩大的教育变革，其规模、声势、影响都远远超出此前的历次教育变革。毫无疑问，"互联网+"引发的教育革命将在21世纪教育史上书写出浓墨重彩的一笔。

基于此，本书认为"互联网+"高校教育的本质就是以信息技术为依托，推动教育内容的动态更新、教育模式的动态完善、学习方式的有机转变以及教育评价的日益多元化。

（一）教育内容持续更新

"互联网+课程"所产生的产物除了我们能够看到的网络课程，还包括对整个课程系统和形式所产生的积极影响。由于互联网具有能够支持海量的数据存储、简单易于获取的方式和内容方便制作、便于流动等优点，承载着巨量有价值前沿知识的课程内容能够在高等院校得到积极的师生支持和发展，为求知若渴的学子创造了各类知识汇聚的海洋，是学子进行知识获取、文化熏陶等学习行为的平台。连接了互联网意味着学生拥有了获取巨量资源的途径和渠道，获取知识的渠道资源甚至强于他们的授课老师。互联网不仅能在必修课程中起到作用，丰富的选修课程也能通过互联网实现内容的扩大和形式的新颖，有了诸多选择，也就有了众多具有独特特点的选修课程出现在各个校园，这无疑有助于丰富课堂内容，拓宽大学生的生活视野。

（二）学习方式连续转变

"互联网＋学习"为颇具热度的移动学习提供了概念层面的启发，然而不可片面地将之视作某种可随时进行或随地使用的学习方式，其本质体现在学习观念及方式的革新、进步上。在提高学生学习主观能动性方面，互联网成了关键工具，学生可以借此找寻学习的需求与价值，摒弃死记硬背的呆板学习方式，探索发现与自身学习能力、学习需求高度匹配的学习方式，有效越过学习实践中可能碰到的各式疑难。纵观研究性学习可知，其已诞生多年，但长期以来并未获得有效的应用推广，归结原因就在于研究的团队、场地、资源、财物力等严重受限，得益于互联网技术的普及应用，前述问题多数迎刃而解。翱翔在网络的广阔天地间，学生能够轻而易举地观察解读研究对象，就相识或陌生人群作大样本调研和比对实验。当互联网技术能为学生学习提供有力支撑时，才能实现对学生主体地位的充分明确，帮助他们摆脱从属地位、被动地位，更为科学、更具成效地运用自主学习策略。在此类实践中，大部分学生能掌握一定的基于互联网的探究能力和实操能力。

"互联网＋学习"对教师的职业发展也产生了巨大影响，得益于互联网技术的发展，教师远程培训蓬勃发展起来，教师终身学习的理念也真正意义上得到实现。对于掌握互联网操作技能的教师而言，他们愈发清醒地认识到其知识储备的快速老化，也真正懂得"弟子不必不如师，师不必贤于弟子"的道理。互联网促使教师的教学态度、学习态度、教学技能和方法都发生了积极转变，俯下身子与学生对话沟通，放下不可触犯的"权威"，以良师益友、合作伙伴的角色与学生们共同参与到探究式学习中来。

（三）教学模式不断优化

"互联网＋教学"涌现出大量的新概念，如网络教学平台、网络教学系统、网络教学资源、网络教学软件、网络教学视频等，有效地促进了教师更新教学理念、创新应用教学手段，教师教学素养也因此大大提升。另一方面，使人为之振奋的是，传统教学组织形式受到巨大冲击，其发生的变化堪称革命性。在先进互联网技术的加持下，以先学后教为突出特色的"翻转课堂"越来越多地进入教学活动。师生互动的形式化倾向不断减轻，课堂教学的时空限制几乎完全被打破。学生能够随心所欲地与同伴沟通讨论，请老师释疑解惑。教师的主导作用在互联网空间中已臻于峰值，借由移动终端，能够随时随地点拨启发学生，教师扮演的角色也由单一的知识传递者，转变为资源链接的提供者、学习兴趣的激发者、思维的引领者。教学的触角在互联网中能够无限延伸至任意领域的任何一个角落，即便远在千里之外，师生们也能与各行各业的翘楚人物交流观点、讨论分享。因此，课堂教学变得愈发生动灵活，形式更加丰富。学生能够在课堂上汲取新知，见到平日里仰慕的专家学者、行业模范，通过形象生动的视听语言释疑解惑，可想而知，这对于培养其学科学习兴趣将起到极为重要、极为深刻的作用。

（四）教育评价日益多元

"互联网＋评价"，这就是另一个热词——"网评"，网评是教育领域中运用于教学管理工作的一项重要手段。通过网络平台，学生可以对教师教学质量打分，教师可以对教育行政部门及领导分别打分，行政主管机关对不同教育单位、教师教学活动进行评价与监控，督促各校、每名教师在教育教学上主动提升、不断提高。换言之，"互联网＋"时代里的教育从业者既是评价主体，同样也是评价对象，社会各界人士也可以更为便捷地经由网络介入对教育的评价。除改变教育评价方式以外，"互联网＋评价"改变的还有评价内容、评价标准。比如：传统教育体制下，学生学业成绩是评价教育教学水平的唯一指标。

进入"互联网＋"时代，教师的考评指标越来越丰富，其中就包括教学素材整合、教研成果转化、教育教学经验的网络共享程度等。

总之，伴随着"互联网＋"进入国家顶层战略设计，就正式宣告了"互联网＋"时代的到来，高等教育务须主动顺应这一时代变革，才能保证教育教学取得创造性、革命性的发展成果，不断升华至新的境界。

二、"互联网＋"高校教育的特性

高等教育有别于其他教育，最根本差异源自高等教育的先天本质。在高等教育拥有何种本质方面，业界学者众说纷纭，时至今日也没有形成定论。高等教育可被划归到社会活动的范畴，和其他社会组织有颇多相似之处，除存在多重联系之外，也具有多重属性。然而作为教育事业的一个有机组分，整体观之，高等教育被赋予了教育的本质属性，也就是"一种培养人的活动"，具体观之，它是打造和输送各类专业人才的一种培训基地，不仅事关社会进步，也在某种程度上影响着民族兴衰。然而归根结底，它承担着不容推卸的育人任务，致力于对"人"的培养，离不开关于"人"的活动。那么在"互联网＋"时代，高校教育的特性是什么呢？

"互联网＋"高校教育的特性是定制化教学趋势突出。"互联网＋"是互联网蓬勃发展背景下一种有别于过去的、极具生命力的社会发展形态，给高等院校的教学活动也带来了颇大影响，为其教学改革活动的稳步推进开辟了道路。"定制"是和互联网时代高度契合的一种生产范式，其核心体现在对全体个体需求的充分关注和尽量满足，而该理念也获得了时下高校的普遍认同，是其教学改革活动的必由之路。高等教育有别于基础教育，需要充分关注全体学生的成长需要，所以"互联网＋"高校定制化教学理念被郑重提出，成了高等院校教学改革体系下的一项重要内容。

纵观该定制化教学模式可知，其实质是以现代信息技术为依托，为学生供给教育资源的一种新颖、高效的教学模式。其主要特色表现为自适应的教学路径与个性化的教学内容，得益于该模式，学生能全局且细致地把握个人学习进度，对个人专业成长也有了更为清晰的认知。该种教学模式的实践运用，并不意味着和当下的教学模式说再见，这也是不可能完成的。定制化教学的存在意义在于为现有教学模式提供有益补充与辅助，借由现代信息技术的应用，清晰、准确地提炼出学生个体的主要特征，在此基础上打造个性化、差异化的教学设计；促进广大教师教育智慧的与时俱进，为开展教学辅导提供帮助，与其他成熟教学模式相融合，打造基于"互联网+"技术的新型教学模式，有效激发学习者参与热情，提升教学效果。

基于"互联网+"技术的高校定制化教学设计和教学活动，其立足点和出发点都是学习者的个性倾向、兴趣偏好、知识建构、能力认知等，由此能够保证定制化教学为学习者量身设计有针对性、恰当的教学，进而有效激发学习者的学习热情与能动性，也可以显著增强学习者的自我效能感。定制化教学尤其关注学习者的能力倾向，为不同学习者提供了差异化、有针对性的发展路径，设定的教学目标呈现出明显层次性，因此能够很好地促进学习者学科核心素养的培养。关于"互联网+"高校教学特性，可分别从教育资源、教师、学生等层面作具体阐释解读。

（一）"互联网+"高校教育的特性——教育资源层面

1.丰富的教育资源提供内容保障

进入互联网时代之后，高校在更快、更多地获取教育教学资源上取得了颇为明显的进步，此亦是"互联网+"带来的显著变化。慕课（MOOC）、私播客（SPOC）、视频公开课、精品资源共享课、微课、在线学习平台、网络资源等教育资源不断涌现。这些内容丰富、形式多样且开放共享的教育资源，成为高校教学变革的重要基石。不同教学资源的特点不尽统一，也正是得益于"互联网＋"时代海量的优质教育资源，定制化教学的实现才获得了可靠保障。

不同特点的教育资源对应着不同的适用范围：慕课通常是知名高校录制的大规模开放在线课程，课程资源涉及学科、专业门类众多，给学生提供了功能更全、更强大的互动交流平台；私播客是一种体量不大且受到一定限制的在线课程，教学资源被赋予了更为显著的针对性，能更高效地和传统教学对接；微课的特性可以凝练地概括为"短、小、精、悍"，是指向性解决重难点知识的教学资源，利于学习者掌握理解。不同类型的教学资源为定制化教学的推动提供了极大便利，不仅体现在丰富的课程资源上，也反映在高效满足学习者的不同学习诉求上。

"互联网＋"时代，资源的生成速度呈几何级数的增长。学习者往往自发地在网络平台检索、查阅、分享教育资源，而不需要任何人的要求。伴随着教学或学习活动的有序推进，全球各地的学习者均能通过网络上传或获取相关学习资源，大幅提高了教学资源生成效率。因学习者在阅历、专业及能力上存在一定差异，使得他们所生成的教育资源也具备了多元化特征，教学资源的形式获得极大丰富，要有效运用这些资源，学习者则务必要进一步强化个人的学习能力，借此形成更高水平的学习效率。

2.高校占有一定的教育资源

网络为教育资源的不断发展注入了强大动力。在互联网更趋普及的当下，各种在线学习平台相继诞生和投入使用，为教育资源的有机整合开辟了关键路径。国内外知名高校开发的课程成为网络共享的优质教育资源，其常见形式如慕课、私播客、视频公开课、精品资源共享课等，附加了形形色色的辅助教育教学资源之后，这些教学资源更具特色且有质量保证，受到众多高校教师和在校学生的青睐。高校教师用其提升自我，作为辅助专业教学的补充素材；学习者从中拓展视野、开阔眼界，用以辅助理解和掌握专业知识。此外，涉及慕课、私播客、精品资源共享课、微课之类的教育资源研究，涌现出最具指导价值和前瞻眼光的研究成果同样集中在高校。综上，学习资源的数字化、网络化开发、利用与研究是"互联网+"时代赋予21世纪教育的重要机遇，其研究者和开发者都集中在高校，某种意义上而言，高校占据绝大部分的优质教育资源，在资源挖掘上先天拥有高效便捷的优势，可以广泛探索、利用优质教育资源，这对于基于教育技术的定制化教学研究也起到了重要作用。

（二）"互联网+"高校教育的特性——教师层面

1. 新型教育理念的树立

基于新型教育技术的高校教改在理论、实践层面的探索研究，为"互联网+"高校定制化教学提供了科学的理论指导，诸如此类的实践探索与研究也使本书研究获得可供参考的案例。理论研究持续深化与教改实践深入推动背景下，高校教师对"互联网+"时代的教育形势有了更加深刻的认识，传统教学形式愈发难以应对当代社会关于人才培养提出的要求，和个体需要也存在不小差距，如此背景下教师需要积极优化个人的教育理念，在固有教学框架中探索应用更多新的教学形式。比如：引入微博、QQ等自媒体，开展基于深度交互的社群交互式教学；关注学习者的探究协作，在课程教学中充分运用在线学习平台；挖掘和利用好慕课、私播客等精品教育课程，扩大课堂教学知识容量。这些实践运用均是可供大学教师尝试的新型教学形式，在推动高校定制化教学深化发展方面能发挥出相当积极的作用。

2. 教师价值的重视

欠缺足够的内在吸引力，是高校教学与科学研究工作的重要区别之一。这是由于教学实践中包含一定比例的重复性劳动。在讲解同个专业课程的过程中，教师的主流做法是照搬之前的教学设计，且由于课时数、教纲等限制性因素，教师在传统授课过程中往往单一关注于传授知识，教学能动性没有得到全面、细致的发掘，在某种程度上抑制了学习者学习主动性的提高，也妨碍了创新思维及能力的培育和拔高。

教育绝不仅仅是教授知识，最核心、最本质的价值在于帮助受教育者生成智慧、塑造品格、培养能力。尽管基于"互联网+"的高校定制化教学赋予学习者以教学设计的决策权，但并不意味着教师责任的减轻，恰恰相反，后者因此承担了更艰巨的任务。一方面，学习者在利用大数据、学习分析、量化自我等技术的基础上，可以较为准确地把握自身的个体特征，但却缺少足够能力作出科学决策。此时，教师立足于数据分析的量化结论，能够初步掌握学习者的具体情况和特点，依靠自身深厚的专业素养以及多年积淀的教学智慧，可为学习者供给更具针对性、更具效能的教学指导，使后者作出恰当选择。另一方面，定制化教学充分有效地整合了课程资源，更好地便利了教师开展教学，使得教师在包括激发智慧等诸多方面发挥了巨大作用，该群体对于定制化教学的认可及付诸实践能更好地促进"互联网+"定制化教学，为其提供不可或缺的专业师资支持。

（三）"互联网+"高校教育的特性——学生层面

1. 互联网时代学习者特征

当代大学生自小便有机会接触互联网，大多掌握了一定的网络技术，是"互联网+"时代的"数字原住民"，因此具备较好的信息素养与实践能力。但"互联网+"时代是知识爆炸式增长的时代，知识更新速度超乎想象，海量信息充斥着学习者的生活，后者享受优质教育资源的同时也面临着极高水平的学业压力，这给学习者应当具备的信息素养提出了更高要求，以满足"互联网+"时代学习成长的新要求。技术、网络、信息等常常是高校大学生关注和追踪的热点，他们迫切希望了解新事物，把握学科前沿课题的发展进度，有需求也有能力去搜寻和利用各种教育资源，因此愈发主动地参与到互联网场景的深度交互中。基于"互联网+"技术的深度学习是当代学习者普遍认同和支持的一种颇具效率的学习方式，为该群体更快、更充分地接纳"互联网+"高校定制化教学提供了可能，并取得理想的学习成果。

2. 学习者对新型教学方式的需求

在予以文献调研的同时还实施了有关访谈，笔者发现，学习者对高校当下所采用的教学方式持有一定异议，认为教学效果不尽理想，并将原因归结为传统教学模式的延续。尽管教育领域与"互联网+"的资源整合起步较早，但及至当前，"互联网+"教育仍未能显著有效地推动高校教学方式取得创新性、创造性的变革。

现阶段的高校教学普遍为大班制教学，重在强调教学及管理的质效，不足之处是未能充分照顾到学生们的个体特征，将大部分注意力和教育资源投向了学生的整体特征上，以学生的整体特征作为开展教学活动、拟订教学进度计划的主要依据。然而如此教学进度和模式无法高效契合全部个体，一些学习者常常由于落后于教学进度或在教学活动中参与过度而出现消极倦怠情绪，最终造成教学低质低效，进而演化为恶性循环。同时，有些学习者的学习进度远超教学计划，因此在教学过程中，他们表现出兴致缺缺的态度，缺少学习热情，同样难以取得良好的教学效果。且此种教学方式选用的教学素材在呈现方式上兼具普遍、简洁等特征，如通过 PPT 予以呈现等，如此做的主要目的是：充分利用此类呈现方式的效率，力求在有限范围内充分、完整地呈现教学内容。

当前，信息呈现方式的高效率不能简单地等同于优质效果，其主要原因是各学习者有着差异化的信息呈现形式偏好，而差异化的信息呈现形式会给学习者的实际学习效果带来不一样的影响。个性化、有针对性的新型教学方式，能够使学习者对教育资源更具认同感，从而主动接受和学习。纵观"互联网+"高校定制化教学可知，其核心之处体现在关注学习者所表现出的个体特征并给予了充分尊重，立足学情组织教学，使学习者的积极性获得极大激发和调动，运用好新型教育技术、教学方式，满足学习者的期望与需求，在此基础上打造所谓的高效课堂。

第二节　互联网时代高校教育的多元变革

一、学习需求的变革

（一）学习需求概念界定

张厚粲教授认为需求是刺激人类行为产生的主要内在动机，个体行为的积极性和能动性就诞生于此，它对于促进个体思维、意志和素质发展发挥有不容忽视的重要作用，是关乎人类发展、个体成长以及潜能挖掘的重要概念。张大均主张学习需求的出现与人的强烈求知欲息息相关，是基于生产、生活以及更高层次的发展需要而呈现出的一系列反映。对于学生而言，所谓学习需求，即学生在接受学校教育教学的过程中关于知识、学业以及人际交往等各个方面形成和表现出来的期待。田海燕在其研究中指出学习需求分析的实质是基于实证调查的一种诊断过程，先对相关资料加以搜集，再做必要分析，明确问题，最终形成针对性的解决办法。它需要经由系统分析、论证验算等环节探究确定教学中的潜在问题，明晰问题性质，提出解决方案。[1]

（二）新型的学习需求观

当前，云计算、大数据、物联网、移动计算等新技术正处于迅速发展和深化运用之中，使得各行各业均踏上了信息化发展进程，社会信息化程度呈整体提升态势，信息技术越来越深刻地影响到教育事业的发展。学生的学习需求对于其学习获得感、成就感和效能感的产生存在决定性影响。明确学习需求的基础上，充分尊重学生的教育资源

---

[1]　田海燕.校本课程开发中的学生学习需求分析[D].首都师范大学，2004.

14

消费偏好，才可以针对性、靶向性生产教育服务产品，更精准、更充分地契合广大学生的真正学习需求。对于基于互联网的新型学习需求观，可将之总结成：深度精准引导（学生需求需要深度精准引导），混合式需求（学生需求由核心需求和核心需求衍生出的次级需求组成），实际获得（核心需求衍生出的次级需求对学习者而言更容易产生获得感），动态生成（学生不断重新定义自己的需求链，直到自己满意为止）。

（三）学习需求建模

1.建模理念

学习需求建模的方式多种多样，但依据什么样的理念建模是考虑建模的首要因素。

AECT（美国教育传播与技术协会）2004 年出版的由密苏里州立大学（Missouri State University）David H, Jonassen（戴维·乔纳森）主编的《教育传播与技术研究手册》（第二版）中，由 Richey（瑞奇）等撰写的《发展性研究：教学设计和开发之研究》（*Developmental Research：Studies of Instructional Design and Development*）一文系统探讨了发展性研究的实质。他们认为："发展性研究应该是设计开发和评价适合内在一致性和有效性标准的教学程序、过程、产品的系统研究……发展性研究不仅仅关注形成性评价，也非常关注总结性评价和实证性评价。它关注的不仅仅是需求评估，也关注前后端的分析……当评价能够成为一种综合性的方式时，研究的范围就会随之扩展至产品创新以及产品的使用和管理。一般研究的目的是在知识生产、理解和预测上，而发展性研究则特别强调结果一般化或情景化程度的变化。"Richey 等还给出了发展性研究的 type1 和 type2 两种类型。一些研究者认为发展研究法是观察分析研究对象身心特征，并通过比对发现在对象发展过程中呈现的个别差异现象的一种研究方法，其主旨就在于检视发现时间线推移背景下的改变情形。研究范畴涵盖动作、情绪、智力、社会等个体成长要素的发展，其类型可区分为两大类，即生长研究和趋向研究。Richey 等主张发展性研究区别于一般意义上的调查研究、实验研究或个案研究，认为前者更近似于一种研究方式或研究结构，而非具体的研究方法，两者存在性质上的根本差异。因此，他们提出了以 type1 研究类型为核心的研究构思，以有效辅助具体情景下的项目研究开展，该研究方法将研究需求的形式概括为"设计—开发—评价"，着眼于体系视角对发展性研究项目的整体性作出讨论思考。

2.建模过程

发展性研究是成体系、成系统的一类研究方法，在解构分析各开发阶段关键性缺陷的基础上，会对各基础研究环节的内在一致性、有效性作出验证，并进行调控和规范。发展性研究同时要达到其预期的效果、效率和效益。相关研究中，常常通过更迭发展形态来达到推动研究的目的。且此种更迭不单单强调要优化开发流程和弥补关键性缺陷，而且要求找寻发现"目标—条件—资源"等流程中的关键风险点、平衡点，由此更好地推广运用研究成果。由于学习需求建模的特殊性，基于发展性研究理念，我们将这一建模过程分为获取阶段、分析阶段和评估阶段，如图1-1所示。

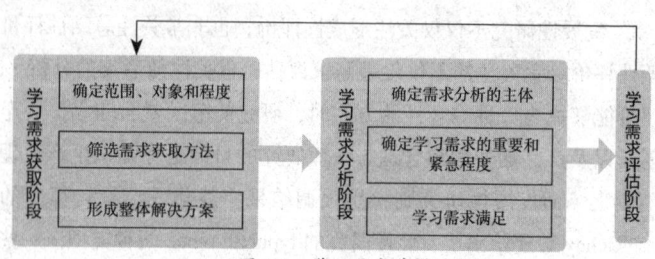

图 1-1　学习需求建模过程

（1）学习需求获取阶段

①确定范围、对象和程度。学生的学习需求，尤其是学生在课堂教学、平时作业练习、信息技术使用、心理健康、思想态度、行为习惯等方面的学习需求，带有很强的综合性和情景性，而且往往涉及学校、家庭、社会等多个方面，根据各方面情况，要系统化地确定学习需求的范围、对象和程度，即哪个群体在多大范围、什么层次上有什么样的学习需求。②筛选需求获取方法。对于知识难点解决以及动手操作方面的学习需求，借助一般的问卷调查，通过计算频率的方法就能定位需求指向；对于心理健康、思想态度、行为习惯等方面的学习需求，需要借助严谨的问卷调查、深度访谈、现场观察、专家指导等形式，综合考虑学校、家庭等拥有的教育资源和个人学习背景，甚至借助大数据方法进行深度挖掘，这样才能逐渐定位到需求指向。③形成整体解决方案。通过整合现有的人力、物力等资源条件，借助互联网形成学习需求的整体解决方案，包括准确找到核心需求、次级需求，确定获取学习需求的合理方法以及适用的软件技术和获取途径等。

（2）学习需求分析阶段

①确定需求分析的主体，即谁来对所获得的学习需求进行分析。对于知识难点解决以及动手操作方面的学习需求分析，借助统计分析工具即可基本完成，且需求分析的准确度较高；对于心理健康、思想态度、行为习惯等方面的学习需求分析，我们要认识到这类需求具有明显的个性化色彩，并且发生在学生学习以及成长的不同阶段，情况较为复杂，需要的时间也比较长，所以在分析这类需求时，除了借助统计分析工具完成基础性分析之外，还需要将科研人员和班主任、任课教师、生活教师、家长、同伴等多个主体结合起来进行统一整理分析。②确定学习需求的重要和紧急程度。借助时间管理理论，把学习需求定位在四个象限内：既重要又紧急、重要但不紧急、不紧急也不重要、紧急但不重要。既重要又紧急的学习需求需要优先处理，重要但不紧

急的学习需求需要重点关注，不紧急也不重要的学习需求可以后置处理，紧急但不重要的学习需求需要尽量避免。③学习需求满足。把学习需求罗列出来并按照时间管理办法进行排列，找出适合个体学习情景中的学习需求，并借助资源和服务满足学习需求。

（3）学习需求评估阶段

利用调查、访谈等多种方法对学习需求是否满足个体意愿进行评价：如果满足学习需求，则形成学习需求报告，并对需求解决方案进行剖析，形成个案经验；如果没有满足学习需求，则要回到需求获取阶段，重新进行需求获取和需求分析，直到满足学习需求为止。

以上建模过程扼要勾勒、描述了一个研究形态的基本步骤。涉及发展性研究，其间诸多阶段和环节还将重复出现"获取—分析—评价"的研究流程，以高质量满足学习者的学习需求。也恰恰是因为前述形态的反复更迭，人、技术与实践之间的矛盾不断出现又不断化解，由此生成有持续性特征的强大推进力，成为解决学习需求的有力支持。

二、学习空间的变革

（一）变革背景

"宽带网络校校通、优质资源班班通、网络学习空间人人通"简称"三通"工程，是我国新时期推进教育信息化的重要抓手，标志着我国的教育信息化建设与应用进入了一个新的历史发展时期。《国家中长期教育改革和发展规划纲要（2010—2020年）》提出"信息技术对教育发展具有革命性影响，必须予以高度重视"；《教育信息化十年发展规划（2011—2020年）》提出"形成与国家教育现代化发展目标相适应的教育信息化体系"。十八大以来的多项重要政策文件，均把教育信息化作为重要的内容，它在促进教育公平和均衡发展，助力教育领域综合改革方面起到了重要的作用。

中央网络安全和信息化委员会印发《"十四五"国家信息化规划》，对我国"十四五"时期信息化发展作出部署安排。其中数字公共服务优化升级工程的第一项，即开展"互联网 + 教育"云网一体化建设。加快推动中国教育专用网络及配套平台的建设，使泛在化网络学习空间更好地服务于全国大中小学校教育，满足创新型教学常态化应用的现实需求，推动优质教育资源开放共享，缩小区域、城乡、校际之间的差距，实现更加公平、更有质量的教育。

2021 年 12 月教育信息化和网络安全工作月报显示，截至 2021 年底，国家数字教育资源公共服务体系新接入市级平台 1 个，体系空间月活用户 3 276 万人；国家教育资源公共服务平台新开通教师空间 4 万个、学生空间 6 万个，新汇聚 2 家应用服务商的 4 个应用。国家中小学网络云平台累计访客 10.05 亿人、浏览频次超 60 亿次。"爱课程"网站、客户端年度新增用户数超 5.1 万人，网站开发的中国大学 MOOC移动 App 累计下载次数接近 9 000 万人次，注册用户在平台网站可浏览观看的开放课程累计 5.83 万门次。

（二）网络学习空间的概念

祝智庭和管珏琪认为，网络学习空间（ learning cyberspace）是获得学习平台的服务支持，且面向正式、非正式学习的虚拟空间。网络学习空间中教与学过程涉及的要素包括角色空间、内容资源空间、媒体工具空间、过程信息空间等。[1]贺斌和薛耀峰认为，网络学习空间是科学规划设计的，依托现代信息技术和计算机网络搭建生成的、提供

---

[1] 祝智庭,管珏琪."网络学习空间人人通"建设框架[J].中国电化教育,2013(10):1-7.

学习支撑服务的一类虚拟空间。[1]钟绍春认为，使用者的网络学习空间是尊重使用者个性化学习需要而建构形成的网络应用系统，其基础功能涵盖选择或建立业务支持、工作流程支持、信息交互、站点新闻通知、互动交流、文档存储、链接分享等，这些功能被集成呈现为个性化网页界面。[2]杨现民等认为，按照运行载体服务性质进行分类，网络学习空间的概念可作广狭义的区分。广义的网络学习空间是指兼容性理想，可运行在各类平台载体上，为在线教学活动提供技术支撑服务的虚拟空间。此类学习空间包括学习管理系统、慕课平台、教育云服务平台等，网络社交平台（如微博话题、微信平台等）在满足教、学具体要求时，也可以将其视作为网络学习空间的一类。其狭义概念专指特定的教育服务平台与虚拟学习空间，国家教育资源公共服务平台、国家中小学网络云平台都属于此类。一般来讲，行政文件、新闻报道以及学术文献所提及的网络学习空间多指后者。从整个概念的演变历史来看，本书认为，网络学习空间使得学习者拥有了新的选择、新的感知、新的交流、新的协作、新的反思，可以说，网络学习已经逐渐成为一种个体教育活动的生命样式。

（三）未来研究重点

现代科学的形成与发展不断改变着人们的生活和学习方式，也逐渐转变着人们的认知结构与思维特征。新一代的"数字土著"善于利用技术工具拓展学习、处理问题，有着明显的个性特征。云计算、移动互联、大数据等新兴技术的规模化发展，改变的不仅仅是人们的消费习惯和生活习惯，更改变着人们的思维习惯与学习和生活的状态。

[1] 贺斌，薛耀锋.网络学习空间的建构——教育信息化思维与实践的变革[J].开放教育研究，2013，19（4）：84-95.

[2] 钟绍春.教育云、智慧校园和网络学习空间的界定与关系研究[J].中国教育信息化，2014（6）：3-8.

而空间就是人们生活的一部分，就像喝水、呼吸空气一样，已经自然而然地融入了人们生活的各个角落。在具体的案例中，网络学习空间有用于德育教育的，有用于课堂教学的，有用于网络共享的，可以说，网络学习空间的应用呈现出多元化的态势，这是一个非常好的现象。

在未来的工作中，以下几个方面需要重点研究。一是网络学习空间注册和应用的实名制。这是规范有序地推进网络空间应用的重要保障，也是准确快捷地为学习者提供资源与应用服务的重要基础。二是空间功能的集成化。学习者在空间中可以定制各种各样的功能，这些功能的来源不同，设计思路不同，应用方式也不同，可能会给学习者顺畅浏览和应用带来不便。因此，空间里的功能要有一定的集成度，就像集成电路的设计一样，让学习者直接"触碰"到应用，而不至于陷入"功能孤岛"。三是融合多态模式。把空间中学习者所需要的，能够服务学习者全流程、全要素的模式融合起来，让学习者能够畅通地在模式转化中持续学习，把学习过程和学习支持融合到模式体系中。四是鼓励教师、学生和家长创新应用，把师生之间、学校和家庭之间的边界打通，做到应用之间的互通、关系之间的互通、服务之间的互通，以学生为中心，形成服务学生健康成长和发展的互通集合。五是实现对学生日常学习情况的大数据采集与分析，优化教学和学习模式。六是要高度重视空间的网络安全，保证网络空间的数据安全和应用安全。

三、教学实践的变革

教学实践变革是推进教育变革的关键环节。在研究中发现，随着互联网在学校教育中的应用越来越深入，技术介入所引发的新型师生关系（教师和学生之间的关系）、新型课社关系（课程和社会之间的关系）被实践不断地推动，发生着细微的变化。同时，学生的个性化需求和家长对教育的期待，也逐渐成为推动新型社会关系形成的重要力量。所以说，我们所关注的信息技术对教育教学的推进，不仅仅发生在课堂教学中，也发生在学生成长的每个阶段、每个角落、每个节点，即这种推进发生在学习环境和服务育人全过程中。本节将对翻转课堂、微课课堂以及其他新型课堂（如3D打印课堂、电子书包课堂、增强现实课堂、交互式白板课堂、一对一课堂、场馆课堂）等教学实践的基本要义、教学模式，应用中需要注意的问题以及典型案例及述评进行系统的介绍和分析，以便呈现出更加完整和清晰的应用样式。

（一）翻转课堂

翻转课堂通过引入和运用现代信息技术，着力解决教与学关系的焦点问题，使课堂教学改革取得创造性的改变，其先进性可以凝练地概括为一个字，即"用"。借由技术之"势"，翻转课堂淋漓尽致地展现出现代教育技术应用的"能""易""巧""慧"，完美解决了各类信息化教学模式都要面对和解决的基本问题。

翻转课堂的提出，源自美国科罗拉多州林地公园高中两位化学教师的尝试。教师考虑到班级少数学生因为参加活动未能参加化学课程的学习，于是使用PPT抓屏功能完成课程录制，并上传至网络供学生学习。出乎意料的是，由此萌芽的翻转课堂一度风靡美国乃至成为全球众多国家学校效仿的教改创新案例。有研究者为便利读者更加清晰准确地掌握翻转课堂的概念、要旨，分析了美国弗朗西斯科圣心大教堂学校、伊利诺伊州尚佩恩高中、底特律市克林顿戴尔高中等多所学校化学、微积分学科翻转课堂的教学过程，据此将翻转课堂的基本环节总结为问题引导、观看视频、问题解决三项。首先是问题引导环节，基于学生固有知识经验，提出带有"热身"性质的问题，在网络平台上传分享预先摄录好的课堂教学视频；其次是观看视频环节，学生课后自行观看教学视频，通过不同渠道或途径反馈学习疑难困惑，解决问题，并逐项列举存在理解障碍的知识点；最后是问题解决环节，教师收集整理学生反馈的疑难问题，就此组织课堂讨论，通过师生互动、小组竞赛等形式有效解决这些问题，并将学生的参与深度作为一项重要要求。

从知识内化的角度而言，翻转课堂的基本要义是：翻转课堂翻转的是教学流程，而非知识内化的基本原理，通过灵活运用好人类学习的基本原理，翻转课堂增加知识内化频率、次数，知识内化的难度由此得到消化分解。我们可以大胆推测：知识内化的过程极少出现"立刻同化""立刻顺应"的现象，要巩固掌握知识，绝大多数的知识内化过程都必须经由反复多次的内化循环加以实现。

（二）微课课堂

近段时间以来，微课讨论的热潮一浪高过一浪。对于微课的概念范畴、设计、开发等的辩论，无一不成为社会关注的热点话题。按照常理，这么高的关注度应该会有好的应用凸显度。然而，摆在我们面前的问题却非常严峻：教师们对于"微课是什么""微课怎样使用""微课与课堂教学的结合点在哪里"等问题依旧存在困惑。假设一线教育者未能很好地利用微课，那么如今花费巨大的财力、物力和人力就很有可能达不到预期的效果，开发机构的人、财、物投入难以回笼，由此势必推动微课趋向于走低质低效、重复建设的老路，信息技术与教育教学的深度融合也可能因此遭遇严重挫折，这是我们不愿意看到的。所以对微课开展深入且实用的研究是必要且必需的。

当前，国内外关于微课的定义主要着眼于"学术"视角，主要有微课是课程、微课是视频课程、微课是课和微课是微视频四种。这几种界定中，无论赋予微课何种意义，它都具备一项共同特征，即微视频或微资源的支持是不可或缺的。几种界定的分歧之处则主要是微课的基本定位。任何学习活动都必然存在或发生在某特定情景中，我国学者在权衡分析学习活动、地点、时间和伙伴等影响因素后，将常见学习情景划分为五类，包括课堂听讲（集体）、个人自学（个体）、研讨性学习（小组）、边做边学（群体）和基于工作的学习（群体）。除课堂听讲以外的后四种情景又可以称作为非课堂听讲（集体）情景，因此，学习情景可以分为两大类，即课堂听讲（集体）情景、非课堂听讲（集体）情景。涉及微课的研究逻辑，通常是界定微课→提出应用情景，但此种逻辑常常使读者感到疑惑不解。有鉴于此，为便于指导应用，笔者认为应首先确定学习者的学习情景为微课应用情景，而后界定阐述微课的概念。其实，微课更多情况下受到其应用情景的影响，课堂听讲（集体）情景中的微课应用，必然围绕课堂教学展开，其间的教、学活动在相同时空内发生，微课的嵌入必须统筹考虑到与课堂教学目标、内容、过程等基础环节间的关联影响；在非课堂听讲（集体）情景中，就不涉及前述情况，因为微课的教与学可能并非发生在同一时空，它能够自成体系，形成教学生态链完整的一个自足系统。

当前学术界对于微课的认识存在诸多不同见解甚至强烈异议，最关键的原因就在于未能就微课应用情景达成统一意见。[1]笔者认为，课堂听讲（集体）情景中嵌入应用的微课主要指微视频（如视频、动画）等形式的教学素材。微课的概念是相对于三维教学目标完整的"整课"来讲的。在非课堂听讲（集体）情景中所讲的微课是指微课程，此处的微课程能够为学习者拓展知识视野和提供问题解决方案。微课程内容丰富程度、服务周到性的高低与教、学分离背景下学习者知识应用能力的提升呈正相关。

---

[1] 赵兴龙，詹伟华．"微课"再解：回归应用价值的认知[J]．现代远程教育研究，2015（4）：7-10．

（三）新型课堂

1.3D 打印课堂

北京智慧学习研究院发布的《2016 新媒体联盟中国基础教育技术展望——地平线项目区域报告》中提出了中国基础教育领域未来五年教育技术发展的九大关键趋势、九大重要挑战以及十二项重要技术进展。其中未来二至三年的重要技术进展中包括 3D 打印、3D 视频、学习分析、大规模开放在线课程（慕课），其中 3D 打印排在第一位。美国新媒体联盟发布的《地平线报告》（The Horizon Report）从 2013 年起连续三年提到，3D 打印将成为教学的主要技术，并指出未来二至三年内 3D 打印将走进教学。

2.电子书包课堂

电子书包的概念至今仍没有一个较为统一的说法。从电子书包发展的脉络和学生日常使用的情况看，我们还是倾向于这个概念：电子书包是整合了电子课本阅读器、虚拟学具，以及连通无缝学习服务的个人学习环境。电子书包在英语课堂教学中有广泛应用，这样就对英语教师教学素养提出更高要求，如教学设计要更全面、细致，特别是对小组交流、成果分享、成绩互评等教学环节的安排布置等；教学素材挖掘利用务求丰富、充实。当然，电子书包的最主要作用表现为大大减少了教师在教学成绩评定与检测方面耗费的时间精力，其内置的统计分析功能可以帮助教师程序化统计、分析教学效果反馈信息。

3.增强现实课堂

增强现实（Augmented Reality，简称 AR）的概念非常有意思，我们似乎很难对增强现实下一个确切的定义，但是从字面意思上理解反倒显得简单易懂。如果把环境分为现实环境和虚拟环境两个组成部分的话，在真实环境中放置虚拟的对象，就是增强现实；在虚拟环境上放置真实的对象，就是增强虚拟，有学者定义了真实环境和虚拟环境的连接关系，就是对增强现实的最好诠释。在这个课堂中，学习者对虚实融合的教学情境充满好奇感、亲切感，并以最贴近自然的方式参与探究学习。基于增强现实的交互课堂使学习者接触到崭新的学习手段，知识讲授的交互性愈发强烈。情境性特征是增强现实教育技术应用的最显著特征，其优势在于"增强"现实体验而非替代现实。增强现实的作用包括模拟学习对象，快速生成、多形式呈现模型对象并根据学习需要进行操纵和旋转，使学习者在贴近自然的交互情境中获取更为广阔的探索空间，这在抽象性特征明显的学科教学中有较大应用价值。

4. 场馆课堂

场馆课堂是指师生在场馆中共同完成教学内容，达成教学目标的一种课堂教学组织形式。场馆课堂的概念来源于场馆学习。早在 2000 年，美国学者 Falk（佛克）和 Dierking（迪尔金）就写了《博物馆学习：参观者的经验和意义建构》一文，指出场馆学习发生在一系列真实的情境中，是个体环境、物理环境和社会环境共同作用的结果。2014 年在美国奥斯汀举办的"2014 都柏林核心元数据计划年会"专门针对传统美术馆（Gallery）、图书馆（Library）、档案馆（Archives）和博物馆（Museum）（简称 GLAM）在文档管理、组织方面的描述和领域差异，提出了"元数据十字路口：桥接文化孤岛"的主题，旨在探索文化交织中元数据扮演的角色。从最初的博物馆学习、科技馆学习到后来的 GLAM 学习，再到现在较为流行的 STEM（Science、Technology、Engineering、Mathematics，即科学、技术、工程、数学的英文首字母缩写）教育，其实都体现了学校和社会协同育人的一种教育理念。

第三节　互联网时代高校教育的机遇挑战

一、互联网时代高校教育发展机遇

"互联网＋"为我国教育事业发展带来难得的机遇，这是以前所不曾遇到或难以奢望的。在微观层面，"互联网＋"使得课程设计、教学实践、学业评价等诸多方面均出现了明显变化；《人民日报》曾聚焦"互联网＋"时代的教育发表过专题文章，将其主要优势归纳为四点：①有利于促进教育公平；②有利于学生的自主学习；③有利于发挥大数据服务教育的作用；④有利于帮助学习者摆脱时间和空间的制约。从教育学视角分析，笔者认为"互联网＋"为高校教育发展带来的重要机遇集中反映为下述四方面：

（一）教育进一步突破时空限制

对于高校教育而言，"互联网＋"的主要贡献是使其在一定程度上突破了时间和空间的束缚，为学生随时随地进行学习提供了有力支持，创设了"泛在学习"的局面，即学习活动的开展不拘泥于时间、地点的限制，能够有效避免因贫富差距所产生的"教育／学习鸿沟"（Education／Learning Gap）。"互联网＋"打造了不设围墙的学习场所，为全民学习及终身学习奠定了基础，推动了我国教育事业的跨越式、革命性发展。

突破时空地域限制、缩小"教育／学习鸿沟"，是互联网时代我国教育事业发展迎来的一项重要机遇，这一点已经成为众多教育专家、学者和官员的共识。2015年5月23日，中国教育部与联合国教科文组织联合举办的国际教育信息化大会于北京隆重举行，这次大会是围绕

"信息技术与未来教育变革"这一主题展开的。在会议召开期间，任友群得到了教育部新闻办官方微博"微言教育"的盛情邀约，并以官方代表这一身份做了答网友问，如"'互联网＋教育'能使当下教育发生哪些改变"，他指出将信息技术引入教育领域能实现对信息鸿沟的进一步消除，能为教育公平的早日实现提供更大支持。依托"互联网＋"技术应用，"老少边穷"地区的青少年也能够分享获得优质的现代教育资源。

从另一方面来讲，"互联网＋"促进中国国民教育的发展，也是达成联合国既定的千年发展目标的关键契机。前者的重要内容之一即普及小学教育。2015 年 5 月 23 日，国务院副总理刘延东在国际教育信息化大会上致辞时指出："教育信息化突破了'时空限制'，是缩小教育差距、促进教育公平的有效途径。信息技术的应用，能以较低成本，把优质教育资源输送到农村和边远地区，大大缩小了教育差距和数字鸿沟，可以使全球 1.2 亿失学辍学儿童的'读书梦'不再遥不可及。"党和国家正着力推动的"三通两平台"也是为达成该目标而服务的。

（二）教育进一步个性化

"互联网＋"极大地助力了我国教育的个性化发展。21 世纪大数据技术、学习分析技术快速发展起来，教育企业可以深度挖掘和利用互联网环境中取之不尽的数据，赋予互联网教育产业更为显著的个性化、高效化及移动化。特别是大数据等前沿技术的不断迭代，使得教育企业的个性化服务产品供给具备更多可能性。比如：大数据可以分析出各类型学生的认知特点与学习需求，教育技术公司借此能够开发出与学生个体需要相吻合的个性化网络教学产品。由此能够夯实互联网教育行业的市场基石，且具有进一步创新、突破的潜力。

"互联网＋"技术赋予在线教育包括 MOOC 快速、即时、高效、完整采集、存储和分析学生学习数据的能力，这里所指的数据涵盖学生学习能力、方式及方法和学业成绩等量化数据，以及不同学习者关于新教学技术引入所呈现出来的反馈反应，如掌握相关知识（概念、原理及定律等）所需付出的时间等。MOOC 平台还可通过后台去获取和整合相关数据，包括在观看教学视频上花费了多长时间，某视频所对应的点击率，视频快进时长、频度，解决数学问题所需时长、正确率，观看视频与阅读文本之比，等等。

自适应学习（Adaptive Learning）是"互联网 +"赋能学校教育的主要成果之一。所谓自适应学习，即教育者为学生营造创设出与其学习需求相适应的学习环境、实例或场域，使学习者从学习经验中提炼总结出有效解决问题的学习方式、学习方法。借由大数据技术的应用驱动，教育院所、企业能够准确分析掌握学生的学习个性特征、学习过程与学习结果，这对于指导学生的自适应学习尤具效果。当前国内相当数量的教育公司已深耕"互联网 +"教育领域，开发出一批自适应学习软件，其中较具影响力和知名度的如"义学教育""有谱测评"等。

（三）教育模式变得更多元

使教育更为有效地突破传统模式的有形限制是"互联网 +"带给我国教育的第三个重大机遇，由此推动教育模式更加多元化，教育产业链愈发延伸、完整与细化。长期以来，实体学校都是传统教育模式发展的最主要载体。步入"互联网 +"时代，虚拟学校如云端学校、移动学校大量出现，特别是 MOOC，成为获得广泛认同的一种在线学习模式，传统教育模式因此面临强大冲击，很有可能导致一批低质低效的高等教育学校会遭遇严峻的生存危机，淘汰出局也并非不可能。

"虚拟大学"指依托虚拟技术和互联网络，建设起来的兼具有现实大学特征和功能的办学实体，并不占用或消耗现实教育资源。进入"互联网+"时代，互联网、数字通信技术获得突飞猛进的发展，局域网、区域网和信息通信技术（ICT）获得广泛应用，互联网普及率越来越高，因此也很好地促进了虚拟图书馆、虚拟实验室和虚拟校园的进展。相较于传统实体大学的高等教育模式，"虚拟大学"依托"互联网+"资源整合，实现教学硬件虚拟化、教学过程网络化、教学素材呈现多媒体化，进而达到学生成长成才的个性化目标。美国凤凰城大学（University of Phoenix）创办于20世纪70年代末，是一所颇具知名度的虚拟大学，设立有在线学院、系和班级，能够满足学生在线学习、辅修课程、专业测试等需求，授予学位也获得官方承认，是当前高等教育模式多元化的典型代表之一。

"互联网+"技术应用广度和深度不断提升背景下，虚拟大学的出现也成为我国高等教育事业发展的必然。国家开放大学的办学模式即初步具备虚拟大学的特征，学校信息化部还专门开发有多终端融合的虚拟仿真实验室。在广东深圳，"虚拟大学园"也建设起来。"互联网+"对高等教育的强烈冲击也造成一些问题，主要表现为一些高校实体课程教学在引入和应用慕课形式的实践中遭遇了学生大量逃课的问题，如此现象在"互联网+教育"背景下可能长期存在。正所谓"破而后立"，"互联网+"对于教育领域而言，是一柄双刃剑，兼具有破坏性和建设性特征。虚拟学校教育模式的出现也为我国教育模式多元化发展探索出一条新的发展路径，在实体学校之外，各式虚拟学校也相继诞生并带来了颇大影响。

（四）教育生态变革更多样

"互联网+"亦是调整、完善教育生态的关键因素。所谓教育生态，也就是教育所对应的形式组成及一应制度结构。在"互联网+"的助力下，教育形式更趋多元，制度也被赋予了更大的灵活性。就形式观之，

"互联网+"背景下的教育形式可以区分为三类，包括传统的实体学校、基于泛在学习的虚拟学校，以及兼具两者部分特性的"实体＋虚拟学校"；从制度层面分析，在延续传统学制（幼儿园→中小学→高等学校）的同时，"在家上学"（Homes chooling）和基于泛在学习的新自学与传统学制相融合的新学制获得越来越多学习者的追捧认可。但应当强调的是，尽管知名高校的很多精品共享课程可以线上观看，线上线下融合也将成为未来教育的大趋势，但这并不意味着传统实体学校与传统学制会因此消失，这也是因为它们具备在线教育和虚拟学校所难以替代的优势。

"互联网+"对于教育领域的最重要改变之一即促使教育生态更加丰富。教育在一定程度上突破了时空、经济的桎梏，学习者仅需配置一些花费不大的智能终端（手机或台式／笔记本电脑等）和互联网络服务，就能够自由地进行泛在学习，学习场所并不拘泥于传统学校、家庭，甚至于地铁、汽车、轮船、火车等交通工具。享受优质教育资源的学习者，也不再仅仅是大城市的居民，即便身处偏远村寨和牧民点，好学的人也可以随时随地享受"互联网+"带来的教育福利。于是，"互联网＋教育"变革愈发深刻地改变了教育生态，新的教育生态系统不断充实，传统实体学校、虚拟学校、在线教育、移动教育纷纷融入其中。

"互联网+"给教育生态带来了空前大变革，其中就涉及到教育制度的大变革。"互联网+"背景下高等教育出现了"学分银行"，这也是打破传统学制束缚限制的重要创举之一，好学者可以随时随地充电，积累学分到达规定值且满足相关学业要求后，即可申请对应高校颁发的学历和学位证书。学制变革的优势也获得我国教育主管机关的首肯和支持，如《国家中长期教育改革和发展规划纲要（2010—2020年）》提出"大力推动继续教育，打造更具灵活性、开放性、多样性、终身性的教育体系，为真正意义的终身学习保驾护航。将各级各类教育有机衔接到一起，为个人渐趋多元的学习及成长需求提供有力支撑"，并将"在一定区域内有机协调普通教育、职业教育及继续教育，提高三种教育的协作效率；架构更趋成熟的学习成果认证体系，推出更具可行的学分银行制度。"尽管该纲要问世时尚未提及"互联网＋"这一概念，然而"互联网＋"势必能凭借其诸多优势助力学制的当代变革。

二、互联网时代高校教育面临挑战

辩证唯物论指出，世界上任何事物都是利弊相生的，"互联网＋"对我国教育的影响同样如是。"互联网＋"为我国高校教育事业发展带来诸多好处的同时，也带来了种种严峻挑战。某种意义上来讲，"互联网＋"对我国教育而言，是一柄不容小觑的双刃剑，高校教育管理者应当趋利避害，尽力规避损坏、危害我国教育的不好一面，发挥其对我国教育有积极影响的一面。总体来看，"互联网＋"时代高校教育面临的挑战包含下述四方面：

（一）教育的"肤浅化"与"快餐化"

"互联网＋"给教育带来了诸多挑战，首先反映在教育进一步浅显化方面，且有演化为"充电快餐"的趋向。对于教育而言，其基础功能主要体现在继承、发展和传播知识方面，然而更为重要的是育人、启智及创新。以上各项功能能否顺利发挥，取决于师生互动过程（如对话、交流）能不能迸射出新的思维火花，生成新的知识乃至于创造新的理论，为人类认识世界、改造世界提供更有力的工具，进而造福人类。"生从师游"与师生"教学相长"是高等教育的理想状态，但"互联网＋"时代的教育一定程度上成为资本驱动的造富游戏，是对传统教育理念的严重消解。且师生对互联网教育技术和工具的依赖程度不断加深，使得不少学生快餐式、囫囵吞枣地学习，不求甚解。对于前述现象，新东方教育科技（集团）有限公司的掌舵人俞敏洪在公开场合指出，教育是"互联网+"最大的受害者。对于这种警告，我们有必要加倍警醒，在运用"互联网+教育"这种新型教育模式时，更需在意人的维度，而不是一味地向技术维度的因素让步或倾斜。

（二）高校的重组、改造、升级

"互联网+"加速了国内高校在重组、改造及升级等各个方面的进程。相比之下，学前及基础教育尽管也受到了"互联网+"的冲击，然而远不如高校受到的冲击明显，主要原因是，幼儿及中小学生缺乏基本的自学能力，而18周岁上下的高校学生则具备了一定水平的自学能力。值得一提的是，"物竞天择、适者生存"的优胜劣汰法则同样适用于"互联网+"时代的高校教育，会有不少能力不过关的高校迎来倒闭的命运，在教育教学质量上能站稳脚跟的高校出于进一步发展的考虑，也只能顺势而为，接受因地制宜和因时制宜的重组、改造以及升级。"互联网+"带来的严峻挑战，决不能将其视作为"狼来了"的童话，由实践可知，"狼"已经在逐步逼近。严格来说，"互联网+"并非是能让高等教育陷入危险境地的"狼"，然而建构在"互联网+"技术基础之上的、诸如MOOC之类的新生事物确实具备不俗的进攻性，并不断主动地在高等教育领域攻城略地。对学习者而言，他们必然优先选择性价比最好的高等教育，继而"用脚投票"，就此而论，"互联网+"拥有着先天优势，因此对高等教育的挑战也愈发严峻，这一点尤其值得教育界人士的关注和警醒。

（三）高等教育被技术"控制"

"互联网+"可能严重控制高等教育，甚至使其沦为技术的奴隶。无论有意或无意、知情与否，现代社会的任何人都已然与"互联网+"紧紧绑定而无法自拔。比如：一旦离开电脑、互联网，不少师生就涌现出茫然不知所措之感，甚至于到了无法正常教学的尴尬境地，这便是教育身陷技术控制而难以自拔的一种主要表现。进入"互联网+"时代，文献资料检索、讲义或论文撰写以及作业提交、评阅等，都对电子信息技术有着极强的依赖性。课堂听讲也呈现出强烈的电子化特征，学生放下纸笔，将笔记弃置一旁，让大脑处于闲置状态，更倾向于以手机录音、录像、拍照，或者是直接拷贝PPT课件，以便复习之用。心理学研究证实，和基于电子产品的学习相比，做笔记往往能收到更为理想的学习效果。需要指出的是，"互联网+"会导致师生沉迷其中，对其产生强烈的依赖性，且此种不良现象还表现出不可逆转性。哈尔滨工业大学校长周玉因此撰文倡导当代大学生要记好笔记、用好笔记，这也是高校教育管理者对"互联网+"挑战的一种真实回应。

总之，"互联网+"是我国高等教育事业发展的一柄"双刃剑"，带来美好机遇的同时，也带来许多严峻挑战。瞿振元教授对此旗帜鲜明地提出："互联网+"时代发展在线教育，必须牢记教育的本质初心。"互联网+教育"模式的发展目标在于升级完善传统教育，而决非颠覆传统教育。"互联网+教育"在强烈冲击、创新改变现有教育体制的同时，更多的是起到破而后立、修补完善的作用，而非扮演颠覆者的角色。联合国教科文组织也曾在《学会生存——教育世界的今天和明天》中指出："只有当教育技术真正统一到整个教育体系中去的时候，只有当教育技术促使我们重新考虑和革新这个教育体系的时候，教育技术才具有价值。"所以，应当合理、健康地使用"互联网+"，防范其喧宾夺主，以免沦为它的"奴隶"。

第四节　互联网时代高校教育的发展趋势

中共中央、国务院印发的《中国教育现代化 2035》中提出了推动教育现代化的八大基本理念：更加注重以德为先，更加注重全面发展，更加注重面向人人，更加注重终身学习，更加注重因材施教，更加注重知行合一，更加注重融合发展，更加注重共建共享。从这不难看出"互联网 +"高校教育改革发展的趋势。

一、"数据至上"的教学理念将会出现

"互联网 +"时代，基于数据分析的教学能力成为众多高校要求的必备教师教育素养。美国肯尼迪大学尽管建校历史相对较短，然而其教学质量却是过硬的，也因此成功跻身了美国"蓝带学校"行列。如此荣誉要归功于该校首倡"数据驱动型教学方式"，通过教学模式革新取得显著的教育成效。毋庸置疑，"互联网 +"为广大教师打开了一扇人门，使其对数据价值有了更多、更深刻的认知，在促进教师优化升级个人教育理念方面发挥出了相当积极的作用。另外，"互联网 +"技术与思维的引入也要求高校教育教学作出主动创新，其中就包括教师探索应用新的教学模式，提高灵活运用"互联网 +"教育技术和工具的能力。所以，在"互联网 +"的冲击下，高校教育迎来了新一轮的变革，也给全体教师提出了愈发严格的要求。如何有机运用数据技术成了高等教育的一项重要内容，通过深度挖掘海量数据，教师从中筛选、提炼出有价值的教育数据，并作进一步的分析解读，而后运用于教学活动。同时，数据驱动型教学更加强调和注重数据挖掘能力的掌握与运用，要通过"互联网 +"工具的使用，发现学习中的漏洞和不足，开展有针

对性的教学。"数据至上"的教学理念，将推动教师树立和践行更加科学、理性的教育思维，推动教学方法创新更具说服力、更具实效性。

二、科学和理性的高校教育评价将会出现

伊恩·艾瑞斯曾提到过，人类往往过分信赖本身感觉，很多时候不屑去研究相关数据。进入 21 世纪之后，人类迎来了信息时代，"互联网 +"背景下的高校教育评价将更趋科学和理性化，取代传统的直觉判断和评价。这不单单是对高校教育评价方法的改变，也是对评价本身的改变。科学和理性能够使高校教育评价摆脱主观性和假定性判断的桎梏，减少传统思维习惯和隐含假定的干扰影响。它可以赋予评价者以理性的思维和科学的态度，并因此生成客观公正的结果。现阶段，国内一些高校教师已经充分认识到了大数据等信息技术的强大能力，并尝试将之引入了高校教育评价领域。佛山市 2014 年出台的《大中学高校教育质量生态评价指标体系》就是其中的优秀成果之一。该指标体系拟建设开发基于"互联网 +"的网络教学平台，包括切片式评课、优客网、名师辅导网等，并链接导入 Twig 科学视频、百科探秘、虚拟实验等优秀的教育素材资源，就实施反馈情况来看，效果颇佳。依托网络教学平台进行严谨的数据分析，形成结论并发挥其考评作用，利于推动结果性教学评价向过程性教学评价转变，促进高校教育质量评价方式趋向于多元化、科学理性。但总体而言，采取多元化教育评价方式的高校数量仍然有限，距离成为高校教育界主流趋势仍有较大差距。但高校教育变革必然顺应"互联网 +"时代教育发展的大势，将会全面改革创新现有的高校教育评价方式，数据的介入则会使评价更为客观。

三、智慧高校教育平台建设将会成为必然

　　智慧高校教育云平台建设是建立在"互联网+"技术基础上的，其优势在于打破传统面对面的教学授课方式，融汇糅合"智慧高校教育理念""云计算"等新概念、新教育技术，进而打造了一个一站式的、内容全面、功能强大的在线高校教育服务平台。纵观智慧高校教育平台可知，其被赋予了多项强大且实用的功能，包括教学、交流、管理乃至娱乐等，能为多类用户提供优质服务，包括学校、师生及家长等。各类用户被赋予了差异化的管理权限，学校能通过智慧云平台去搜集、整合、分析学习资料，决策者可据此深刻洞见高等教育管理暴露的短板和不足，为教育方向调整修正提供参考和指导；教师则经由智慧云平台上传共享教学资源，研判学习数据，进而全面把握学情、班情，根据诊断发现的问题，修订教学方案和进行个性化教学，确保教改取得实效。学生也可借此冲出传统教学模式的桎梏，进行更具效能的随时随地学习，师生、生生互动更加密切，可聚焦各类疑难展开及时且充分的探讨。家长社区为家长之间的信息传递、经验分享提供了关键支撑，可以为家长配合高校教育提供积极路径。就资源拓展与普及视角分析，智慧高校教育云平台成为"互联网+"背景下高等教育发展的基本大势，对于校、师、学生、家长之间的有效沟通有重要促进作用，又可以很好地助力高校教育改革事业的高质推进。

四、精准个性化高校教育方式将会被提供

　　信息时代的发展，人才需求多元化特征愈发凸显，经济社会发展越来越迫切地呼唤富有创新和个性的人才。作为发现和培养人才的重要场所，高校教育获得国家和社会的高度重视，个性化高校教育培养体系也随之成为人才培养建设的核心。步入"互联网+"时代，国家个性化人才培养方案实现效率和质量大幅提升。通过开发应用"互联网+"

技术，个性化、差异化教学方式的实施更加精准有效，实现因材施教的可能性大大提升。高校教师依托"互联网+"技术能够精准捕捉学生的相关数据，无须作面对面的交谈，就可以准确研判分析学生的行为特征、兴趣偏好、思想倾向，据此制订有针对性、有指向性的教育成长方案。高校心理教育同样可以适用"互联网+"教育技术。传统高校教育体制中，教育者往往有意无意忽略了学生的各种非正常心理情绪，倘若未能予以及时且合理的引导，则可能会造成学生的心理健康遭遇难以逆转甚至无可挽回的不良影响。将"互联网+"技术引入高校心理教育则能够很好地解决前述问题，从学生生活学习中的细枝末节或极易被忽略的微观表现中，提炼发现异常数据，进而早期干预、早期处理相关问题。

第二章

学生管理：高校教育的基础

第一节　高校学生管理的内涵与特点

近年来，我国的高等教育事业实现了跨越式发展，造就了大量社会主义现代化事业所需要的专门人才。但是，由于高校连年扩招，学生数量增长迅速等，高校学生管理也面临着不少新的情况，急需高校学生管理者总结经验、探索更为恰当的学生管理模式。

一、高校学生管理的内涵

（一）管理

在人类历史上很早就已经出现了"管理"这一概念。作为一种社会现象，凡是有许多人一起共同劳动、学习、生活的地方就需要管理。管理的初衷是服务组织目标的顺利达成，其本质是围绕人这一中心而推动的协调活动。这就使得管理活动成为人类活动的一个重要方面，并且普遍存在于由人组成的各种机构中。可是真正现代意义上的"管理"概念则是由法国的现代管理理论的创始人法约尔于 1916 年提出的，他认为"管理是由计划、组织、指挥、协调以及控制等职能为要素组成的活动过程"，这个概念阐明了管理的本质，奠定了管理学科学定义的基础。现在各种关于"管理"概念的阐述异常丰富，不同的学者对管理的概念有着不同的理解：有学者认为，管理是为在团体中工作的人们建立一个有效的环境，以利于发挥最高工作效率而达到团体目标；有学者认为，管理是组织中协调各分系统的活动，并使之与环境相适应；还有学者认为，管理过程就是决策过程；等等。马克思对"管理"概念也曾有过精辟的论述："一切规模较大的直接社会劳动或共同劳动，都或多或少地需要指挥，以协调个人的活动并执行生产总体的运动——不同于这一总体的独立器官的运动——所产生的各种一般职能。一个单独的提琴手是自己指挥自己，一个乐队就需要一个乐队指挥。"马克思的这段话，包含着 4 个方面的意思：一是管理是集体合作劳动的共同需要；二是管理是执行生产总体运动所产生的各种职能；三是管理的主要职能是指挥和协调他人的活动以取得成效；四是管理的目的是取得比各个部分运动之和更大的效益。

在这些概念中，学者们力图从各个角度来揭示"管理"的本质内涵，相比而言，本书赞同周三多先生在《管理学原理与方法》中对管理的阐述："管理是社会组织中，为了实现预期的目标，以人为中心的协调活动。"[1] 从这个阐述中我们可以看到关于"管理"作为一种社会活动与其他社会活动之间的本质区别，从而可以使我们能比较深刻地了解"管理"的科学含义。

（二）高校管理

高校是现代社会进行高等教育的基本单位，主要职能就是响应经

---

[1] 周三多，陈传明，鲁明泓.管理学原理与方法 [M].上海：复旦大学出版社，2009：3-29.

济社会发展要求，科学组织筹划教育活动、提供教育服务，为各领域、各行业、各部门培养和提供高级专门人才。高校管理的重要性不言而喻，是高校达成其预期教育目标的关键性保障。高校管理，即高校基于立德树人的根本目标，遵照相关教育法律法规，立足高校实际，采取符合教育规律、科学、可行的教育方式方法，推动方方面面的教育改革，优化机构设置、合理配置教育资源，为提高办学质量和办学效益所开展的各类管理行为的集合。高校管理活动兼具有系统性、互动性等特征，涵盖管理思想、机构、制度、队伍、方式、手段等多项因素。高校管理活动是一项管理学的泛称，依照不同标准可作细致分类，其管理对象和领域包含课程、人事、教学、学生等。

高校管理是整合高校资源以实现组织计划目标与责任的一项创造性管理活动。这种活动区别于高校教育活动，具有下述五项特征：

1. 动态性

高校管理活动的动态性特征集中反映为其管理活动客观存在于动态运行的环境与组织中，着力于排除办学资源配置各环节、各风险点存在的各种不确定性，因此它更多地反映为具象化的管理实践，而非理论性、书面上的文字。由于不同高校组织面临的办学环境、办学条件存在客观差异，近中远期办学目标的设定也受到办学资源多寡、优劣的影响，进而造成不同高校资源配置的差异性，这同样也是高校管理活动动态特性的派生表现。

2. 科学性

高校管理的动态特性并不代表它缺少科学规律可供参照，尽管高校管理活动处于动态运行过程中，但仍可从总体上归结为两大类：一类是程序性活动，一类是非程序性活动。所谓程序性活动，即有可供参考的规章制度，照章运作就能实现预期成效的管理活动。所谓非程序性活动，即缺少可供参照遵循的规章制度，必须边运作边探讨的管理活动。前述管理活动是相互区分且有彼此转化的关系，程序性活动在实务工作中往往就是由非程序性活动转化而来的，其中的转化过程就凝聚了人们关于程序性、非程序性活动规律的思考和总结，管理的科学性也由此获得充分展现。

3.创造性

高校管理的艺术性特征密切关联于高校管理的另一个特征，即管理的创造性。高校管理既然是一种动态的活动，既然管理过程没有普遍适用的、固定化的程式可以参照，则假定要实现预期计划中的组织管理目标，就对管理思维和管理活动提出更高的创造性要求。一切管理活动都蕴涵有人类的创造性思维，正缘于此，才会有管理的成功与失败之别。高校管理的创造性存在于动态活动之中，与科学性、艺术性都存在有密切关联。恰恰因为如此，高校管理创新也就成为一种必然。

4.艺术性

高校管理并无一定之规或固定模式，非程序性的管理活动更是如此。高校管理活动取得成效的大小，很大程度上取决于管理主体能够充分有效地发挥管理技巧。高校管理主体娴熟、恰当地运用管理技巧，也是其管理艺术的客观表现。另外，要达到办学资源有效配置的客观目标，必然要求灵活运用类型多样的管理方式、方法、手段，怎样精准辨识复杂的现实管理需求，作出妥当合适的抉择，尤其考验管理主体的领导艺术和管理技巧。

5.经济性

高校配置办学资源同样要耗费经济成本，因此管理活动被赋予了经济特性。其经济性特征的直观表现就在于办学资源配置的机会成本，高校办学资源的配置往往以放弃其他资源配置作为代价，其中就涉及机会成本的问题。其次，高校管理的经济性表现为对管理成本费用的权衡取舍，由于各种管理方式在资源配置中所需成本存在差异，因此怎样选择投入产出比更高的管理方式就成为一项经济性的问题。再次，高校管理的核心重点在于教育资源的有效整合，涉及办学资源的供给配置，以及成本的高低问题，这同样是管理活动经济性的一项表现。

高校管理的前述五项特性彼此相互独立，又存在内在的逻辑关联，管理工作各项要素相互作用和影响，是辩证统一的关系。

（三）高校学生管理

我国《高等教育法》第十一条规定：高等学校应当面向社会，依法自主办学，实行民主管理。所谓依法自主办学，就是高等学校依据国家法律、行政法规及规章关于学校职责的规定，在法定职权范围内，为实现其办学宗旨，自主管理学校内部事务，自主确定学校发展计划，自主开展教学、科学研究和社会服务，建立起自我管理、自我约束、自我发展的良性运行机制。高校的自主管理可被细分为两大方面，一个是围绕教师教学活动实施的管理，另一个是围绕学生实施的管理。

高校学生管理是高校管理系统中不可或缺的一项构成部分，对践行落实党的教育方针、实现高等教育根本目标起到重要作用。高校学生管理水平的高低，直接制约着学生的培养质量，并对维系高校高质运营和稳健发展有着相当积极的现实意义。

究竟何为"高校学生管理"呢？国内外关于"高校学生管理"这一概念有不同的内涵界定。在美国，高校学生管理可被理解为针对学生事务实施的一项管理，所谓学生事务，即高校的一系列非学术性活动。通常来说，学生事务管理主要包含下述方面：第一，学生活动，其在内容上是颇为广泛的，较具代表性的如学生社团活动、学生自发组织的各类活动、社交活动、文娱活动等；第二，教学辅助活动，包含招生宣传、学籍注册、学术指导、教辅管理和就业指导等；第三，生活辅助活动，涵盖食宿管理、奖贷学金审批发放、健康生活与心理辅导、校内医疗服务等；第四，学生事务工作自身的管理。

在我国教育界，"学生管理"是适用于教学管理的专业术语，其涵盖工作事项繁复、内容涉及面广，以学籍管理为主，包括入学报到与学籍注册，成绩考核与绩点档案管理，升、留、降级，休、复、退学，在校奖惩情况，毕业文凭审核、发放，计划经济时代还涉及毕业分配等。20世纪80年代以来，学生管理工作机构在高校内部普遍设立，早期学生管理（学籍管理）事项庞杂，除前述内容外，还涵盖以学生宿管为代表的一项事务，后来此类事务被细分给了学生管理体系下的各职能部门，学籍管理职能则继续由教务部门承担。

1990年国家教委（1998年更名为教育部）第一次以"学生管理"作为文件名的关键词，颁布了《普通高等学校学生管理规定》，指出："本规定所称的学生管理是指对学生入学到毕业在校阶段的管理，是对高等学校学生学习、生活、行为的规范"。高校学生管理工作兼具有复杂性、系统性等特征。涵盖对不同阶段、不同层次在校大学生的管理服务。其工作内容涵盖引导培养大学生思想品德，学习、生活管理，行为习惯养成和约束，等等。其管理内容包括：①学籍管理：入学与注册。成绩考核与记载办法。升级与留、降级，转系（专业）与转学，休学、停学与复学，退学，毕业；②课外活动：学生社团、文娱体育、勤工俭学、社会活动；③校园秩序；④奖励与处分等。应当看到，我国高校教育实务工作中所指的"学生管理"即"管理学生"，其规范和约束的对象就是学生行为。"管理学生"也蕴含着特定时期我国高校学生管理工作所存在的时代特征、特定内涵。

市场经济体制改革纵深推进背景下，高等教育改革不断深入，尤其是进入 21 世纪以后，我国经济社会发展环境发生巨大改变，大众化高等教育取代精英高等教育成为高校办学的新方向。与之对应的是，学生管理范围持续拓宽，一系列在过去未曾给予充分关注的学生管理事务被逐渐纳入其中，如大学生心理咨询、困难学生资助、勤工助学管理、毕业生就业指导，等等。"学生管理"逐渐有了更为宽泛的蕴意，不单单指"管理学生（人）"，还涵盖"管理学生管理工作（事）"。学生管理工作除继续履行控制、约束和规范学生行为等传统职能以外，指导和服务学生等功能的重要性也不断突显。

"高校学生管理"这一术语在我国高等教育研究及工作实践中有广泛应用，但关于高校学生管理的概念定义，长期以来学术界并未达成统一共识。国内出版的较具权威的高等教育学著作中，均未就高校学生管理作出明确定义。而已报道的学生管理工作相关论文、论著中，不少学者基于工作实践，提出自己的看法和见解。如：学者胡志宏主张"学生管理工作是指以学生为对象，责成专门机构和人员参与，兼具有目的性、计划性、组织性等特征的教育、管理和服务工作，旨在培树养成学生科学的政治观、思想品德、心理人格，指导学生正确的行为。"学者赵平对美国教育史进行研究，将"学生事务"（student affairs）和"学生服务"（student service）意译为"学生管理工作"，并与我国高校教育管理工作作比较研究，指出："就工作对象、性质、内容和范围进行比对，美国高校的学生事务和学生服务分别对应为我国高校的学生管理工作和学生管理工作管理。有鉴于汉语'工作'涵盖意义广泛，因此实务工作中极少出现'学生管理工作管理'，而代之以'学生管理工作'。因此我国高校的'学生管理工作'同时适用于学生事务和学生事务管理，即高校学生事务以及涉及相关事务的管理（活动）。类似于美国的学生事务及其管理，'学生管理工作'是涵盖高校非学术性事务和学生课外活动等众多活动在内的全部概念、事项的集合。"[1]学者蔡国春则强调："高校学生管理是高校借由非学术性事务、课外活动等途径对学生行为加以规范、指导和服务的组织活动，以此对管理对象施加教育影响，营造良好校园生活学习氛围，促进学生增长见识、磨砺本领。"[2]

对于高校学生管理定义的准确把握应特别注意如下几个方面的问题：第一，"非学术性事务"和"课外活动"是指高校学术事务、课堂教学以外的其他所有课外教育方式方法，这些活动同样作用于学生生活和成长，并施加积极的教育影响。第二，管理的本质是一种社会活动，是组织行为，而非个体行为。学生事务管理的重要性不言而喻，是高校教育管理体系的关键内容。其要求组织系统务必稳定，指导思想务必正确，组织原则务必清晰，需设立专门机构和引入专业素质过硬的工作人员，不仅要为之提供必要的经费支持，也需在教育资源上有所保证。因学生事务覆盖面颇大，涉及的人和事不仅多且关系复杂，所以务必要协调好各方关系，如校内外的关系等，因此在推动学生事务管理的实践中务必要充分践行"协调"的理念并将相关事宜做到位。第三，高校学生管理的主体是高校，此处涵盖配套机构、专职工作人员、取得相应授权的以学生、心理咨询师（外部）为代表的其他人员。对于学生管理而言，其客体由两大块构成，除学生之外，还涵盖和该群体有关的各类事务。第四，高校学生管理是保障服务学生成长成才、达成立德树人根本目标的重要途径。要实现前述目标，最基础的方式方法和手段就是规范学生、指导学生和服务学生。区别于教学、专业课程等产生的学术影响，高校学生管理的发力点集中反映为营造促进

[1] 赵平.美国高校学生工作[M].北京：北京航空航天大学出版社,1996：96.

[2] 蔡国春.高校学生事务管理概念的界定——中美两国高校学生工作术语之比较[J].扬州大学学报（高教研究版），2000（2）：56-59.

学生成长成才的良好氛围，使学生能够在社会、职业、情感、道德、精神等诸多方面获得发展，成长为有担当的新时代新人才。第五，高校学生管理是德育工作的重要载体和途径，其服务范围已经超脱了德育范畴，也会给学生的智育、体育等方面带来一定的正向性影响。因此两者存在既有联系又有区别的关系，不能等同视之。

二、高校学生管理的特点

高校学生管理的特点，具体来说有以下几个。

（一）政治性

管理是一种有目标的活动，管理工作必然具有某种方向性。这种方向性在特定的时期体现为政治性。当前，高校学生管理必须紧紧围绕着为全面建成小康社会，为中国特色社会主义培养合格人才这一中心目标服务，这是国内现阶段高校学生管理事务的一大本质特点。纵观学生管理可知，它可被视作一种手段，是为教育方针服务的，而教育方针是一定时代的政治、经济和文化等现实在教育领域的反映。众所周知，中外教育史上都有重视德育的传统，但不同时代，不同社会，其德育中德的内涵是大不相同的。例如，欧美等西方国家与中国都在教育中强调了人本思想，但由于政治、文化的不同，欧美学校教育中的"人本"是个人本位的人本思想在教育中的反映，中国教育中的"以人为本"则是一种以广大人民群众利益为本的集体本位的人本思想，或者说是"民本"，因此其本质意义是大相径庭的。欧美等西方社会强调的个人本位"人文"教育，其目的是为他们的社会培养接班人；中国作为社会主义国家强调的是集体本位思想政治教育，是为中国特色社会主义事业源源不断地输送建设者及接班人。此即为教育方针的政治性。学生管理无疑是要为教育方针服务的，当然也就不可能不在其工作中体现出政治性。学生管理工作的政治性，决定了学生管理工作者必须具备应有的政治素质，不断提高自身的政治敏锐性，时刻关注政治局势，把握大局，保持与党中央的高度一致。

（二）科学性

高校学生管理的科学性特点指的是高校学生管理是一项集大学生的德、智、体及日常生活管理于一体的系统管理活动，而且这一活动要想取得成效，必须要与我国的法律法规、高校的实际以及大学生的身心发展特点相符合。

（三）特殊性

大学生是一个特殊的群体,这就决定了高校学生管理具有特殊性。高校学生管理的特殊性，主要是通过以下几个方面表现出来的。

第一，高校学生管理的对象是大学生（社会角色而言），他们本身就是一个特殊的社会群体，是一群掌握着一定基础知识和专业知识的潜在人才群体。

第二，高校学生管理的对象是青年（生理心理角色而言），他们处于血气方刚、激情澎湃、充满朝气的人生阶段。

第三，高校学生管理的对象是正在接受知识教育和思想道德教育的青年群体，他们是一个处于想独立而在经济上又不能独立的半独立状态的青年群体。

第四，高校学生管理的对象是青年群体，但这一群体与军事编制中的军人青年群体是不同的，他们的首要任务是学习，而非战斗。

高校学生管理的特殊性，决定了高校学生管理必须涉及青年学、生理学、心理学、教育学、人才学和管理学等诸方面的知识体系。

（四）针对性

学生管理既然是管理，就不可能离开管理学科的特点，它不可避免地要吸收国内外相关管理科学方面的理论知识体系和工作经验。

从青年学（含生理学、心理学）的角度而言，我们应当看到，大学生管理面对的是一群有血有肉、生龙活虎和朝气蓬勃的年轻人，他们的世界观、人生观、价值观尚未完全定型，他们对异性的关注、与异性的交往，对爱情的渴望，对性道德的理解和对人生的理解等，都有着我们这个时代的烙印，受到所处的时代环境的影响，与 20 世纪五六十年代生长起来的一代人是有着明显区别的。要管理好他们，就必须研究了解他们；要研究了解他们，就必须把握时代特征；要把握时代特征，就必须弄清楚这个时代的政治、经济、文化及科学技术发展的大方向。

从教育学的角度而言，高校学生管理必须有利于青年大学生的成长，必须顺应教育规律。也就是说，在推动大学生管理工作时一定要严格遵循教育学、人才学的内在规律。例如，大学生德育、智育、体育之间的关系如何在学生管理中有机融合的问题；知识的获得与能力的培养如何有机协调的问题；尊重学生个性与学校统一管理如何获得有效一致的问题；课堂教学与社会实践如何结合的问题等，都是需要认真研究探索的。

从管理学的角度而言，科学的管理从本质上讲是法治化、人性化的管理。管理的有效实施离不开规章制度的建设，而法律与规章制度的制定往往是以一定的理念为指导的。在法学中，指导法律制定的是法理（法律理论）；在政策学中，指导规章与政策制定的是政治理论和与政治理论相关的哲学理论。由于法律与规章及政策两者所针对的都是人，所以，两者都离不开对人的理性化认识。也就是说，如果一种规章制度是与受它管束的人的本性相悖的，是非人性化的，那么，这个规章制度必然得不到良好的执行，即使执行了，也会带来许多负面影响。对于学校来说，这种负面影响必定是不利于学生成长和人才培养的。

第二节　高校学生管理的对象与任务

一、高校学生管理的对象

所谓管理对象是指"管理活动的承受者"。随着人类认识的深化和管理的科学化、复杂化，不同时期、不同学派有不同的内容和见解。一是指管理活动所作用的各种具体对象。最初是人、财、物三要素，后增加了时间、空间，成为五要素，又增加了信息、事件，成为七要素。二是指管理活动所作用的特定系统，即把管理对象作为由多种因素组成的有机整体。系统与外界环境有信息、能量、物质交流。高校学生管理作为高等学校管理工作的重要组成部分，其相对应的工作对象无疑是指高校学生，从广义角度来看，这些学生应包括所有在高校求学的学生，即专科生、本科生、硕士生、博士生等，原因是他们均是高校学生管理事宜的直接承受者。此类管理涉及若干个知识体系，如管理学、教育学、青年心理学、政治学、人才学等，因此，高校学生管理是一门较典型的应用学科，不仅具有较强的综合性，也具有较强的政策性。它确立了明确、清晰的研究对象，该对象便是此类活动的本质属性、内在联系、运行及演化规律。[1]

---

[1]　李玲.高校学生管理工作创新研究[M].长春：吉林人民出版社，2020：3-6.

在学校管理体系中，学生管理是关键组分，和其他管理活动有着相似之处，均是聚焦教育领域的某个方面围绕其现象及内在规律展开相关研究的，其必然不可脱离教育领域总规律的束缚和指导。所以，其又被赋予了一定的独立性。在看待高校学生管理时，不仅要明确它和其他管理工作之间存在何种联系，也要把握彼此之间的区别，如此才能弄清楚高校学生管理的整体情况，尤其是其遵循的特殊规律，使之成为一门具有特性并富有成效的管理工作。

作为一门管理工作，一般而言，总要有相应的学科知识成为其所依循的工作方针，而一门学科的成立离不开一个必要条件，即架构一套健全的、行之有效的范畴体系。这一体系明确了研究角度，也确定了研究内容，另外还解释了其彼此之间的影响和作用。所以，若想精准、恰如其分地描述高校学生管理学所涉及的研究内容，首先要为其搭建尽可能完善的框架及范畴体系。高校学生管理工作要研究的内容应涵盖以下五方面：

第一，学科理论的研究。即高校学生管理科学的性质、理论基础、研究对象、核心任务、学科地位及其功能、管理实践中应遵循的指导思想及主要原则，通过何种方法方式对历史经验予以具象概括并将之有机融合进当下的理论体系内，通过何种方法方式有机移植、导入关联学科的理论，动态健全及进一步发展高校学生管理科学等。

第二，方法论的研究。聚焦高校学生管理科学加以分析和探讨的方法论，不仅要分析和探究处于根本地位的思想方法，还需分析和探究具体的、实用的管理方法，如思想政治教育管理、大学生社区管理、教学与学籍管理、校园文化管理（含网络管理）、奖惩制度管理、社会实践管理、社团管理、心理健康与咨询管理、就业管理、学生党员管理与党建管理、学生干部队伍管理、学生群体性突发事件的应急管理等方面的管理方法与手段。

第三，组织学的研究。对于高校学生管理，应将之视作一项牵涉众多的系统工程，务必要架构起高效运转的网络系统，深度发掘发挥组织本身的功效，如组织领导机制体制、工作队伍的打造、组织及其活动的现代化走向等，均务必要予以系统且深度的探究。

第四，学生管理制度与国家法律法规、中央相关政策、教育规律、教育法规、政治文明建设进程的相互关系以及相关政策法规和知识系统的研究。

第五，学生成长规律、心理生理特点与管理工作的有机联系研究，青年群体之间相互作用关系与高校学生管理工作的互动共生研究。

二、高校学生管理的内容

（一）学生学籍管理

高校学生学籍管理，即以业已成功取得入学资格的那类学生为具体对象，从入学注册、成绩考核与记载、升级、降级、转学、休学、停学、复学、退学、奖励、处分、毕业等方面，遵循国家的教育方针、教育工作的内在规律、学生身心成长需求和特点，设计出配套的、适宜的制度，在此基础上推动相关管理。在高校学生管理体系中，学籍管理是关键组成部分，是以学生为对象就其在校学习的整个过程施加的管理。整体观之，高校学生学籍管理可被细分成入学注册、成绩考核（含学习成绩的标准、评定及记载等）、学籍变动（含休学、停学、复学、转学、毕业等）等多个方面。上述管理在保障正常教学秩序、规范与优化学生的学习行为、培养学生良好的学习风气、全面提高教学质量、塑造合格人才等都起着十分重要的作用。

（二）学生活动管理

学生活动，即不包含在教学计划之内的，在课余闲暇时间，针对学生组织和展开的一系列目的明确、规划有序的教育活动。高校管理者需要综合运用各种适宜办法，进一步丰富校内外的学生活动，提高活动组织和管理水平，积极践行德智体美劳等教育活动，助力和保障学生的全面成长。分析高校学生活动可知，其主要涵盖下述内容：思想教育活动、科技活动、文娱活动、体育活动、社会公益活动、社会实践活动等。在对此类活动予以管理时，应着重把握其下述特点，即计划性、阶段性、周期性、强制性、动态性、系统性、反馈性等。

（三）学生奖惩管理

学生奖惩，即为保证培养出更多、更优质的人才，按照高校的既有相关规定，遵循奖优罚劣等基本原则，对适用奖惩规定的学生个人乃至集体所给予的奖励或惩罚。奖惩均是学校对学生展开教育、提高管理效能的措施，前者基于正面角度认可、表扬学生在思想上或行动上呈现的积极因素，参照现行规定为之提供精神激励或更为实在的物质奖励，以收到鼓舞先进、弘扬正气的效果；惩处指的是基于学生思想上或行动上呈现的消极因素，结合负面行为情节的具体情况及现行相关制度对当事人予以一定的批评或惩罚，以收到拨乱反正的效果。奖励通常有两类，一类是物质奖励，另一类是精神奖励，前者指的是学校通过评选活动确立的各类奖学金，后者指的是学校给予的一系列荣誉称号，较具代表性的如三好学生、优秀学生干部以及学生标兵等。至于处分，被细分成了五类，由轻到重依次是警告、严重警告、记过、留校察看、开除学籍。应以奖惩管理活动为对象，不断提高其规范性和科学性，如此能给广大学生带来积极影响，促使其自觉遵守校纪校规，积极主动地投身到学习活动中，总之有着相当积极的现实意义。

（四）学生助学管理

学生助学，即高校为帮扶贫困学生正常度过其大学生涯而制定和启用的一类措施，不仅涉及此类学生的学习，也关系到他们的生活，根据国家有关规定和学校实际设立奖学金、困难补助、减免学费等。当前，我国高等教育的形势发展已经发生了很大的变化，主要体现为高等教育已经进入大众化阶段，正逐步走向普及化。在这种新形势下，高校贫困生问题显得非常突出。教育部在《关于我国高校经济困难学生情况与资助政策措施》中指出："在全国普通高校中，经济困难学生约占在校生总数的20%，人数在240万左右，其中经济特别困难的学生人数占在校生总数的5%～10%，人数在60万～100万。"因此，助学解困问题成为贫困大学生和高校都要直面的一个重大问题，学生助学管理被赋予了重要地位，是高校学生管理体系下的一大关键内容。

（五）学生行为管理

学生行为管理，即高校出于规范大学生这一群体的日常行为而实施的目的明确、计划清晰、组织得当的管理。如出台适宜规章，以此规范学生的各类行为，除学习行为外，也包括生活行为，引导学生形成积极、正向的学习动机，巩固其健康生活习惯，要求学生在平时的学习和生活中能遵纪守法、严于律己，自觉维护个人和学校形象，成长为品格优秀、能力过硬的大学生。

（六）学生就业管理

学生就业管理，即高校为帮助学生更好就业而启动的一系列管理活动。除了毕业生就业指导及思政教育外，还包括毕业生派遣等多项相关工作。现阶段，在市场经济体制已然确立的背景下，学生就业管理也迎来了广泛且深刻的变革，各类高校都非常重视毕业生就业指导与服务工作，启用了一系列行之有效的办法，如架设配套的就业信息网络等，为毕业生择业、创业、就业提供了全面且颇具力度的指导。

三、高校学生管理的任务

高校学生管理工作是一项系统工程，涵盖了多项基本任务，除涵盖和学生管理学有关的各大体系（即聚焦高校学生管理事宜加以分析和探讨的知识系统理论）外，更为关键的是此类研究务必要聚焦于学生管理工作所包含的各种特殊矛盾，细致把握该类工作的一般运作规律，以便为实践提供更具力度的支撑，更顺利、更高质地落实高校学生管理工作。纵观该工作可知，其核心任务为以下几点：

一是贯彻党的基本路线，以马克思主义、毛泽东思想、邓小平理论和"三个代表"重要思想、科学发展观、习近平新时代中国特色社会主义思想为指导，以马克思主义哲学原理为方法论，认真贯彻落实新的《普通高等学校学生管理规定》，严格贯彻国家教育方针、学校既定的培养目标，为打造优秀人才夯实基础。

二是系统总结我国高校学生管理工作的经验和教训。学生管理是一种相当普遍的社会现象，和学校相伴而生，拥有颇为悠久的历史和传承，进入新时代之后又被融入了诸多新的元素。

三是以批判视角承接、吸纳之前的高校学生管理经验，同时区别性地汲取国外在该领域的实践经验，吸纳教育学、社会学、政治学、青年心理学、系统管理学、文化学等相关学科的知识理论，打造中国特色浓郁的、契合时代背景和需求的高校学生管理模式。中国是世界公认的文明古国，前人在学生管理领域总结了颇多经验，是一笔极其珍贵的历史财富，应在批判视角下加以继承，收到古为今用的效果。另外，还应大胆借鉴国外高校的学生管理工作经验，去粗取精、去伪存真、融会提炼、博采众长，做到洋为中用。这样才能构建起具有中国特色的高校学生管理理论体系，并以此来指导实践，形成高效的、有益于大学生身心健康成长和成才的学生管理模式。

四是加强科学研究，注重实践探索，不断发展高校学生管理工作的理论体系，推动高校学生管理工作模式健康运行。尽管学生管理工作有着丰富宝贵的实践经验和悠久的历史传统，但就总体情况而言，它与不断发展的中国特色社会主义的形势和发展趋势还存在着某些不适应，还面临着许多亟待解决的问题，无论是从理论要求上，还是从实践需求上，都需要科学化、理论化、法制化、人性化等诸方面的规范。所以，作为奋斗在学生管理一线的工作者，务必要聚焦学生管理工作，予以系统且深入的研究，勇于探索，敢于创新，准确梳理新时代背景下学生管理工作迎来的各种新问题，努力用新方法、新思路和新手段去适应学生管理的新规律和新形势，使学生管理的理论与方式与时俱进，不断丰富和完善。

五是以理论创新推动实践创新，促进学生管理工作的科学化、法制化和人本化。如何体现其管理制度的科学化、法制化和人本化，这是一个理论研究的问题，不仅需要研究法律与青年学的相关理论，还需要研究管理学方面的理论，同时更应注重将管理学、法律学、青年学有机结合起来，形成理论上的创新，推动实践创新。因为，大学生的管理不是一般的管理，而是一种对青年的管理，这种管理是要将这些有着一定知识的青年培养成德、智、体、美全面发展的人才的管理，换言之，这种管理的最高宗旨是要促进学生全面发展，使其成为国家的建设者和接班人。这就使学生管理工作牵涉到一系列的理论研究与实践探索，这就是现实交给学生管理工作者的光荣而艰巨的任务。

第三节　高校学生管理的历史沿革和基本经验

一、高校学生管理的历史沿革

（一）古代大学生管理

大学生管理是大学的伴生物。在我国，高等学校的形成可追溯到殷商时代，此时的大学被唤作"瞽宗""右学"，基于入学年限、资格等多个方面均进行了严格规定。《礼记·学记》记载了国学大学九年的规定，入学资格、年龄依贵贱而定：王太子15岁入大学，公卿大夫之嫡子20岁入大学。汉代开启了"太学"的历史，该机构是隶属中央的最高等级的学府，是大学的前身，其核心要务在于研究学问。及至唐代，不仅设"太学"，还推出了国子学、四门学，自此之后明确和巩固了实科教育的地位，这是我国封建教育最发达的时期。"太学"的招生，一是由"太常"直接选送，二是由郡、国、县、道、邑选送。标准是德才为主，亦重仪表，一般有年龄限制，但对聪颖超常者则放宽入学年龄。"太学"正式学生有官俸，也可以自费求学。"太学"生毕业后主要经考试录用做官，也可被荐举做官。古代大学入学资格有鲜明的等级性，如唐代规定国子学须文武三品以上官吏子孙，太学须文武五品以上官吏子孙，四门学须文武七品以上官吏子孙。当时学校初步建立了学制规定，如升级与退学规定，考试作息规定。

宋、元、明、清称大学为"书院"。宋朝以后学生管理的学规学则、奖惩制度不断严格，增设了专门管理学生品行的人员与机构。

如元朝专设"学正""学寻"管理学生，规定其职责是"申明规矩，督习课业"。还建立"黜罚科条"，对"应私试积分出点，其有不学课业及一切违戾规矩者，初犯罚一分，再犯罚二分，三犯除名"。

到明朝学生管理又前进一步，如国子学的学生可享受优厚的膳食，每年发给定的衣服、鞋等，节日还有赏钱，还发给探亲费用。但"黜罚科条"更多了，诸如外出衣冠、行动、饮食等方面都必须合乎规范，夜间必须在学校住宿，因故外宿必须告知本班教官。监丞掌管"集愆簿"，记录学生姓名与犯规事实，再三犯规者"决责"，四犯者"发遣安置"。因省亲、婚姻回籍者，依途远近规定期限，过期不返校者，即给以流放远方充贱役之处分。清朝时期国子学又明文规定：学生旷大课一次或无故离校三次以上，罚由内班改为外班；学生出入必记于集愆簿，以此为依据惩治不服教导或违章者；学生省亲、完婚、丁忧、告病及居伯、叔、兄长丧而无子者，准假归里，限期回校，迟误限期则予以惩罚；私归者黜革，冒名顶替者除名。

无论哪个朝代，对学生管理上的要求，都包含着深刻的思想内涵。如在春秋战国时期，已有集录当时学校对学生的学则，体现了学生管理的初步思想，如其中的"行必正直""游居有常""夙兴夜寐，衣带必饰""出入恭敬，如见宾客"。明朝的学规有这样的条目："正趋向以立其志"，学生要使"本心常明，物欲不行，则天性自圣，圣人可学而至"。明末"东林会约"中提出学生要"指视森严""正肃习气"，不准"比眠狎玩""党同伐异""假公行私""评论是非""多言人过"等。

我国古代的大学生管理，一方面深深打上了奴隶制和封建制的烙印，另一方面也为我们留下了可借鉴的历史经验，如春秋战国学术上的"百家争鸣"，宋、元、明、清时的大学和书院的自学府等，所有这些无疑影响着我国近现代的大学生管理实践。

（二）近代大学生管理

19世纪90年代京师大学堂的建立，开始了我国的近代高等教育。

鸦片战争以后，清王朝为了维持其行将崩溃的封建统治，同意兴办"西学"。在这过程中关于学生管理的思想也发生了变化，以康有为为首的维新派，使清帝废除"八股"，改革科举制度，宣布以后取士以实学实考为主，不以楷法优劣为取舍标准。1905年清廷下令"自丙午年为始，所有乡试、会试一律停止，各省岁科考试亦即停止"，自此之后中国封建王朝的教育制度就形式而言被彻底终结了，新的、更具活力的教育制度应运而生。

中国的洋务派创设的一系列学校，使学生管理体制产生了新的变化。洋务派兴办的学校有京师同文馆、上海同文馆、广州同文馆、湖北自强学堂。京师同文馆规定：入学的学生必须具有科名，如举人、贡生，及由此出身的五品以下各官，年龄在30岁的才能入学，若对天文、算术有研究者可不受年龄限制；学生的伙食、书籍、纸笔由馆内供给，考试优等者有奖；学生一律住宿；学生每月有月考，每季有季考，还有岁考，月考、季考两天考完，岁考三天考完，每三年举行大考一次，优等的保升官阶，次等的留馆继续学习，劣等的开除。湖北自强学堂在学生管理中规定：学生寄宿在外，不必逐日到学堂听课，只按月来学堂考试；学生的伙食、书籍、纸笔由学校供给，每月发一定补助费；学生学习五年毕业，若有毕业前借故退学或改学其他业务的，追缴其在学堂学习的全部费用。这一时期的学生管理方法主要是以下五个方面：①学校具有学生登记册，记录学生基本情况，为管理提供依据；②对调皮捣蛋、教诲不改的学生清除出校；③分期考试以稽勤惰，限年考试以定优劣；④规定作息学习制度；⑤奖惩分明。

清代晚期的张百熙制定了《钦定学堂章程》，主张设立"学务部"

编定学制，考察学规，选录毕业生。该章程共分三段七级，是中国近代第一个高等教育管理章程。

（三）现代大学生管理

1922年"新学制"的颁布，是我国高等教育进入现代大学阶段的标志。"新学制"（即"壬戌学制"）规定：中小学为六三制，初中三年，高中三年，大学四至六年，医科及法科至少五年，师范大学四年。这一学制一直沿用至1949年，其间作过三次修改，但基本体制却是这一时期奠定下来的。

这一时期，出现了一批杰出的教育家，如蔡元培、李大钊、鲁迅、陶行知、竺可桢等。在学生管理方面，他们强调发展学生的个性，实行民主办校、民主管理；对学生要重理解，"倘不去行理解，一味蛮做，便大碍于学生的发展"；重指导，"长者须是指导者、协商者，却不应是命令者"；要求学生追求真理，注重实际。人民教育家陶行知先生提出："不会种菜，不算学生"，极力主张教育要与实际相结合。这些思想与主张，对我们现在的学生管理仍有着积极的参考意义。

民国期间大学招生出现新制度。1939年中华民国教育部制定并公布《国立各院校统一招生办法大纲》，明确规定教育部设统一招生委员会，进行统一招考，录取后统一分到各高等学校。

在学生成绩考核及升留级管理制度方面，教育部于1940年制定专科以上学校学生考核办法：学生每学期末均要参加考试，学期考试成绩与平时成绩合并计算；学期考试不及格的，给一次补考机会，但成绩不足40分的禁止补考，只能重读；倘若不及格科目学分数大于这一学期全体科目学分之和的1/3，则启动留级机制，大于1/2则给予退学处罚；毕业考试实行总考制，除考试最近一学期科目四种以上外，并须通过以前所学主要科目三种以上，不及格者不得毕业。1941年教育部又发布专科以上学校学籍管理规则128条，并对考试与升留级做了一些补充规定：专科以上学生的成绩分操行成绩与学业成绩两项，操行成绩不及格者，应令其退学或不予毕业；凡学期不及格科目学分数超过该学期修习学分总数的二分之一以上者，应令其退学，不得补考；毕业考试不及格的科目，可以补考，补考仍不及格，令其重读。

组织纪律管理方面，1930年国民政府公布《学生自治会组织大纲》规定学生组织须经当地国民党党部批准，活动限于校内，不得干预学校行政。国民政府行政院亦发布《整顿全国学风》的通令，发表蒋介石的《告诫全国学生书》，要学生"禀古人思不出其位之训诫"。1938年的《青年训练大纲》规定信仰训练就是训练青年信仰和服从"领袖"。同年又成立"三青团"。这些规定、规则都是为了控制学生行为，稳固国民党反动统治。

在革命根据地，中国共产党为了造就党和军队的干部队伍，先后创办了红军大学、抗日军政大学、华北联大、人民革命大学等学校。这些大学的阶级属性和培养目标决定了学生管理的指导思想：一是在中国共产党领导下以共产主义思想体系为指导方针；二是教育方针必须是为革命战争和阶级斗争服务的，并和生产劳动相结合；三是必须创立新型的教育体制，创建新的教学制度；四是贯彻党的群众路线，采取多种形式办学。

由于革命斗争需要及环境条件限制，学生入学资格和学制年限随革命战争需要而改变。如土地革命战争时期，中央人民委员会在瑞金沙洲坝创办苏维埃大学，毛泽东亲自兼任校长，学生的入学资格规定必须有半年以上革命工作经验并是积极参加革命斗争者，学习期限为半年。抗战时，延安的抗日军政大学着重训练高级军事干部，它的一、二期的学生大多是各军的骨干，学习期限一般为 2 ~ 6 个月。

1949 年 8 月中央东北局颁发《关于整顿高等教育的决定》，为 2 年，同时要求各校精简编制，克服学校编制军队化和机关化，实行学校编制学校化。

坚决贯彻教育与生产劳动相结合的方针，组织师生参加各种生产劳动，自己动手，建设环境。苏区时的红军大学，办在瑞金西郊，校舍是师生建造的，校内的园圃、畜牧场、碾房等，供师生课余劳动用。中国人民抗日军事政治大学第三期因吸收知识青年多，窑洞不够，师生就在 15 天内挖了 170 孔窑洞，解决了近千名学生的住宿。全校师生还经常参加农业生产，学校提出开垦与种植 2 万亩土地，生产 3 300 石以上的粮食，师生热烈响应，作为保卫陕甘宁边区的献礼。

主张民主与法律的结合。民主管理是解放区教育的特色。当时的苏维埃大学在校长和学校管理委员会监督下设"学生公社"，由全体学生大会选举干事会领导。中国人民抗日军事政治大学重视让学生参加学校管理，学校内遍设意见箱收集意见，允许学生越级申诉，不许打击报复。在倡导民主的同时，中国人民抗日军事政治大学又提倡"自动与强制并举"，实行"勤学有奖，怠惰有罚"的办法。东北解放区在 1949 年将学生的全部供给制或全部公费改为助学金制。

（四）中华人民共和国成立初期的大学生管理

中华人民共和国诞生伊始，中央政府便提出了大力培养基础扎实、实操能力过硬的社会主义建设者及保卫者的方针，如此背景下学生管理工作者应运而生，也被唤作学生思政工作者，被赋予了相当凸显的政治教育地位。1959 年，毛泽东在《关于正确处理人民内部矛盾的问题》中首次明确"我们的教育方针，应该使受教育者在德育、智育、体育几方面都得到全面发展,成为有社会主义觉悟的有文化的劳动者"。这一时期,我国高校学生管理工作着重品德教育、理想教育和政治教育。1961年,中共中央颁布《教育部直属高等学校暂行工作条例(草案)》(即"高教六十条"),标志着具有中国特色的高校学生管理工作、管理体制初步形成。即党委统一领导下的由校、系两级的政工部门和学生管理工作部门专门负责学生管理工作;在年级中设立政治辅导员;逐步建立和完善学生管理规章制度。明确"辅导员的主要任务是辅导学生的政治学习和政治活动",同时肯定了辅导员的地位,认为该群体是推动学生管理活动的主体。

《高教六十条》的出台有着深远意义,尤其是在促进高校学生管理工作机制体制确立方面发挥出了尤为关键的作用,然而,因我国高校是一种新生事物,无论是在教育理论方面还是在实际操作方面有关积累均较为有限,在一定程度上妨碍了学生管理工作的有序、高质开展。那个时候的学生管理工作面临诸多困境,首先缺少全面、成熟的配套制度,其次提出了以阶级斗争为纲的指导思想,相关工作统统要为政治让步,"政治挂帅"色彩极为浓郁,在人才培养方面有相当明显的重红偏专之嫌。

(五)20世纪90年代至今的大学生管理

跨入20世纪90年代之后,迎来了相当明显的变化。第一,工作职能被赋予了更宽外延。其一,在1996年之后,国家启动了双向选择制度,允许毕业生自由择业。特别是近十多年来,在高校扩招不断深入和国际经济结构动态调整的大背景下,就业问题予以突出,成了各高校尤为关注的一项学生管理工作,为此也针对配套机构设置予以了动态优化。一些高校抽调大量资源单独组建了招生与就业处,抑或对学生管理工作处(部)进行了相应调整,在其下面设立了专门的就业办公室。其二，在高等教育更趋普及的大环境下，学生贫富差距被进一步拉大，也招致了诸多负面影响，如此背景下，高校开始关注贫困生这一群体，为其设置了诸如勤工助学中心之类的帮扶机构，统筹推动包括助学减免在内的各方面事宜。另外，更多大学生遭遇了心理健康问题，为此各高校相继设立了配套机构。值得一提的是，以大学生事务中心为代表的各类机构也相继诞生，为高校更效率地推动学生管理工作提供了有力支持。

第二，该阶段的学生管理工作在大量实践的基础上逐步产生了本身优势及特色。其一，上到党中央下至校领导，均十分关注学生管理工作，为之营造了颇为理想的外部环境；其二，编制并出台了相对健全的管理制度，为日常工作提供了必要指导，推动其朝着科学化、规范化以及制度化的方向不断前行；其三，形成了更趋合理、更具效能的校园文化活动模式，打造了更为优越的校园育人环境；其四，架构起了稳定系数更高的工作体系，尤其是打造了一支专业素质过硬的学生管理工作队伍，明确了建队方向，包括"专业化""职业化""高效化"等；其五，服务职能得到了进一步凸显。

另外，随着高等教育研究的逐渐深入，引进了如心理学、教育学、行为学、管理学等交叉学科的研究，关于高校学生管理工作的多学科研究日渐兴起，在理论和实践上不断充实高校学生管理工作的学科研究。

二、高校学生管理的基本经验

第一，高校学生管理必须遵循教育规律，架构起更趋完备的、更具可行性的管理制度。大学生管理是管理科学下的一个重要分支，其自然需要有目的、有规划地吸纳管理科学领域的各种有价值的经验，从而为管理目标的达成提供助力和保障。也应注意到，在大学生管理这一块，其本身便拥有一定的特殊性。在推动管理工作时，大学生充当着被管理对象的角色，彰显了人的要素，其有别于其他学段的学生，也迥异于走上了工作岗位的人，所以，在对该群体进行管理时，不仅要契合教育规律，也应顺应心理学等关联学科的内在规律。在心理学这一块，应着重分析、探究该群体的包括注意、感觉以及知觉在内的各种心理活动，唯有熟悉了他们的心理状态，才能有的放矢地推动管理工作。需要指出的是，当代大学生有着颇为强烈的成才意愿，然而不少人缺乏实操经验，所以在推动管理事务时不仅要彰显其针对性，也要强调其有效性。部分高校意识到了保证大学生心理健康的重要性，进而推出了该方面的咨询活动，为提高学生管理的有效性提供了极大帮助。科学合理、行之有效的心理咨询，能够帮助大学生摆脱心理障碍的困扰，引导其形成并保持正确三观，规避一些负向性事件，将各类问题尽可能地扼杀在萌芽状态。这些管理都是教育学、心理学及有关科学综合运用的成果。

管理是一种措施，依托一系列机制、制度和措施达成其目标。对于科学管理而言，其本质体现在追求法治，强调依法治理，管理领域的诸多原理均是经由机制、制度和措施予以落地的。对大学生管理而言，应架构一套覆盖德、智、体乃至平时生活和学习各个方面的、契合实际的管理制度，形成明确规范，对所有学生的思想及其现实行为予以有机引导，使其逐步靠向既定培养目标，管理是教育的一种，是依托配套制度发挥其效果的。

若想打造一套科学合理的管理制度，首先，应保证其具备足够的科学性，如是否契合客观实际，有没有违反事物运作的一般规律。在为大学生打造管理制度的过程中，务必要将调研工作落到实处，应全面且深度地了解大学生这一群体，所制定的制度一方面要契合该群体的具体情况，另一方面也要服务于培养要求，具有良好可行性。部分制度还应照顾到地区情况及学生个人情况，在设计制度的过程中务必要切合实际，充分践行实事求是的原则。其次，应赋予制度足够的现实可操作性，哪些事情该做，哪些事情不该做，做了之后怎样检查，都涉及哪些具体条目，如此这般便能为最终落实夯实基础了。常言道有法可依，即依法合规办事。在这一块，尤其要将配套制度建设当成大事来抓。如我们实行贷学金制度，一方面允许学生借贷，另一方面也需提出如何收回贷学金的办法。唯有保证了制度的配套性及良好可操作，才能为后期管理提供充分支持。再次，应赋予制度足够的稳定性。由实践可知，制度难免存在疏漏之处，然而应最大可能地保证它的稳定性，再基于实践对其做针对性的优化、健全。

教育部公布的《大学生行为准则》和《普通高等学校学生管理规定》等都是梳理和归纳了一直以来大学生管理领域的实践经验而形成的基本规定，在此类规定得以明确之后，为后续的照章办事提供了必要依据。当然，在具体推动过程中，还应立足本地、本校的具体情况，对部分规定予以清晰化、具体化处理，给出切实可行的操作办法。

在形成配套规章、制度以及办法之后，接下来便是严格执法，应予以定期检查并积极反馈。如果有法不依，一方面会削弱此类法规的严肃性，另一方面也会打击到执法机构和人员的威信，负面影响极大，严重时会使得管理陷入一片混乱。

第二，高校学生管理必须建立一支训练有素的管理队伍。仅形成了科学合理的管理制度是不够的，还需相关机构和工作人员予以落实，打造一支高素养、有执行力的管理队伍尤为关键，是做好大学生管理工作的关键所在。值得一提的是，现阶段国内大学生管理队伍正处于逐步发展和壮大之中，然而认识不清的问题也是存在的。集中表现在，第一，将大学生管理划归到了琐碎事务性工作的范畴，而未能将其视作一门独立的科学，也涉及大量课题研究，以至于工作水平停滞不前，大多聚焦于处理具体事务方面，未能进行系统且深入的理论研究；第二，大学生管理不仅涉及面广而且工作量大，远不像教学工作那样专一，就实惠程度来说是无法和当个教授、讲师相提并论的；第三，管理队伍待遇整体偏低，在职称评定方面也面临诸多掣肘，在职受训、出国进修机会不多，等等。以上原因造成大学生管理队伍缺乏足够的稳定性，进而削弱了管理效能。若想强化大学生管理效能，首先要做的是应进一步强化管理者的专业素养。此类管理者应当引自专业人才，要有扎实的管理理论，也要有过硬的管理技能。所以进入大学生管理队伍的人务必要秉持一颗上进的心，努力学习，与时俱进，修炼理论联系实际的本领，为学生提供更为优质的服务。管理者一方面被赋予了一定的管理职权，另一方面也是大学生提供便利和支持的服务者，堪称大学生这一群体的良师益友。应具备优良的道德品质，以此实现对大学生们的正向性带动，应管控好个人言行，使其发挥好润物细无声的效果，还应积极完成上级指派的工作任务，保证服务质量和效率。管理者要具备一定的管理学知识，也要具备一定的教育学知识，除此之外，在心理学、公共关系学以及文学等方面也要有一定积累。不仅如此，还应动态强化个人能力，尤其是组织协调能力、调研能力、开导能力、独立办事能力等。

大学生管理并非由单个管理者发起的孤立行为，而是若干管理者（有层级之分）共同参与的集体性质的协同活动。大学生管理不仅面广而且量大，自招生开始直至离校就业，所有环节的工作均应围绕学生这一中心进行，所以务必要汇聚力量，形成更强合力。在这一块，教师在教书育人的实践中形成了颇为强大的感染力，所以，在打造大学生管理队伍的过程中，也要适度引入专业教师。唯有实施全面、细致的教育，管理效能才能更上一层楼。20世纪中期盛行的教学、思政"双肩挑"模式依旧有可供借鉴之处，有条件的大学不妨尝试推广。

要加强和稳定大学生管理队伍，要在政治上给予更多的关心，要在业务上做进一步提高，要对其岗位职责加以进一步明确，还应在生活、待遇方面提供更大支持，例如在推动分房、提职以及定级等工作时，应遵循一视同仁的原则，以此充分激发他们全身心做好本职工作的主观能动性。

第三，高校学生管理必须学校各部门齐抓共管。毛泽东同志早就指出："思想政治工作，各个部门都要负责任。共产党应该管，青年团应该管，政府主管部门应该管，学校的校长教师更应该管。"思想政治教育工作是这样，大学生管理工作同样如此，需要学校各部门齐抓共管，形成合力。我国的大学与资本主义国家大学不同之处之一是对大学生的管理更为全面，除了学习之外，还包括生活上的管理，从行政管理、教学管理、课外活动管理到后勤管理都是大学生管理的重要内容。所以，应改变关于大学生管理的落后观念，不可将该项工作完全推给行政管理部门、辅导员或班主任，齐抓共管是我们高校的培养目标所决定的。管理育人、教书育人、服务育人均至关重要，是学校务必要严格履行的根本任务。

在践行齐抓共管这一理念时，学校不可只是停留在认识上，更应将之付诸实践。有些高校建立的定期的学校各部门联席会议制度或学生工作领导小组等在协调学生管理等方面都起了积极的作用，收到了较好的效果。

第四节　高校学生管理的指导思想与基本原则

一、高校学生管理的指导思想

研究我国高校学生管理，主要涉及对下述理论观点及指导思想的合理运用：

（一）坚持马克思主义关于人的全面发展的理论

积极运用全面发展理论，打造理想远大、道德水平高、文化储备足、讲究纪律的各方面综合发展的优质人才，这也是高校教育理应承担的根本任务。

中国是社会主义国家，国内高校自然是社会主义大学，该性质给大学的人才培养提出了特定要求，要储备有大量的科学文化知识，要拥有强健体魄，还要形成高水平、高层次的社会主义觉悟，即要培养理想、道德、文化、纪律齐备的人才。若想培养出如此人才，则务必要严格贯彻马克思主义所倡导的服务于人的全面发展这一办学理念。纵观马克思主义教育思想不难发现，其核心便体现在如何推动和保障人的全面发展。打造全面发展的优质人才，是马克思主义该理论精华在实践中的具体运用。[1]

（二）运用马克思主义关于辩证唯物主义的理论

引入马克思主义的辩证唯物主义，发掘发挥对立统一观点的价值，以此指导和推动高校学生管理工作，在实践中倡导和践行整体观。大量实践已经证明，马克思主义辩证唯物主义哲学有其非凡价值，是全

[1]　陈少雄，宋欢."三大创新"推动高校学生思想政治教育工作化无形为有形[J].高教探索，2018（8）：104-106.

体社会科学、自然科学得以存在和发展的理论基础。马克思主义所提出的认识论及方法论，有机融合进了全体社会科学、自然科学，自然也有机融合进了高校学生管理科学。应积极发掘发挥对立统一观点的价值，形成并具备管理的整体观。在纵向上，整体观体现在追求局部、整体之间的统一，基于整体视角审视学生管理工作发现，各构成部分是一个个的支系统，即所谓的局部。学生管理系统具有什么样的整体功能取决于各部分采用了什么样的组合形式，尽管各支系统功能不一，然而均需服从整体，为整体功能的发挥和目的的达成贡献力量，各支系统所包含的要素亦是如此。在横向上，整体观体现在协调好各支系统的关系，要明确分工，要有机合作，整合各部门的资源，为共同管理目标的达成出力。

（三）运用高等教育和现代管理科学理论

在引入高等教育理论的同时，还应结合对现代管理科学理论的运用，以此推动高校学生管理工作的高效落实，进一步提高大学生管理水平。现代治校观念要求管理者靠现代科学来管理学校，管理学生。具体来讲有以下两个方面：

一方面，要倚仗教育科学，应严格贯彻教育事业的内外规律。如高等教育拥有何种规模通常取决于经济基础，也会向经济基础施加一个反作用力。高等院校是高等教育的有机组分，亦是其关键载体，随着人才竞争的愈发激烈，无论是理念还是体制又或是结构均迎来了前所未有的冲击。高校要准确把握社会脉搏，直接面对市场办学。大学生管理也要研究新情况，解决新问题，面向 21 世纪培养高素质的复合型人才。

另一方面，应引入现代管理科学的理论及其方法以保证管理实效，为学生管理队伍打造更趋科学、严密的组织机构，形成更趋成熟的管理制度，正确分工，压实责任，奖惩有度，动作协调，工作高效等。运用现代管理科学指导学生管理主要是运用它的基本原理：系统整体性原理、要素有用性原理、动态相关性原理、人的能动性原理、规律效应性原理、时空变化性原理、信息传递性原理、控制反馈性原理等。应在管理实践中力争使管理组织系统化、管理决策科学化、管理方法规范化和管理手段现代化。

（四）继承和发扬我国高校学生管理的成功经验

中华人民共和国成立后，多年来高校学生管理工作的成功经验是当今学生管理工作的宝贵财富。

第一，社会主义大学必须坚持中国共产党的领导，坚持社会主义方向，这是我国在长期实践中总结到的一条尤为重要的基本经验。坚持党的领导，即在培养和管理大学生的过程中严格贯彻党的路线、方针以及政策并赋予其基本指导思想的地位，应为社会主义大学指明前行方向，充分激发广大师生的奋斗热情，为输出全面发展的、高水平的优质人才不断努力。

第二，管理工作规范化、制度化。即将顺应社会主义前行方向的，又历经大量实践检验且达到成熟程度的管理体制、程序以及措施等通过制度形式予以固定和推广开来，其核心之处体现在责、权、利三者的有机结合，确保制度能在思想性、科学性上实现高度统一。

第三，积极践行理论联系实际这一基本原则，充分利用好社会实践机会，将教育有机融入生产劳动中。我国高校在培养人才的过程中，应立足于社会主义市场经济的实际需要，要提高思想觉悟，要为共产主义服务，在业务这一块除了具备扎实的理论知识，还需要拥有足够强的处理问题的能力，不仅要具备实干精神，还应具备较理想的独立工作能力。

二、高校学生管理的基本原则

（一）工作方向性的原则

管理是一种目的指向较为明确的活动，这要求管理工作也务必要明确自己的方向。坚定不移地走社会主义之路，这是我国学生管理工作的一个本质特点。社会性质决定了学校性质，进而在此基础上决定了学校之内所有管理活动的性质，所以对于高校学生管理工作，应将之视作一种有目的、有意识的自觉活动，为社会主义现代化建设培养造就大批合格人才，这是高校学生管理工作必须遵循的一条最基本、最重要的原则。

（二）理论与实践相结合的原则

应做到理论联系实践，充分发挥实践检验真理的作用，这是马克思主义的基本原理，也是高校学生管理的基本原则。准确领会和掌握马克思主义相关科学及各种管理原理，把握它们的精神实质，这是搞好学生管理工作的前提。但是，管理原理的应用价值和范围是受不同学校、不同管理对象和管理者水平等因素制约的。在推动社会主义现代化建设的实践中，国家制定并颁布了基本教育政策，在不同历史阶段，又因地制宜、因时制宜地提出了诸多具体方针、办法及规定。此类方针、办法及规定，应当体现在各高校学生管理的具体措施、方法之中，但是科学的学生管理必须从本地区、本校、本专业、本年级学生的具体情况出发，从学生的素质、兴趣、爱好和青年的生理、心理特点等出发，制定出相应的方法和措施。

（三）行政管理与思想教育相结合的原则

在以学生为对象培养其共产主义思想品德的过程中，应予以常抓不懈的说理教育，也要做持之以恒的行为训练，将教育要求转变成学生行为，反之，教育效果便无从谈起。[1]学生健康行为习惯的形成和保持离不开有效管理，如果未能提前形成科学的规章制度，思政教育便会显得空洞乏力。行政管理的重要性不言而喻，为教育活动输送了配套的规范、准则以及纪律保证，然而一线的大学生管理工作是借助各种规章制度对该群体的思想及其行为予以科学指导和必要限制的。此类规章制度的实质是社会、学校方面集体意志的外在显现，其对大学生提出了具体要求，即对该群体的行为进行了一系列的外在限制，所以，仅依靠管理制度去解决大学生丰富多样、复杂多变的精神世界问题是不可行的。高校在制定管理办法时务必要找准前提，即进一步强化学生这一群体的认识能力，使其在遵守规章上具备较高的自觉性。自觉的纪律取决于正确认识，脱胎于有效的教育，唯有将思想教育工作压到实处，才能充分激活学生的自觉性，进而保障管理效能。

（四）民主管理的原则

分析高校学生管理工作可知，培养和强化人的自我管理能力是它的一项重要内容，只有激活了学生们的主人翁意识，才能引导其更深度地投入到自我管理活动中。所以，高校在推动学生管理事宜时应严格贯彻民主管理这一基本原则，从而更好地服务于整体管理目标的达成。

基于大学生心理特征这一角度观之，其尚停留在心理自我发现期，该阶段其萌生了支配意识，且朝着更为强烈的方向不断发展，其不管是在思想上还是在行为上均显著有别于高中阶段，希望个人意志得到体现和尊重。对于学校的规章制度，他们不会不问缘由地通盘接受，

---

[1] 杨长清.云管理：互联网＋时代的人才管理变革[M].北京：中国铁道出版社，2017：30.

而会思考其合理性，通常情况下不喜欢被支配，具备更强的参与管理意识。基于培养目标，联系学生的心理特点，在管理实践中充分践行民主原则，赋予学生被管理者和管理者双重身份。

在践行民主管理的实践中，应强调对党团员作用的发掘和发挥，选出先进分子，充分发挥其带头作用，助力学生民主管理工作的有序、高质推进。

（五）整体性原则

在推动高校学生管理工作的过程中应遵循整体性原则，即结合系统论所给出的有关理论及方法，严谨剖析学生管理系统的内部联系和内部结构、学生管理系统与学校其他系统的联系与协作，强调整体性及综合性，注重对整体效应的发挥，从而收到整体优化的效果。

高校学生管理系统是一个相对独立的复杂的有机整体，它由相互作用的若干要素组成。在高校学生管理系统中，各种学生管理均是这个系统的子系统，各子系统虽然都具有各自特定的功能，但它们都是为学生管理系统的整体目的和功能服务的。就整个学校工作系统来说，学生管理系统又仅是其中一个子系统，必须服务于整个学校工作系统。

学生管理作为一个相对独立的系统，它的整体功能是由各部分的组合形式或者说结构方式与相互间的协调所决定的。要实现学生管理整体功能的优化，就必须注意搞好总体设计和选择适当的结构方式，以便有效地满足整体的需要，为管理的目的服务。学生管理系统的目的是通过严格管理，保证学校培养人才工作的顺利进行，为社会主义建设事业培养德、智、体全面发展的人才。围绕这一目的，就必须设立思想政治教育、学籍管理、生活管理、课外活动管理等一系列子系统。一般来说，在结构方式合理的前提下，若各子系统性能优异，关系高度协调，此时便能收到更为理想的整体效能。如果各子系统虽然自身性能良好，但子系统间关系不协调，都只强调自己的效应，就会影响到整体效能。

整体性原则要求我们：首先，学校学生管理工作必须有一个系统的运筹规划，在机构、人员、任务分配等方面作出合理的总体设计；必须有全局观点，有整体优化的观点，决不能只顾及某个局部，而忽视了整体效能。其次，学生管理的方方面面必须既有明确的分工，又有互相合作。学生管理工作综合性很强，许多工作相互交叉渗透，单靠某一个子系统不可能完成，这就要求各方面要紧密协作、默契配合，重视综合管理，共同为实现系统的大目标而努力。最后，学生管理系统必须加强与其他系统（如党群系统、教学科研系统、人事保卫系统等）的横向联系与协作，为整个学校工作系统的目的服务。

（六）社会化原则

社会学原理认为，社会化就是将一个人转化为一个能适应一定的社会环境（或文化）、参与社会活动、履行一定社会角色的社会人的过程，这一过程贯穿人的一生。高校学生管理社会化原则的涵义，方面通过各种学生管理，促使高校学生适应并接受社会主义的政治、经济、文化、道德规范，另一方面是引进社会力量，参与学生管理，形成全社会的立体网络管理。

人的社会化过程起始于人的出生，贯穿整个生活历程，决定性阶段是青年期。青年期是人由不成熟逐步走向成熟的转折时期，是世界观、人生观初步形成的关键时期，这一时期内，人的社会化程度对今后的发展有着极为重要的影响。高校学生大都处于青年期，所以，高校学生管理对促使他们的社会化负有重要使命，这也是我们提出高校学生管理社会化原则的初衷。

高校学生社会化影响因素是多方面的，家庭、学校、团体，各社会阶层、各政治派别、各种主义和思想，以及学生相互之间关系，都是促使其社会化的影响源，只要有所接触，都会产生程度不同的影响。马克思主义认为，任何一个阶级社会中占统治地位的思想是统治阶级的思想。但同时也必须注意到，在通常情况下，占统治地位的社会规范和不占统治地位的社会规范共同作用于社会成员，因而，对一个人来说，社会化的结果往往不是某一种社会规范单独影响的结果，而是数种社会规范综合影响的结果。由此可见，高校学生社会化的问题，不仅仅是高校要引起重视的问题，同时需要从小学、中学到大学，以至在全社会建立一个完整的体系。当然，高等学校应是其中的主要承担者。

高校学生管理的社会化原则要求我们：第一，要坚持不懈地对高校学生进行马列主义、毛泽东思想的教育，进行党的基本路线的教育，进行社会主义道路和为人民服务的教育，使社会主义的政治、文化、道德观念逐步内化于高校学生心中。第二，坚持以中华人民共和国教育部颁布的《高等学校学生行为准则》（以下简称《准则》）严格要求和管理学生。《准则》集中体现了党和国家对高校学生的基本要求，也是当前我国社会要求高校学生适应、接受的社会规范，高校学生按照《准则》的要求去做，就能把自己培养成合乎党和国家需要的人才。第三，充分重视各种环境因素对高校学生的影响，采取各种有效措施，有意识地利用书刊、广播、电影、电视、讲坛等教育手段，倡导与施以积极影响，抵制消极影响，引导高校学生在较高层次上自觉适应社会主义社会规范的要求。第四，鼓励和支持高校学生积极投身于社会实践活动，通过接近工农、接触社会，增进对国情和社会的了解，客观地正确评价自己、评价社会，增长知识，锻炼才干，早日适应社会和人民的需要。

第三章

人才培养：高校教育的任务

第一节　人才培养的概念解读

人是促进社会和谐发展的关键因素，社会主义的建设离不开高素质的人才。在经济时代中，国家和地区的发展与国民素质的高低、人才数量的多少、人才质量的高低有着密切的联系。人才培养的实践活动对和谐社会的构建起着推动作用，从这个层面上看，人才培养不仅是要每个人都享受受教育的平等机会，还要与和谐社会的建设相呼应。

党的十八大报告中曾明确提出："推动高等教育内涵式发展""努力办好人民满意的教育"。高等教育发展核心就是提高教育质量。高校要积极应对科学技术进步、经济社会发展以及高校教育改革所带来的新问题和一系列挑战，增强改革的使命感和责任感，不断提高人才培养质量，不断深化人才培养的模式改革。

一、人才

关于何为人才的问题，不同研究者给出了有所差异的见解，在我国汉代王充《论衡·累害》："人才高下，不能钧同。" 晋代葛洪《抱朴子·广譬》："人才无定珍，器用无常道。"《北史·崔亮传》："立中正不考人才行业，空辨氏姓高下。"唐代刘知幾《史通·叙事》："故知人才有殊，相去若是，校其优劣，讵可同年？" 明代高攀龙《答袁节寰中丞》："今天下难联者人心，难得者人才，难鼓者士气，得老公祖（袁可立）一点真精神不难矣。"这里的"人才"指的是有才能的人。

近代以来学者们关于人才的界定也未能形成统一意见："人才，是德才兼备，在认识世界、改造世界、服务人民的过程中依托创造性自由劳动可以创造和收获的有效成果，为丰富、保护物质或精神财富做出过努力和贡献的人。"雷祯孝和蒲克在《应当建立一门"人才学"》一文中提出人才"是指那些用自己的创造性的劳动效果，对认识自然、改造自然，对认识社会、改造社会，对人类进步做出了某种较大贡献的人。"这个定义揭示人才的三个重要特征：创造性、超常性和进步性。1981 年，王通讯对人才的含义作了阐述，认为"人才就是为社会发展和人类进步进行了创造性劳动，在某一领域、某一行业或某一工作上做出较大贡献的人"。这一定义特别强调了人才存在于各行各业，揭示了人才的普遍性。1990 年，叶忠海主编的《普通人才学》将人才界定为"在一定社会条件下，能以其创造性劳动，对社会或社会某方面的发展做出某种较大贡献的人。" "人才是指具有一定的专业知识或专门技能，进行创造性劳动并对社会作出贡献的人，是人力资源中能力和素质较高的劳动者。"

陶行知在《新学制与师范教育》中提出："总之，教育界要什么人才就培养什么人才。" "我们要什么教员就须培养什么教员。"此处的"培养"指的是立足相应目的进行长期、系统的训练。《辞海》将"培养"阐释成"栽培养育"，即教育，也就是通过适宜方法和路径造就"人才"。所谓"人才培养"指的是，先确定待培养对象，然后予以有目的、有规划、有方法的培训。在确定被培养对象之后，通常还要予以系统、专业的训练，如此才能打造出契合实际需求的各类人才。自中世纪大学开始一直到当代大学，走过了很长一段路，然而培养专门人才始终是高等学府一以贯之的基本社会职能。高校立足现行教育方针政策，结合既有的教育目的，树立清晰、明确的培养目标，依托编制配套的教学计划等路径，有条不紊、持之以恒地推动人才培养工作，满足国家和用人单位的需求，与此同时也能助力人才个体的社会化发展。

二、人才培养

人才培养，也就是以人为对象加以相应的教导、培训。其间，"人"是始发点，亦是"人才"的初级形态，经由适当培养，能完成两者之间的有机转化。纵观培养实践可知，时间是必要的纵向要素，至于培养活动则属于横向上的事件。

在推动人才培养工作时，重点在于协调好培养主体、客体之间的关系，即享有哪些权利和应当承担哪些义务。基于内涵角度观之，人才培养这一概念有狭义和广义之分：基于广义角度观之，人才培养包括并贯穿了全部的培养过程，自高中毕业开始到走入大学校门，再到成为大学生之后对其实施的包括管理、教学及评价在内的诸项活动，均是人才培养广义概念的必要构成。基于狭义角度观之，人才培养被进一步微观化了，着眼于学校教育过程，亦即包括教学、各门功课、教学评价在内的一系列环节和内容的实践。无论哪类界定，人才培养都尤为关注对学生实施的教育和培训及其过程，并依托该过程赋予其一定的专业技能。

人才的培养是高校的主要任务。人才培养涉及以下几个方面的问题：①人才培养目标理念的提出与确立；②人才培养对象的确定；③

人才培养目标的确立；④开发人才培养的主体；⑤人才培养的途径和方法；⑥优化人才培养过程；⑦人才培养制度的确立。

由此可见，人才培养是一个整体的工程，包括理念，对象、主体、目标、途径、制度与模式等要素。人才培养理念的具体内涵是"在什么思想指导下培养什么样的人才"，它是对教育的本质特征、职能任务、目标价值、活动原则等方面的认识和理解，主要解答了"为谁培养人才""人才应是怎样的""应该如何培养人才"等问题。

哲学意义上的人才培养主要揭示了人才培养的内在规律、价值追求与终极理念；操作意义上的人才培养主要描绘了理想状态下人才培养模式的体系化架构，明确人才培养所涵盖的程序及环节，为人才培养的具体操作提供支持。

三、特色人才培养

（一）应用型人才培养

现代社会进入了发展的快车道，这在很大程度上得益于社会大众拥有了更多接受高等教育的机会，而此种机会大幅拔高了劳动者的专业及综合素养，进而形成了更高水平的生产效率。然而，纵观发达国家的工业化之路，其关于人才的需求在外观上表现为橄榄形（"0"），这意味着在全体劳动者中无论是高端学术人才抑或是低知识需求群体都占较小比例，主体是应用型人才。

改革开放之后，特别是成为 WTO 一员之后，我国经济迎来了空前发展，在模式上也明显有别于过去，人才成了推动经济发展的核心动力，这给人才培养工作提出了更高要求，要形成较完善的知识结构，也要具备过硬的专业能力，主要涵盖下述方面：第一，在信息化技术发展日新月异的背景下，传统、低效的作坊式制造模式愈发不合时宜。受训不足、实践偏少的那类应用型技能人才也逐步落伍了。为助力经济的可持续发展，应落实好应用型人才培养工作，第一，在强化实践能力的基础上还应夯实技术理论基础。第二，顺应市场经济的现实需求，赋予应用型人才更多角色和能力，而非仅仅局限于技术领域，所以，在推动人才培养工作时，仅关注专业技术教育是不可取的，也要做到多学科教育齐头并进，从而有效应对复杂多变的、不断发展的市场环境。

（二）研究型人才培养

所谓研究型人才，即具备高等教育背景，基础知识扎实、掌握了正规研究方法、研创水平一流，在相应领域致力于科创工作的那类人才。研究型人才不仅是国家的基石，也是全人类的宝贵财富。在研究型人才培养实践中，应当营造和提供适宜的科创环境、条件，知识传授不可或缺，但它只是基础，更为关键的是要在大量实践中有目的、有步骤地培育人才的创新精神及实操能力。对于此类培养而言，应形成并提供下述支撑条件：第一，科研条件，除科研项目、配套设备外，还包括科研经费；第二，导师队伍，导师有别于传统教师，其最人区别是它的主要职责并非灌输知识，而是强调精神层面的塑造、思维层面的启迪，其间会运用到有关方法和技巧。

（三）复合型人才培养

复合型人才指的是储备有若干个专业的基本知识，抑或同时具备人文、科研能力的这类人才，其培养更加复杂一些，离不开一个综合的、融会贯通的过程，其不仅涉及不同知识之间的复合，也涵盖智力因素、一系列非智力因素之间的有机复合。

为了培养更多、更优质的综合型人才，在实践中，不少高校予以了卓越成效的探索，打造了以双学（历）位制、联通培养制以及主辅修制为代表的多种培养模式，在培养复合型人才方面取得了不俗成绩。

第二节 高校人才培养的特点与要素

一、高校人才培养的特点

（一）确立一定的标准

鉴于高等教育工作的独特性，人才培养的标准是多元的。高等学校作为人才培养的摇篮，就如同产生智力人才的工厂，这一工厂产出产品的规格和质量体现了对高等学校人才培养特殊性的理解。当然，对教育行业进行评估不能通过经济指标来衡量，不能通过毕业生数量的多少来展现，也不能通过培养名人的数量来体现，而必须由市场来选择，通过社会来判断，以整体素质的提高和社会的认同度为标尺，这可以算得上是一个巨大的考核评价体系。与多元化的标准相对应，新时期高校的人才观与质量观也必须呈现出多样化的特点。用单一的人才与质量的标准，无法准确评估当前阶段中高校的人才培养质量。在现阶段仍需要培养能够适应社会所需要的人才，也就是具备创新能力与实践能力的高素质人才，有出色的思想家、画家、社会家，基础型研究人才，也应该有应用技术基础研究人才及专业人才。高素质人才的培养，需要确立一个统一的标准，明确高素质人才培养的要求，需要多元化的人才培养标准。

（二）具备危机意识

教育虽与一般产业不同，但在如今的环境下，每个承担教育工作的主体都是具体的大学。在竞争激烈的市场经济条件中，教育行业所面临的市场竞争是异常激烈的。教育领域的竞争是一种不完全的竞争，高等教育之间的竞争焦点在于质，即以质取胜，也就是说竞争结果取决于人才质量。"居安思危，未雨绸缪"就是一种典型的危机意识。危机意识是一味清醒剂，能令人在危机到来之前时刻保持清醒。

由于教育工作具有竞争性与垄断性，教育工作者在当前竞争中就应该培养自己的危机意识，着力提高人才培养的质量。一些类似北大清华等的名校之所以有较强的竞争力，关键因素就在于培养人才的高素质。

如今，高校的数量越来越多，办学规模也随之扩大，各个高校都会依据自身特点设置一些专业，人才培养的差异使它们各具特色。除此之外，由于各大高校培养出来的人才并非不可替代的，这就使高等学校之间存在着激烈的竞争，而占据优势地位的学校可能会变为劣势。因此，高校工作者要树立一定的质量意识和竞争危机意识。

（三）制定长远的规划

规划是指对未来进行基本性、整体性和长期性的思索，制定未来采取行动的方案，是个人或者组织制定的较为长远和全面的发展计划。教育本身就承担着教书育人的职责，而高等学校要实现传授知识、创造知识以及服务社会的任务，这在短期内是不可能完成的，需要经过较长时间的培养，才能创造出培养人才的良好氛围。教育和其他产业一样，也要依照产业发展的客观规律，但教育工作较为特殊，因为它并不能直接创造物质财富。教育行业具有投入大、见效慢、生产周期长等特征，生产的知识不能带来直接的经济效益，不能直接获取利益。

教育要以脑力劳动为基础，以生产大量的智力劳动者为特点。高校学生进入社会以后，能够依靠自己的劳动创造出物质财富，所以整个社会的物质财富和生产的总量得到增加，从而促进整个社会经济效益的提升。因而，教育对社会所做的最大贡献是培养高素质人才。准确把握这一方面特点，对于理解高校人才培养的思维有很大的帮助，也就是说不能以急功近利的逻辑来思考教育问题。人才培养是极其复杂的漫长工程，要用特有的思路来理解。

二、高校人才培养的要素

习近平多次提到："实现中国梦必须走中国道路，这就是中国特色的社会主义道路。"中国教育梦是实现中国梦的前提条件，要想尽快实现中国的教育梦就必须创办有特色的未来教育，培育出具有创新能力的人才。研究高校人才培养的机制，先要着眼于影响高校人才培养的各大要素并以此为出发点。分析此类要素，优化人才质量，已经成为高校亟待做好的一项工作。人才培养会受到诸多因素的共同影响，人才培养要素从不同角度进行划分，可以分成外部因素与内部因素两个部分。内部要素主要包含：硬件因素，高校教学过程中使用的教育设施及工具；软件要素即教学内容与方法、教学组织形式、教师和学生的素质等。外部要素主要包含学校、家庭、社会等方面。

（一）内部要素

1.高校中的教师

高校中的教育者是高校人才培养的重要主体，是最直接的教育者，在教育活动中发挥主导作用。广义的教育者包括教师、教育计划者、教科书的设计者和编写者、教育管理人员及参与教育活动的其他相关人员；狭义的教育者就是指教师。此处探讨的是教师。教师，即学校内担负教育教学职责的一类专业人员。教师是知识传授者，所以不仅要具备一定的文化水平，也要拥有一定的个人素养，反之会降低高校人才培养工作的质量及效率。具体而言，第一，教师的专业能力是决定人才培养质量的关键因素；第二，教师本人的人格魅力也发挥着间接作用。正如马克思所说："人起初是以别人来反映自己的。"这提示教师拥有何种人格素养在一定程度上左右着受教育者品德的形成；第三，受教育者地位的平等也在一定程度上影响着人才质量的提升。

2. 高校中的学生

学生是指接受他人的教导并帮助传播和实行的人。人才培养的终极目的表现在打造高质量人才，对于高校而言，其人才培养面向的是进入本校接受系统教育的学生。在高校中，学生是有着发展潜力的独特个体，学生的地位和身份都非常特殊。其一，作为受教育者和质量需求的主体，学生对高校的教育水平和教育质量有着较高的期望和需求；其二，学生在高校中掌握的知识和能力体现了高校的教学质量和水平，并且学生在一个阶段所掌握的学习技巧是他们继续学习的重要动力。身份上及地位上的特殊性使得学生在高校人才培养方面扮演着重要角色，是决定高校人才培养质量、水平的关键因素。因此，高校人才培养质量的提升有待于学生充分发挥在整个教育过程和环境中的作用。

3. 高校中的管理者

高校管理者的主要任务有制定培养目标和方针、确定学科发展方向、确立人才培养的标准。在此处，高校管理者指的是校园内负责具体管理事宜的人，其接受了拥有者的正式委托，全方位主持学校各个方面的管理工作，以期借助高质量、严要求的管理推动教育产品质量更上一层楼。此处提及的教育产品，不仅涵盖高校向外输送的人才，还包括高校取得的各种科研成果、为社会提供的各类服务。高校的管理者在高校中占据重要地位，影响着高校教育质量的提高包括人才培养的质量。

4.物质和精神条件

条件可被视作事物存在、演化的影响因素。高校在推动人才培养工作的实践中，若想有序、高质地实施，则务必借助有关条件，此类条件可被划分成两大类，一类是物质条件，另一类是精神条件。就物质方面而言，制约高校人才培养活动的因素集中反映在宏观层面的社会生产力水平、微观层面的学校物质基础。日常教学活动的实施离不开相应物质的支持："在教育物资匮乏，未能超过基准线的背景下，教育物质要素的重要性便会愈发凸显，是左右教育活动能否进行下去的关键因素。然而，在该基本要求得到满足之后，此时，教育物资条件的改善仅能发挥出助力教育质量进一步提高的作用，而不再具备决定性作用。"不难发现，在高校人才培养方面，物质资源扮演着重要角色，尽管并非决定性因素，然而也是必要条件。基于精神角度观之，影响高校人才培养工作的因素集中反映为宏观层面的社会生产关系、微观层面的师生价值取向。精神环境的构建对人才培养的作用不容忽视，若一座高校拥有健康的、积极的校风，便会给身处其中的学生带来正向性影响。

上述基本条件影响、改变着高校人才培养工作、外部环境之间的彼此作用关系，协调着人才培养活动中主、客体的内在关系，影响该活动的形式、规模及其目的，进而基于整体视角决定了高校人才培养系统的运作效率，是影响高校人才培养成效的极为重要的因素。

（二）软件要素

教学内容是学与教相互作用过程中有意传授的信息，通常涵盖课程标准、教材以及课程等内容。教学方法是教学双方为达成一致教学目标，在教学实践中所采用的各种方式和措施的总称。不仅涵盖教师的教法，也包括学生的学法。高校的人才培养主要通过教学途径来实现。从高等教育的目的看，高等教育教学和学习的客体是知识，在高等教育系统中，知识以学科的形式存在。知识是高等教育系统中尤为重要的构成因素，高等教育的实质也体现在传递、创造以及应用知识方面，以便为各行各业提供更具力度的人力支撑。就知识系统来说，在提高高校人才培养水平的过程中，第一，要动态优化课程体系的质量，规划好课程设置，这不仅左右着学生学习范围，也决定了学习质量；第二，不仅要优化知识创新质量，也要提高运用知识的水平。无论是知识传授还是专业设置均是制约人才培养质量的关键因素。

（三）外部要素

1. 高校

学校在人才培养的过程中也起着相应的作用。学校可以当作人才培养的外部环境，在该环境下，学校的运营理念、模式以及思想等处于动态变化之中，在人才培养的具体操作中一步步走向完善。一所高校的自身定位、发展规划和办学思路都影响着高校自身的发展壮大。学校的发展进程中充分展现了人才培养的规格、模式、实现的效果等。人才培养是一个旷日持久的工程，起步于幼儿园，贯穿人的一生。虽然我国对九年义务教育制定了统一的标准和规格，然而每所高校都有着与众不同的办学特色。除此之外，学生在进入高校之前有着不同的教育背景，这在一定程度上也会影响受教育者在校的学习方式和教育内容。

2.家庭

家庭环境及培养方式上的差异不仅会影响学生性格，还会影响其学习方式。家庭因素一般指的是会给人的成长带来影响、支持的家庭环境，此处提及的家庭，是狭义视角下的家庭，即在婚姻关系、血缘关系或收养关系基础上产生的家庭。在人才培养方面，家庭带来的影响往往是润物细无声的。学生长期生活、成长于较为固定的家庭环境内，长期受着父母等长辈的影响，在此基础上形成了颇具个人特色的人生观、世界观以及价值观。这些观念形成的过程是极其缓慢的，所以也就更加深刻。家庭环境对学生在高校中接受教育、形成新的观念产生了很大的影响。这也就意味着，高校是在学生形成固定的人生观念的前提下进行的再教育。因此，不能忽视家庭在人才培养中的作用。

3.社会

社会是由众多个体汇集而成的有组织、有规则、有纪律、相互合作的群体。社会因素和家庭因素属于同一类型的影响因素，即广义的家庭因素。人具有社会性，所有人均置身于特定的社会环境中，是不可能完全脱离社会的，所有人均有沟通他人的需求，自然也会受到他人的影响。在高校培养人才的过程中，社会需求带来了颇大影响，决定了它的标准及结构，特别是着力打造技术应用型人才的那类大学。相较学校、家庭来说，社会所产生的影响范围无疑更广，能给人的三观形成带来巨大影响，但就影响深刻程度来说比家庭略逊一筹。在影响范围上，社会因素远超家庭因素，原因是社会因素不单单作用于个人，也会作用于学校。

第三节 高校人才培养的要求和原则

一、高校人才培养的要求

（一）先进文化的建设者

先进文化是先进生产力的一部分，指的是以马克思主义为指导，以培养有理想、有道德、有文化、有纪律的"四有"公民为目标，培养面向现代化、面向世界、面向未来的具有中国特色社会主义的文化。它对生产力和人类社会的发展都有着影响作用。文艺复兴运动作为社会变革的先声，就反映了生产力发展的客观要求。马克思主义本身就代表了先进的文化，反映了先进的生产力。在新时期，先进文化的提倡对人才培养提出了新的发展要求。

1.体现人的发展追求

重新审视过去的文化建设，要从实际情况出发，针对人才培养的客观规律，关注人的最高追求，在建设社会主义和谐社会的过程中，建构先进文化要使文化的主旋律深入人心。

2.关注德行素养

在推动人才培养的工作中，应深度贯彻"以人为本"的理念，明确培养的目标，重点关注先进文化的建设，突显先进文化在人才培养过程中的有效性。和谐社会先进文化的建设具体到个人，就是培养出内心健康向上、自我完善的人才。我们应从这一实际出发，积极开展各项文化活动，在文化建构的实践中不断融入德育修养的概念，不断丰富自己的内心世界，培育乐观向上的健康品质，增强个体的德育修养能力。

3.创建人文环境

人才培养的客观实际对环境也提出了相应的要求，如充满民族文化传统气息和时代气息、弥漫艺术魅力、具有极强的吸引力等。不同的地方都有着不同的文化特征和历史背景，所学专业的知识、所处的环境也存在着差异。因此，亟须营造极具特色的文化氛围。在这样的环境中，既要加强理想信念教育，也要为社会主义的建设培养接班人。[1]信息全球化对政治、经济和社会发展提出了新要求，也给人才培养带来了新的挑战。我国的教育事业要根据这个现实，以全面提高国民素质为目标稳步前行。

（二）生态的实践者

构建和谐社会，实施可持续发展战略，不能忽视生态文明的建设。生态是指生物之间以及生物与环境之间的相互关系及存在状态，也就是自然生态。自然生态有着自身的发展规律。人类社会改变了这种客观规律，把自然生态纳入人类可以改造的范围之内，这就形成了文明。生态文明是人类文明发展至某种水平时迎来的一个新阶段，亦是紧随工业文明之后诞生的又一文明形态。生态文明是以人和自然、人和人、人和社会和谐共处、有机循环、全方位及可持续发展为核心宗旨的一种理想化的社会形态，是人类基于人、自然、社会三者和谐发展、友好共存这一客观规律而收获的"物质成果 + 精神成果"的总和。人类与自然间的和谐关系是一个永恒的话题，"天人合一"是中国思想发展史上的基本理念。人类认识能力及实践能力的变迁，使人与自然的关系经历了一定的历史阶段。工业文明的到来给人们带来了财富的同

---

[1] 卢强,何玉芳.高校培育时代新人的核心要求与路径探析[J].文化创新比较研究,2021,5(19):44—50.

时，也带来了许多挑战和困难。如今的人们应该从全新的角度重新理解"天人合一"的理念，尊重大自然的客观发展规律，谋求人与自然的和谐共处。

自然环境是人类赖以生存的家园，它是生物的空间中可以直接、间接影响到生物生存、生产的一切自然形成的物质、能量的总和。自然环境中的物质种类有很多，包括空气、水、土壤、岩石矿物、太阳辐射、其他物种等，这些都是生物得以生存的物质基础。自然环境能为人类的衣食住行提供基本的能源。然而，在经济快速发展的今天，人类的生产和活动造成的环境破坏已经影响到社会的有序发展。气体污染、水污染、臭氧层破坏、资源锐减、森林砍伐、人口增长、水土流失、土地荒漠化、物种减少等一系列问题促使人们不得不对自己的行为后果负责，开始反思。"可持续发展"理念的提出迅速获得了社会大众的认可，大量实践也佐证了该理念是人类后期发展的一条可行之路。

构建和谐社会生态文明的要求呼吁人们的积极参与并成为生态文明发展的维护者和实践者。作为和谐社会生态文明的支持者，我们不仅要关注社会、自己和他人，也要自觉关注大自然。因为关注大自然就是关注我们自己的生活环境，关注我们自己的家园。只有每个人从自身出发，从点滴做起，才能促进可持续发展目标的实现。在建设社会主义和谐社会的过程中，生态文明的实践者要关注时代的发展，适应社会的发展变化，把重心放在习惯的养成、创新务实、传承文明上，并注重将所学的理论知识与实际联系起来，以便更好地服务社会。

（三）高素质的劳动者

生产力是由实体要素和非实体要素构成的一个动态的、复杂的、不断发展的系统。其中，实体性要素包括劳动者、劳动对象和劳动资料；非实体性要素包括生产信息、生产技术、科学技术等。生产者是生产力的三个基本要素之一，是生产力诸要素中最为活跃、最富有创造力的要素，是人民群众的主体部分。它推动着历史的前进，创造了人类世界的物质财富，并为精神财富的创造提供了条件。没有劳动者，生产就无法进行。劳动者能把生产资料转化为现实的生产力，劳动资料只有经过劳动者才能被创造和使用。劳动对象要通过劳动者的努力才能被开发。换句话说，劳动者能够激发劳动资料和劳动对象的能量。迄今为止，人类社会的物质文明和精神文明都是由劳动者创造的。

目前，我国的经济正处于快速发展的阶段。人才培养的一大核心问题是怎样在社会经济背景下持续打造和输出高素质劳动者。对于教育而言，和谐社会培养的对象是人才，高校教育工作就是为了教育和改变人，最终目的是推动生产力的发展。和谐社会中的人才培养目的之一就是培养劳动者的思想观念、行为规范、道德情操等，最终的目的是将精神力量转化为物质财富。精神层面的生产力具有不可估量的价值，在同等条件下，劳动者的精神力量所发挥的作用是巨大的。对劳动者进行培养教育，充分挖掘其精神力量潜在的价值，能够从内部推动生产力的发展。教育对劳动者的作用是多层次的，各层次的作用既有区别又有联系，最终才能促进生产力的发展。

首先，教育有助于培养劳动者健康的人生观与科学的世界观。人生观的重要性不言而喻，左右着人生方向、价值取向以及生活态度等多个方面，它是人们在实践中形成的，关于人生目的和意义的根本看法。世界观是指人们对世界的基本看法和观点。世界观具有实践性，人的世界观是不断更新、不断完善、不断优化的。在改造客观世界之前要先改造自己的世界观，明确自我劳动的价值和意义所在，为何从事劳动，应该如何实现自我价值以及怎样实现自我价值等。劳动者首先要树立正确的理想信念、人生观和世界观，并产生生产劳动的愿望和动机，才能将这些想法付诸行动。

其次，教育能够激励劳动者。通过人才培养，可以培养劳动者的良好学习习惯、积极的工作态度以及高尚的职业道德。这要求劳动者做到任劳任怨、团结协作、爱岗敬业、遵纪守法、勤勤恳恳、诚实守信。在学习时，谦虚好学、积极进取、持之以恒、踏实刻苦，力争取得好成绩。在劳动时，勤奋努力，不断进取。

再次，教育有助于劳动者使用正确的思维和工作方法。劳动者一旦掌握了恰当的思维方法和工作方法，操作能力就能得到提升，产品质量和产量随之提升，产品效益也得到提升。生产管理者通过周密的计划、果断的决策、充分的协调，改善经营管理模式，创造出较高的效益。科技工作者通过采用新技术培养创新能力，改进生产工具，革新工艺，提高效益。高科技是一种知识密集、人才密集、技术密集、资金密集、风险密集、产业密集、信息密集、竞争性和渗透性强，对人类社会的发展进步有重大影响的、高端的、精锐的、前沿的科学技术。高科技已成为推动各行各业发展的关键因素。邓小平曾提出过"科技是第一生产力"的著名论断，社会生产力有这样巨大的发展，劳动生产率有这样大幅度的提高，靠的是什么？最主要的是靠科学的力量、技术的力量。在人才培养中若能调动科技工作者进行科技创新的积极性，则可以提高劳动人民对科学技术的重视程度。

由此可见，人才培养工作是建设物质文明不可或缺的重要环节，它是推动生产力快速发展的精神动力。邓小平从生产力的角度阐述人才培养的重要性，指出"两手都要抓，两手都要硬"，要兼顾精神文明发展和物质文明的发展。如今，在推动和谐社会建设的实践中，更应关注人才培养的积极意义，进一步发掘发挥高校在培养人才方面的潜力，将人才培养工作落到实处。

二、高校人才培养的原则

（一）树立科学的教育理念

教育理念就是那些关于教育方法的观念。衡量高校教育质量的标准之一就是人才培养的质量高低。要想提高人才培养质量，就要确立科学的教育理念，用科学观念的转变推动高校人才培养质量的提升。要树立以人才培养为中心的理念，重视人才培养的质量问题。我国高校的本质功能是通过教育活动培养高素质的人才，为社会主义事业源源不断地输送建设者，这不仅是国内高校的生存之基，也是其区别于其他社会组织的根本之处。从这点出发，就要求高校的一切教育活动都必须以人才培养为中心。教育工作都要体现人才培养的特点，无论何时都不能偏离这个根本问题。衡量一所大学的教育质量不是看它的规模和数量，而是看它所培养出来的学生是否优秀。判断一个教师是否合格、是否优秀，也不能只看他发表的论文数量以及完成科研项目的数量，而应该看他培养出来的人才质量和素质。同样地，衡量一所学校的能力，不是看它一时的规模，而要用发展的眼光看待它，看它对社会和国家所做出的贡献，看它对推进社会发展所做出的贡献。

要关注社会的发展对教育的需要，将社会评价视为衡量人才培养质量的标准。人才培养工作不能脱离社会的实际需求，而要能够满足人的发展需要和社会的需求。高校在教育实践中要以社会评价为基础来进行人才培养工作，将社会的需求体现在人才培养的各个环节上。准确掌握并分析高校学生的就业状况和人才供需情况，将此与学校专业设置与课程安排相结合，提高高校人才培养与社会经济发展的适应程度。要落实以学生为本的理念，将其作为教育工作的重要追求，把学生的健康成长作为学校人才培养工作的根本出发点和落脚点，是高校教学工作的关键所在。高校的教育工作者要以学生为中心，对人才培养工作倾注感情，把关爱学生作为基本点来实施教育工作。高校领导者要公平对待学生，关注学生的需求。一切为了学生、为了学生的一切、为了一切学生也是所有高校永恒的精神追求。此外，要树立以学生评价为先的观念，将学生评价纳入教育教学质量的体系。在具体实施的过程中，要多听取学生对教育教学的意见和建议，重视学生的反馈，真正将这些建议落到实处，将学生的评价作为改善教学工作、革新教学方法、提升教学质量的强大动力。

另外，坚持这一理念要妥善处理高校内部各项工作之间的关系，区分轻重缓急，又要处理好高校自身发展和经济社会的关系，避免在高校中出现根本功能弱化的现象。高校在快速发展的过程中也出现了不少问题，严重影响了高校在群众心中的形象，高校的公信力下降，阻碍了教育事业的发展。造成以上问题的原因是多方面的，但在有关高校办学目标和教学任务的问题上，我们必须要认真对待，确立明确的目标。明确的目标是指为高校准确定位，通过坚持不懈的建设，明确把学生培养成具备何种素质或者何种类型的人才。这关系到学校的专业设置、课程设置、学科建设等问题，还关系到构建学生综合素质的体系问题，例如高校学生的心理素质、思想道德素质、实践能力、创新精神以及能够体现文化素养的人才培养问题。高校确定培养目标时必须从实际出发，重视存在的各种问题。由于现实条件和历史条件的制约，高校存在着发展不平衡的现象，具体表现在专业设置、场所、硬件设备和师资力量等方面。高校在确定目标时，要根据学校的实际条件和现有资源，找准方向，发扬长处，做好学科设置、课程设置、课程体系建设等方面的工作，不可盲目进行，一味追求发展速度。社会经济的发展以及社会分工对人才的需求是不同的，而高校的办学条件和资源却是有限的，不可能培养出社会所需的各种人才。再者，高校的人才培养工作是一个长期而复杂的过程，需要从多方面进行整体规划。在确定人才培养目标时，要综合考虑，不能只重视学生智力的发展而忽视学生德、体、美、劳等方面素质的培养。高校虽然都能意识到全面发展的重要性，但在实践时却出于种种原因不能切实把握好平衡点。在具体的人才培养过程中，只有把学生培养成为拥有完整人格的人，才能最终培养出国家和社会所需要的人才。在崇尚物质至上理念的时代，高校要注重培养学生为人处世的能力，构筑有利于学生成长成才的环境和氛围。

（二）准确把握人才培养的关键点

要做到立德树人，就是要准确把握人才培养的关键点。在高校教育中要坚持一切以人才培养为核心，将思想道德、科学精神、人文素养和实践能力渗透到人才培养的各个环节中，重点提高学生服务社会的使命感、不断探索的创新精神以及及时解决问题的实践能力。首先要培养高校学生对社会的责任感。社会责任感是一种道德义务，是指在特定的社会里，每个人在心理和情感上对其他人的伦理关怀和义务。一个具有社会责任感的人，应该具备三点品质：坚持道德上的正确主张；坚持实践正义原则；愿为他人奉献和牺牲。蔡元培指出，现代学生要有"狮子样的体力、猴子样的敏捷和骆驼样的精神"。"骆驼样的精神"包含了学术上的责任、对于国家的责任以及对于社会的责任。事实证明，无论是做人、做事还是做学问，最基本的就是做人。在实践中，要将立德树人作为基本目标，将社会主义核心价值观念渗透到人才培养的全过程，促使学生将个人的梦想和宏伟的中国梦联系到一起，将个人价值和社会价值联系到一起，将个人的命运与集体和国家的命运联系到一起，使每一名学生成长为对社会、对国家、对他人有帮助的人。其次，是培养学生的创新意识。培养高校学生的创新精神首先要善于激发学生的学习兴趣和积极性，高校应给予学生自由选择的权利，鼓励学生个性地发展，不断挖掘学生的发展潜力，为他们创建独立思考、不断探索和创新的有利环境，使学生在高校中培养出良好的行为习惯，为将来的发展奠定基础。当前，一些高校正在为学生的个性发展制定方案，将本科分为多个培养阶段，帮助学生确立合适的发展道路，建立专业化的标准。高校人才培养的另一个关键点是培养学生的实践能力。实践是世界万物的创造者，没有实践就没有我们现在生活的现实世界。实践是人才培养中的薄弱部分，是提高人才培养质量的重要突破口。要想解决这一难题，首要任务是增加教育教学实践的机会，提高教学实践在教学中的比重。另外，还要鼓励广大学生参加社会调查、公益活动、生产劳动、志愿者活动、科技创造、勤工俭学等活动。开展校企合作，增加学生实习实践的机会，开发出一批实地训练基地和校外实践基地。还要改进和完善相关的法律法规和政策方针，促使企业给在校大学生提供实习实践的平台。

（三）依照法律规定进行教学管理

狭义层面的教育是指通过专门的教育机构进行的有目的、有计划、有组织的教育过程，也就是说教育者依据社会的需要与发展情况，遵循受教育者的身心发展规律，以受教育者的积极参与为基础，对受教育者施加影响，使其成为社会所需人才的一种社会实践活动。从教育的具体过程看，教育者和受教育者之间是主动与被动、积极与消极的关系。影响教育效果的因素既包括教育者方面的经验、水平、方法、手段等，也包括受教育者方面的社会生活经历、人生价值取向。不同的教育者所接受的教育内容存在着一定的差异，同一受教育者在接受教育内容的方式上也有着很大的不同。对当代高校学生而言，由于年龄的增长、受教育的层次不断提高、国内外环境的影响，他们的思想观念呈现出多元化的趋势。这些现状给高校的教育工作带来了一定的发展机遇和挑战，如有一些学生强调以个人为中心，有的学生没有明确的学习目标，有的学生崇尚享乐主义，有的学生自制力较差，有的学生一味地沉迷于网络游戏等。对于这些学生，高校应该积极进行教育和保护。根据学生的认知发展规律，学生的思维在特定的环境中具有相应的封闭性，学生对外界的事和物尤其是企图说服他们或是改变他们行为的做法本能地产生一种排斥和厌恶，通常会被迫接受。高校教育者在对学生进行道德教育时，不能一蹴而就，而要在反复的实践中不断改进。教育工作既要关注速度，善于抓住时机，又要注重反复地训练、启发和诱导，循序渐进地进行，促使学生形成正确的思想观念，向高校的人才培养目标前进。

做好教学管理工作是高校人才培养的一个重要方面。当代高校的学生由于受到来自社会，学校和家庭等一系列客观环境的影响，在学习目标、成才意识、学习态度、纪律意识、吃苦意识以及生活自理能力方面与过去的学生有着很大的区别。由此可见，对他们进行日常管理，改变他们的不良行为，帮助他们学会如何学习和生活，培养良好的行为习惯，是保证人才培养质量的关键环节。教育管理是指管理者通过组织协调教育队伍，充分发挥教育人力、财力、物力等资源的作用，利用教育内部的各种有利条件，高效实现教育管理目标的活动过程。管理工作的目的是使学生具有一个良好的学习和成长的环境，维护学生的利益，保障高校能够正常运行。学生管理既包括对学生行为的管理，也包括对学生的生活、文体活动、社会工作、社会实践等方面的管理。要使管理有效进行，必须遵循相关的法律法规。依法管理不仅是科学管理的根本所在，也是法治社会实施一切管理的必然要求，对高校学生的管理也是如此。

贯彻依法管理的原则，首先要对学生进行管理的依据合法化。也即是说高校的规章制度的制定必须依照国家的相关法律法规，不能随意更改学生的义务和权利。此外，要注意根据现实社会条件的变化清理和修改现行的教育管理制度，及时废除那些不能适应社会发展以及学生身心发展规律的法律法规；其次，管理者在进行管理时要以既定的规章制度为参照物，确保管理工作有法可依、有序进行，不能随意更改、主观臆断。在实际生活中，由于传统师生观念的影响，高校教师往往会独断专行，认为自己的行为都是合理的，导致管理工作的进展不顺利，大大降低了管理的效果。

（四）具体问题具体分析

具体问题具体分析指的是，在分析问题时引入矛盾普遍性原理并遵循其指导，直指矛盾的特殊性，在此基础上寻求针对性的解决之道，这是马克思主义活的灵魂，也是马克思主义哲学的一条重要原则。它要求人们在想问题和做事情时，不能一概而论，要根据事情的不同情况采取不同的措施。具体到教学工作中就是要坚持因材施教的原则。因材施教原则就是针对学生所具有的不同特点，在关注学生之间差异的前提下，确立不同的发展目标，制订不同的培养计划，采用不同的教育内容和教学方式，使他们发展为具有不同特色的专业人才。也就是指教师要从学生的实际情况和个别差异出发，有的放矢地对不同学生进行有差别的教学，使每名学生都能扬长避短，从而获得最佳发展。社会对人才的具体要求是不同的，每个受教育者的个别特征也不同。如何贯彻落实因材施教的原则，确保培养出来的人才既具有相同的专业知识，又具有能够适应社会发展的不同特征，是高校人才培养中的重要问题。要做到因材施教，首先要改革传统的人才培养模式，包括教学过程与教学管理的改革，为学生的发展提供良好的环境。现在实施的选课制度、学分制度以及素质拓展计划就是因材施教的有益探索，需要继续改革和创新。在教学实践中，要处理好课堂教学以及实践教学的关系；在教学方式上，既要注重集体教学的效率，又要关注小班或者自学的学习效果。其次，因材施教原则是要学生提高自身的约束力和自我学习能力。学生在教师的指导下，能够充分发挥主观能动性，养成良好的学习习惯，提高学习的效率和兴趣。

骨干指事物的主要部分、主要支柱、最根本性的成分或部分。在教学中，学生骨干对教育工作的运行起着重要的作用，这是其他部分不能代替的。高校中学生骨干的作用主要有：首先，由于和学生间的关系密切，他们最了解学生的真实情况，利于高校的教育者和管理者做好各项工作。他们作为各方面信息的传播者，起着联系高校管理者和教育者的作用，他们将高校教学管理的要求广泛传播到学生群体中。其次，他们是高校教育工作、管理者及教师的得力助手，在学生群体中起模范作用，是自我管理、自我教育、自我服务的主体。经过专门的培养和训练，学生骨干的政治觉悟通常比较高，且具有较强的凝聚力，在学校教育管理工作中发挥自己的独特作用。学生骨干是课外活动和校园文化活动的组织者和实施者，在创建校园文化氛围中有着独特意义。除此之外，因为多数学生骨干在学习和成长过程中具有独特的个性魅力和较高的综合素质，能对其他同学产生影响，起着示范作用。在培养学生骨干的过程中，首要任务是做好选拔工作，吸收学习成绩优异、思想成熟、群众基础好、工作能力强、有个性魅力、乐于服务他人的学生到骨干学生的行列中。高校学生骨干的培养是一个复杂和漫长的过程，不仅要教授一定的理论知识，还要在实践中发展他们的能力；既要严格要求他们，又要关心爱护他们，逐渐把他们培养成具有突出特点的骨干力量。

上述几个原则是互相影响、相互联系的，而不是分隔开的。这些原则统一于高校人才培养的具体过程中，我们必须长期坚持。

第四节　高校人才培养的目标与定位

一、人才培养目标定位的内涵

　　培养目标也称"教育目的"，它主要有两层意思：一是指国家教育事业发展的总目标，这个意义上的人才培养总目标关系到将受教育者打造成何种性质的社会人及其应当拥有哪些核心素质的根本问题，是党和国家践行教育活动的出发点，需要根据社会的生产力、生产关系的需要和人自身发展需要来确定。教育家潘懋元先生认为：人才培养总目标体现在，在特定的社会环境背景下，要将受教育者打造成何种人的这一根本问题，是所有教育活动的立足点及最终归宿。

　　这是很有见地的描述。二是指各级各类学校，甚至各专业的具体人才培养目标，它是在教育总目标的指导下，各级各类学校、各专业根据社会需要、所处区域环境、办学条件等内外因素确定的具有自身特色的具体人才培养目标。也可以说，高校的人才培养目标是在特定的内外条件下，依据一定的教育目的所制定的教育事业与教育活动所要达到的预期状态。高等学校作为培养高层次人才的专门机构，承担了人才培养、科学研究、社会服务、文化传承四项基本职能。其中，人才培养无疑是最基本的职能。高等学校人才培养目标介于教育方针与教学实践之间，是教育目的的体现，是教育思想的核心，是教育发展的指南，也是教育评价与教学监督的依据，在教育系统中占有重要地位。在新形势下，立足国情有目的、有规划地推动人才培养模式改革活动，形成正确、清晰的人才培养目标，对高等教育的当代运作和未来发展均有相当积极的现实意义。

"定位"，也就是"确定方位"，亦即通过仔细勘察来确定事物在一定环境中的位置，明确其场所和界限。《韩非子·扬权》曰："审名以定位，明分以辨类。"刘勰在《文心雕龙·明诗》中也提出："思无定位……鲜能通圆。"可见，我们的古人很早就认识到，恰当、正确的定位是确保各项事务有序、有效开展的前提。同样的道理，以培养人才为职能的高等学校也只有根据自己的具体情况找准自己的位置，明确自己的人才培养目标定位，才能够培养出满足社会需要，适应社会发展的优秀人才，同时实现学校自身的良性发展。

二、高校人才培养目标定位的基本原则

高校在定位自身办学目标时应坚持有关原则，值得一提的是，人才培养目标是办学目标体系中不可或缺的组成要素，因此在设定人才培养目标的过程中应充分联系办学目标，两者所遵循的原则是高度相似的，主要包括：

（一）社会需求原则

高校培养的人才直接面向社会，因此，应基于社会的真正需求去培养人才。对于人才培养目标来说，保证人才质量是它的一个关键方面，即要科学规划人才培养的规格，要求应充分联系当下的社会发展水平及其需求。就某一高校而言，只能从不同的层次、不同的专业与学科、不同的培养目标及不同的办学特色等方面去部分地满足现代化建设对各类人才的需要。

（二）整体优化原则

社会对人才的需求是多层次、多方面的，从研究型综合型大学到高等职业技术学院，这本身就是人才培养多层次的一个宏观体现。就

人才培养而言，仅仅某一类院校是不可能满足社会对人才的多样化需要的，各类院校只能从不同的层次、学科以及规格去应对社会某个层面所产生的需求。若各类院校在培养人才方面采用的是同一规格、保持在相同层次，专业上也几乎不做区分，千校一面，如此招致的结果往往是无法应付社会的人才缺口，而学校培养的某些人才又会不同程度的过剩，一方面是供需上的结构性不平衡，另一方面是人才资源大量闲置和浪费。若各院校均聚焦于少数同类专业，办学目标也大致相同，办学条件相对偏差的院校自然无法抗衡那些条件优异的院校，进而不利于本校的可持续发展。所以，各院校应当形成并保持全局意识，立足本身的办学实际去设计人才培养目标，要照顾到社会关于各类人才的需求，也要照顾到学校的运营和成长问题，所以整体优化是人才培养目标定位的一个重要原则。

（三）可行性原则

一所学校在设定本校的人才培养目标时，只是考虑需求原则和整体优化原则还是不够的，还应当结合自身既有的办学条件加以考量，评估其可行性，立足于本校的办学历史、办学传统、资源配置、基础设施、师资情况等条件设计出科学的办学目标，评估既有条件能否为既定人才培养目标提供有力支撑。所以，进行人才培养目标定位时必须要考虑是否可行，不能盲目拔高人才培养的层次。

（四）特色原则

特色是一所学校的内在生命。综观世界一流大学和国内一流大学，那些真正站得住脚的学校，总是形成了自身特色，要么是专业特色，要么是学科特色，还包括质量特色，然而最终的落脚点依旧会反映到人才培养方面。他们培养出的人才往往会得到社会的一致赞誉，能在某一领域独树一帜。就地方本科院校来说，上有学术性本科教育的"打压"，下有高职教育的竞争，要在这两者之间谋求可持续发展，必须突出自身的办学特色。所以，进行特色人才培养定位，培养具有自身特色的创新性应用型人才是地方本科院校立于不败之地的基石。

由于人才培养目标的来源比较丰富，必将带来人才培养目标的多样性。在具体定位时可以利用以上几条原则，对可能的人才培养目标进行筛选，按照上述原则确定适合地方本科院校自身发展实际的人才培养目标。

三、高校人才培养目标定位的演进及趋势

在我国高等教育发展历史上，高校人才培养目标历经了多轮转变，由之前的通才、专门人才过渡到了当下的高素质创新人才。

（一）通才型的人才培养目标

我国早期的大学本科教育培养目标以"通才"为主，强调通才教育。1902 年，中国近代教育史上第一次出现了"新教育"制度，即《钦定学堂章程》（又称"任寅学制"），其中就包括《京师大学堂章程》。《京师大学堂章程》第一章"全学纲领"中明确规定："京师大学堂之设，所以激发忠爱，开通智慧，振兴实业；谨遵此次谕旨，端正趋向，造就通才，为全学之纲领。"1904 年 1 月 13 日，清朝政府又颁布了《奏定大学章程》，其第一节中也规定：大学堂以谨遵谕旨、端正趋向、造就通才为宗旨，大学堂以各项学术艺能之人才足供任用为成效。后来，南京国民政府就高等学府的培养目标提出了具体要求，即培养"专门人才"，然而依旧以培养"通才"为主，此处的"专门人才"被赋予了"专攻一门"的特点，在培养此类人才时要求其不仅要有更趋完善的知识结构，而且要拥有足够扎实的知识基础。

（二）专门人才的培养目标

中华人民共和国成立到改革开放中期，国内高校一直在积极培养"专门人才"，将更多注意力放在了专业教育上。如此培养目标契合我国当时的国情。在改革开放的起步阶段，由于我国处于特定的历史时期，所以并未就"专门人才"这一培养目标予以通盘否定，仅是在一定反省的条件下予以了相应调整。在中华人民共和国刚成立时，我国高校改革的重心落在了体制改革上。在体制这一块，集中力量接管了国民政府遗留下来的高等学府并就院系布置做了相应调整。1950年8月，政务院正式向国内各高校下发了《高等学校暂行规程》，其中专门指出：对于高等学校而言，其办学宗旨是"培养文化水平达到高级程度，掌握一定的现代科技成就，愿意为国家和人民倾情奉献的高级建设人才"。《关于改革学制的决定》（1951年）指出：高校应积极落实普通教育工作，还应充分做好高级专门教育工作，为国家持续输送质量过硬的建设人才。基于培养目标定位这一角度观之，其并非要培养"通才"，也并非要培养"专才"，而是要培养兼顾二者的"建设人才"。在计划经济体制得以正式确立之后，本科学段的人才培养目标发生了明显变化，由之前的"建设人才"转向了"专门人才"。为夯实、巩固"专门人才"这一培养目标，源源不断地输送契合计划经济体制的"专门人才"，自1952年年中开始，我国高等教育部便启动了相关工作，即以高校为对象予以针对性的院系调整，不仅如此，高校还规划、投放了多项本科"专业"。需要指出的是，"专门人才"在本质上更像是一个职业性概念，具体而言其关注的是和行业、具体岗位之间的"对口"。"专业"尽管也是以特定学科为基础的，然而它并不宽，其对标行业和具体岗位，主要目的体现在发掘发挥学科本身的实用性，掌握某个方面的专业知识及实操技能，更好地服务于走上社会之后的工作。1961年，《教育部直属高等学校暂行工作条例（草案）》（即"高教六十条"）付诸实施，首条便给出了如下规定："对于高等学校而言，其基本任务是为社会主义建设培养和输送其实际需要的各类专门人才。"尽管该条例的适用对象是接受教育部直接领导的高校，然而对其他性质的高校也能提供一定的指导。自此之后，本科教育形成并真正确立了"专门人才"这一培养目标。其间，教育部也积极行动了起来，调拨资源开启了关于本科专业目录的编制和优化，另外还聚焦本科专业予以了多轮修订、完善。

在改革开放、对接国际的十余年后，我国高等教育在内外环境上全都迎来了巨大变化。随着市场经济体制的到来，我国高等教育事业也迎来了空前发展，本科教育规模一扩再扩，其人才培养、社会需求之间的关系也处于动态发展之中。在市场经济条件下，市场需求表现出了动态变化的特点，"专才"的缺陷愈发明显，较具代表性的如专业面不够宽、岗位适应能力偏弱、可替代性较为薄弱等。专才愈发无法满足社会发展的实际需要，改革已然成了当务之急。1998 年 3 月，教育部于湖北武汉组织了首届全国普通高等学校教学工作会议，会议期间着重研究了本科层次如何高效推动教学改革的问题。该次会议结束之后，教育部整理形成并颁布了《关于深化教学改革，培养适应 21 世纪需要的高质量人才的意见》，明确了高等学校应当坚持的培养目标，即推动学生的全面发展，将其培养成当下社会亟需且优质的专门人才，并明确了本科教育的培养目标，即重点培养理论基础牢靠、知识储备丰富、实操能力过硬、高水平的专门人才。1998 年，《中华人民共和国高等教育法》也提出了相关规定，高等教育应致力于学生的全面发展，将之打造成社会主义事业的优质接班人，对于高等教育而言，其主要任务是打造和输送拥有创新精神的、兼具实践能力的、契合社会用人需求的高级专门人才。为全方位践行素质教育，1999 年 6 月 3 日，中央政府正式下发了《中共中央、国务院关于深化教育改革全面推进素质教育的决定》。不久之后，业界学者相继基于理论及实践层面展开了有关分析，研究了本科院校应当确立的人才培养目标和有待完善的地方，收获颇丰。其间，各高等学校也先后响应，对自身本科学段的人才培养目标予以了针对性的、与时俱进的优化。

（三）高素质创新人才的培养目标

近年来，我国在高素质人才方面出现了不少缺口，于是很多高校将培养更多高素质人才设定成了自身的人才培养目标。"素质教育"应运而生，推动知识人才观过渡向了能力人才观。在"素质"内涵更趋多元和深化的背景下，"高素质人才""全才"的界限愈发模糊了。"素质"概念在内涵方面更加泛化，尽管能让"素质教育"这一概念的内涵得到进一步丰富，然而也使得"素质教育"的焦点变得愈发不清晰了，导致教育丧失了具体目标及明晰的育人方向。最近十多年来，国家相继提出了包括高等教育强国在内的多项宏观发展战略，就国内高等教育运营及发展事宜提出了更多、更新、更严格的要求。为迎接新时代及其挑战，我国本科教育有必要树立并坚持"创新人才"这一先进培养观，源源不断地输送契合社会实际需求的创新人才。对于"创新人才"来说，"专""通"的重要性进一步下降，不再是衡量人才的绝对标准，所以此类人才标准逐步退出了历史舞台，"创新"标准开始盛行，在评判人才方面愈发常用，成了层次更进一层的核心标准。基于知识结构及其具备的基本能力观之，此类人才尽管拥有通才的一些特质，然而不可将之划归到通才范畴；基于专业知识及其具备的专业技能观之，此类人才尽管拥有专才的一些特质，然而不可将之划归到专才范畴。对于"创新人才"来说，业务能力上所表现出的"专"、知识储备上所展现出的"博"不再是一对难以调和的矛盾关系，而能依托彼此配合、融合，走上和谐发展之路；学术型、应用型人才尽管在培养方式上存在一定差异，然而也摆脱了绝对分立的局面，允许携手并行，各展其能。形成并深化"创新人才"这一先进的培养观，不遗余力地践行教育创新，可为国内高校的高质运营和长久发展夯实基础。

实践归纳篇

第四章
高校既有学生管理模式

第一节　人格化管理模式

一、人格化管理模式的定义

所谓人格化管理，即在管理实践中密切关注人性要素，以此实现对人之潜能加以充分发掘发挥的管理模式。

对于人格化管理，可将之视作一种基于"以人为本"理念的管理方法，即自管理指导思想开始直至实际采用的管理方法，均是以人为切入点和立足点的，是一种将人置于核心位置的管理。其实质表现在尽可能地尊重、理解被管理对象的个性及其具备的创造才能，想方设法地激活其主观能动性，引导其全身心地投入工作，更具效能地达成所在组织的既定目标。至于在具体内容这一块，可涵盖诸多要素，较具代表性的如给人以充分肯定，富有成效的激励，提供一系列发展平台和机会。

纵观同所高校的学生可知，其往往存在一种甚至多种共性。例如，清华大学的学生大多具有务实严谨的态度，北京大学的学生大多拥有浪漫民主的特质。不少高校的学生由于所处学府的差异，在日积月累之下形成了各具特色的"学校人格化"。同班学生也可能形成并表现出一定共性，进而对外呈现差异化的班级风貌，这便是所谓的"班级人格化"。进一步还可能形成"宿舍人格化"。此类"人格"均是基于心理学角度进行界定的，通常指某类人所拥有的内涵。以上人格化可能会给大学生这一群体的未来工作、生活、成就带来极大影响。

二、人格化管理模式的意义

梳理各国关于新时期人才要求能够了解到，当代人才被安排了更多、更重大的使命，需要其具备过硬的能力及素质，例如，拥有较强烈的社会责任感，会设立清晰的、具有良好可行性的生活目标，要具备较高的学习及创新能力，要拥有与时俱进的特质等。上面提及的各种能力的培养均离不开一种科学合理的、契合实际的、聚焦学生内涵深化的管理模式。分析人格化的管理模式可知，其将重心放在了培养、巩固大学生这一群体的优秀内涵上，同时还强调对消极品质的摒弃，形成并具备创新精神，这对于大学生个人的叮持续发展、高校文化的长盛不衰都有着相当积极的现实意义。[1]

三、"学校人格化"管理的实施

在推动"学校人格化"管理工作的具体操作中，应做好下述工作：①强化规章制度的管理；②确保良好的学习环境和学习氛围；③形成良好的精神风貌。

在学生管理体系中，"学校人格化"管理是位于高级层面的那类

---

[1] 张虹.高校学生管理模式的探讨 [J].高等建筑教育,2004(3):111-113.

管理，发挥着包括统筹、规划以及指导在内的多种宏观作用。在推动此类管理活动时，应以领导层面为出发点和切入点，在配套基建、师资队伍打造以及学术建设等领域投入更充分资源；编制更合理的工作计划，确立长远工作目标，强调务实求真，禁止流于表面。

四、班级、宿舍人格化的实施

班级、宿舍作为学校管理的基层单位，发挥着尤为关键的基础作用。在推动基层人格化工作时，应把握好下述方面。

（一）教师、辅导员等教育工作者发挥人格魅力

对学生特别是新生来说，以教师为代表的校内工作者是权威的象征，在其心目中占据着特殊地位。学生普遍崇拜教师，甚至会在行为上加以模仿。在"班级人格化"管理中，辅导员身兼多职，不仅是组织者、策划者以及调控者，还是具体实施者，教师则扮演着辅助者的角色，上述二者的作用均不可小觑。所以辅导员务必要保持积极的工作态度、乐观的生活态度、稳健的办事作风，从而向学生传递更多正能量；教师应具备严谨务实的治学态度，引导和督促学生形成并保持正确的学习及工作态度。教师、辅导员均应充分发挥自身的榜样作用，助力"班级人格化"朝着更为理想的方向不断前行。

（二）个别学生发挥人格力量

在一个班级里，总有一些学生拥有超过一般的领导才能，此类学生所拥有的人格力量会给其他人带来影响，进而决定了"班级人格化"。一些学生拥有积极的人格力量，能给其他人带来积极影响，给"班级人格化"带来了积极的调动作用。然而一些学生存在消极的人格力量，最终给"班级人格化"带来了消极影响。所以，对于学生的人格力量

及其发挥，辅导员应善加控制，引导、助力积极人格力量的进一步传播，积极化解与之相对的消极人格所产生的负面影响。

（三）"宿舍人格化"管理要注重细节

辅导员在选派宿舍长时，应选择那些热心公益、责任心强、性格大度的学生，在发挥其管理能力的同时，通过其行动实现对舍友的充分感染；还应打造和维系干净整洁的宿舍环境，将宿舍卫生工作落实到位，形成团结互助、更趋和谐的舍友关系，甚至形成积极向上的宿舍文化。"宿舍人格化"有其积极意义，为其类型人格化的形成夯实了基础，也为大学生的校园生活提供了有力支撑。

第二节　温情化管理模式

一、温情化管理的理念

学生管理工作者应具备正确的管理理念，这会给被管理者产生极大影响。班主任应形成并保持科学的班级管理理念，积极践行以人为本的理念，不仅要保持师者风范，也要和学生打成一片，成为彼此的知心朋友。在学生有不当行为时，不可一味批评，也要予以必要、适当的原谅，在学生做出成绩时应不吝赞美。让温情有机融入班级管理事务，拉近师生情感上的距离。

二、温情化的管理模式

在采用温情化管理模式的过程中，应重点关注和把握下述要素，即亲情化、友情化、温情化、随机化、制度化。

（一）亲情化是幸福的渊源

大部分学生认为，家庭幸福是自己最大的幸福。家庭是亲情所在，绝大多数学生都十分在意家庭，所以班主任在推动班级管理工作时，可尝试将家庭般的亲情有机融入其中，使用更易为学生接受的亲情化管理模式。将学生视作家人，而非外人，使其体验到家的温情和亲情的可贵。班主任可向学生灌输班级是一个另类大家庭的观念，要求学生们尝试着如同兄弟姐妹那般相处，让班级到处都洋溢着亲情。

（二）友情化是幸福的扩展

友情的重要性不言而喻，是除亲情外的又一尤为关键的情感寄托，与学生做朋友，能拉近彼此距离，可以更好地引导学生并帮助其形成正确的朋友观。

在使用友情化管理模式的过程中，可执行下述步骤：

第一步：班主任和班级学生要结为朋友。如此班主任才能更快、更准确地知晓学生们的当下爱好和关于事物的看法，走进其内心世界，确保班级管理活动有的放矢。

第二步：引导学生树立正确的朋友观。班主任应告知学生哪种朋友才是真正的朋友，帮助其明白朋友的真谛。所谓朋友，即在你最需要之时愿意为你提供帮助而不求回报的人。友情尽管不像亲情那般牢不可破，然而脾气相投时，也能长长久久，甚至一辈子。当一个人收获了真正友情时，他的心会被温暖，觉得十分幸福。

（三）温情化是幸福的内涵

温情，即带有温顺体贴意味的一类情谊。纵观温情式管理模式可知，其能实现对人的内在效能的激发。班主任在管理班级事务和学生时不妨尝试一下该种管理模式。[1]面对所有学生均温情以待，使其体验到班主任的善意和一视同仁，不存在偏私之心，是一个公平公正的人，不会因学生成绩不佳而转变态度。如此一来，班主任便能逐步走进全体学生的内心，享有更高地位，学生也会为拥有如此温情的班主任而感到庆幸和幸福。

（四）随机化是幸福的催化剂

随机化管理模式，顾名思义，其随意性相对较大，剥离了条条框框的束缚，顺应学生兴趣和爱好以随机方式推动班级管理工作。班主任可尝试一下该种管理模式，肯定学生的差异爱好并提供尽可能的支持，而非强加自己认为对的一些东西，甚至执着于统一化。[2]学生能将个人的爱好和特长充分彰显出来，对于学生本人来说也属于一种鼓励了，有助于培养其自信心，让其心中充满阳光。

（五）制度化是幸福的方圆

制度化管理模式，即践行既定规则以此落实班级管理工作。常言道："不以规矩，不成方圆。"无论做什么事，都要配以一定规则。班规对于班级而言是不可或缺的，身为班级的组成部分，遵守班纪是学生务必要做到的。在管理班级的实践中，仅强调亲情、友情、温情以及随意性是不可取的，应提前制定适宜规章并落到实处。要求学生举止有度，在一定规则下感受亲情、友情、温情、随机发展的内涵和魅力。

[1] 周海平.新时期职业技术学校温情管理模式探究[J].现代商贸工业,2010,22(19):273-274.

[2] 赵振利,曹艳春.浅谈新形势下高校班主任温情化班级管理模式的构建[J].吉林省教育学院学报（中旬）,2012,28(1):89-90.

若没有了规矩，幸福可能会陷入混乱甚至不复存在。

三、温情化的管理方法

（一）语言关怀

语言是一门高超艺术，是一种相当深奥的东西。语言是人和人进行正常沟通的一种关键性媒介，在关注说话内容的同时，也需在意说话语气。在沟通学生的过程中，班主任应善于运用语言，展现来自老师的关怀，多些激励、尊重、关怀的内容，少些讽刺、霸道、漠视的话语，要尽量肯定学生，帮助其树立自信心，进而使其体验到幸福。

（二）行为关怀

若将语言比作一门艺术，那么行为也是如此。行为指的是将内心想法等通过肢体语言等展现出来。班主任可通过各种形式去展现个人对学生的行为关怀。幸福可能极易获得，也可能极难获得。班主任应立足于学生们当下的幸福感需求，引入温情化管理模式和方法，拔高其幸福指数。

第三节　人本化管理模式

一、人本化管理的界定

对于科学发展观来说，其核心体现在以人为本。坚持以人为本颇具意义，是人类思想发展史上浓墨重彩的一笔，极具理论价值，也备受当前高校的关注，成了一种新潮的、极具生命力的办学理念。高校是生产、传播知识的主阵地，也是健全学生人格、发展学生思维的关键场所，务必要树立起以人为本的办学理念并予以深度落实。在高校运营过程中，具有"本"之地位的"人"有不少，除师生、员工外，还包括学生家长等。但需指出的是，以学生为本是核心所在。胡锦涛总书记曾说过，不仅要坚持教育人、引导人、鞭策人，与此同时还应做到尊重人、理解人以及帮助人。基于人本化这一理念的高校学生管理指的是，关注学生发展并将之当作高校一切工作的立足点，一切为了学生，为了学生的一切，推动大学生的全面发展。具体而言主要涵盖下述方面：

（一）理解学生

大学生进入了特定人生阶段，思想活跃、情感炙热、求知欲旺盛。高校在推动学生管理工作时应重点关注该群体的个性、价值、尊严以及人格等，有目的、有方法地发现其闪光点，积极践行因势育才的理念，鼓励他们勇于创新，赋予他们敢说"不"的勇气；无论是在学习上还是在生活中，均应尽可能地发掘发挥该群体的聪明才智，尊重其个性，充分展现其主观能动性和创造性，使其成长为学习的主人，能自觉、高效地做好自我管理。

（二）尊重学生

纵观高校传统办学理念可知，其大多强调对学生的严格管理，使学生管理工作尽量规范化。高校教师和辅导员大多是较强势的管理人员，而大学生在大多数情况下只有服从权，如此一来，不尊重学生的问题也便屡见不鲜了。但大学生是高校的主体组成部分，堪称高校的主人，每一个个体均享有独立人格、尊严以及个体独立等基本权利，尊重是他们的一种基本需求。基于该角度观之，应尊重学生的实际心理需要及其差异化的个性特征；应学会走进大学生的内心世界，聆听其需求，帮助其摆脱困境，而这些均离不开配套制度的保证，应积极营造尊重学生的整体氛围和必要条件。值得一提的是，尽管要充分尊重学生，然而当其出现不正确言行时也要予以及时指出，甚至惩戒。

（三）关心学生

高校应当为学生的可持续发展营造适宜环境和提供尽量好的条件，原因是优质的学习生活环境是加速学生成长、成才的关键条件。应基于政治思想角度予以足够关心，引导其形成并保持正确的政治方向，能坚定不移地跟党走；在学习上给予充分关心，激发其学习热情，为其注入动力，帮助其找准前进方向；在生活上给予充分关心，使其体验到家一般的温暖，为学生提供必要的庇护。一言蔽之，高校需要结合学生的个人需求和特长为之创设尽量适宜的成长环境，拔高其思想境界，促使他们在学习和工作中有目的的、有步骤地完善自己。

在服务学生这一块，高校应明确和肯定学生的中心地位并将这一指导思想全面、深度地融合进学生工作的全体环节，转变自身职能，在落实管理工作的同时，也要强调服务，将各部门打造成全心全意的"服务者"。在新环境新背景下，应大力弘扬人的主体精神，充分发掘发挥人的主观能动性，为学生的全方位发展提供有利条件，关注学生的当下需求，助力他们的可持续发展，为其供给更为优质的辅导服务，在师生之间形成集平等、信任以及合作等特质于一体的良好关系。为学生行使权力，心系学生，想学生之所想，急学生之所急，多办实事。有序推动素质教育，助力人的和谐、持续发展，以便培养出更多、更优质的人才。

（四）相信学生

高校若想充分践行以学生为本的办学理念，则要对学生给予充分信任，还要正确把握师生关系，明晰学生所具有的主体地位，助力其全面发展。应发扬民主精神，让学生能以各种形式介入到学生工作中并享有一定的决策权、执行权、管理权以及监督权，充分考虑和尊重学生的民主权利，有效调动其参与热情，激活其独立自主意识，强化其责任感；应讲究工作艺术，对大学生这一群体多些引导、帮助、鼓励，要以热心和诚心去感染他们，鼓励他们时应当饱含热情，批评他们时应讲究方式，防止矛盾加剧，在解决问题时不仅要坚守原则，也需注入一定的人情味。

二、人本化管理的特征

（一）注重学生的全面发展

所谓以人为本的高校学生管理，即聚焦学生的成长并将之当作高校一切工作的立足点，全心全意服务学生，促进其全面发展，因此基于管理目标这一角度观之，建立在以人为本这一理念之上的管理模式，其关注的是如何促进和保障学生的全面发展。纵观传统管理模式可知，其看重的是班级及学校的目标，考虑的是班级及学校的利益，甚至将之视作唯一目标。人本管理不仅重视组织目标的达成，也关切学生的个人利益，其最终目标体现在推动学生的全面发展，而非打造一批"制式化"的人才。

（二）尊重学生的主体性

主体性，即人（主体）有别于客体（自然）同时区别于动物的一种基本属性。那么如何做才能彰显和发挥人的主体性呢？马克思主义曾经说过，在人和客体发生彼此作用时会表现出一定的自主性、能动性及创造性，而这些均是人的主体性特征。学生在学校生活和学习中具有何种主体性，正是借助"三性"（除自主性、能动性外，还包括创造性）予以呈现和反馈的。

传统管理模式高度肯定了规章制度的作用和地位，将之视作学生管理的核心环节，有了制度，才能为管理提供有力保证，制度是神圣且固定的，不能通融，在制度面前没有人享有特权。在推动学生管理工作时，采用"管、卡、压"之类的措施，而没有顾及学生的主体性。[1]

学生管理一旦失去了学生的参与，再优越的管理制度也无法正常运转，换言之，若想在学生管理方面收到理想效果，则务必要充分激发学生参与其中的热情，肯定并尊重其主体性。管理学生时积极践行"导之以行"等原则。引入人本化管理模式去管理学生，辅以适当规章制度以发挥其管控之效，也可进一步发掘发挥环境、教育这二者的影响力，以润物细无声的方式提高管理效能。然而这些均是外部因素，唯有借助内因（如自觉性等）才能深入学生内心，获得他们的真正认可，所以在推动学生管理工作的过程中，不要将某些行为规范机械、粗暴地施加到学生身上，而应积极培育学生的主体性，包括自我反思、教育以及激励的能力，引导学生形成自强、自立、自律的先进观念。

在人本化学生管理模式下，被管理对象是人，是一个个思想独立、人格独立、有着高度主动性和自主性，处于动态成长之中的人。每位学生均有维持个人人格、尊严及个性的现实需要。因此在推动人本化管理活动的过程中，应以学生为对象，着重激发和发展其主观能动性，肯定、尊重和强化其主体性。宣扬人本化管理理念的高校在管理学生时，应充分尊重、理解以及服务学生，尽可能地发掘发挥其主动性，赋予

---

[1] 李琰.高职院校人本化学生管理模式的构建路径[J].文化创新比较研究,2019,3(3):176-177.

其学生管理主体的地位。

（三）尊重学生的个性发展

马克思主义指出，所谓个体性指的是个体依托其具备的自然素质，通过个体活动、接受有关培训、外部环境作用而形成的，能彰显个体特质的全体心理特性的集合，个体性被赋予了诸多特征，较具有代表性的有先天性、差异性、社会性以及可塑性。对于个性发展来说，其核心体现在两大方面，一个是自主性的发挥，另一个是创造性的发挥。

传统学生管理有一个明显不足之处，即没意识到学生的动态发展问题，使得在学生管理实践中不少老师偏向那些循规蹈矩的学生，无法容忍学生身上的丁点不足，一旦学生有了逾矩行为，便认为这是学生故意的，是品德有亏的表现，紧接着便施以强制性管理措施，逼其改正，方法过于简单粗暴，实际效果也大多不理想。如此管理模式强调的是"整齐划一"，而漠视了学生个性发展的问题，导致学生在个性上愈发趋同，创新性思维不够活跃，从而和时代发展及其需求有所脱节。

现代社会为人的个性发展营造了不错的环境，同时也提出了更多、更严格的要求。当下社会所需要的人才不仅要基础牢靠，实践能力过硬，还需具备较优异的综合适用能力。这给学生提出的要求是，要拥有较强的事业进取心，要拥有一定的使命感及责任感，还要拥有较为不俗的想象力、洞察力以及探究能力，敢于直面挑战，不惧竞争，乐于助人，能很好地融入团队。纵观人本管理思想可知，其面向的是全体学生，强调为所有学生的全面发展提供助力，而非打造制式化的人才，强调"因材施教"的教育理念，在促进学生全面发展的条件下，着重强化该群体的个性特点，尽可能地激发其主观能动性，引导和帮助学生更为积极地认识自我、反省不足、探寻真理、健全人格，有目的、有方法地将自己打造成个性鲜明、素质全面且卓越的社会主体，进而架构百花齐放之有益局面。在学生管理实践中，鼓励他们敢于提出自己的观点和意见，尽量发掘发挥其专长。如此模式做到了对学生个性的足够在意和尊重，有助培养其独立自主的个性，进而为其长远发展奠定基础。

三、人本化管理的原则

（一）坚持依法治校与以德治校的有机结合

肯定以人为本这一人本思想的地位并将之用作主线，深度贯彻包括以人为本、依法治校及以德治校在内的各种人本管理观，尊重全体教育工作者的人格、工作、合理要求。明确并巩固教师在校园中的主人翁地位，有事应多和教师沟通，广泛听取民意，在此基础上制定科学合理的决策。通过组建家长联席会等路径公开校务并使其透明，提高"家长督校"的力度。另外，还应健全包括职称评审公开制度在内的诸多制度，对和教职工切身利益有关的那类事项，予以定期公开，赋予学校更高水平的公信力，在践行依法治校理念的同时深度贯彻以德治校的理念，动态优化治校能力和质量。

（二）坚持以人为本地加强师资队伍建设

打造业务素质过硬的教师队伍尤为关键，这在很大程度上决定了教学水平。在管理教师队伍的实践中，对于年龄结构断层、业务能力欠缺等问题，应着重落实下述工作：第一，设立教学循环制，推出岗位责任制，搭建健康的竞争机制，为全体教师营造公平竞争环境，激发其内在动力，使其能自发、主动、深度地投入到教学工作中去，在竞争中不断成长。第二，打造更趋完善的带教机制，依托层层带教助力经验不足的青年教师汲取榜样力量，快速成长。对于那些潜力巨大的青年骨干教师，建议为之引入"导师带教"制。[1]第三，以中青年教师为对象启动培养力度适宜、编制严谨的培养计划，全面、精细记录下培养过程，定期举行教学大比武活动，为中青年教师提供更多可以充分展示个人能力的平台和机会。另外，积极营造健康向上的校园风气，肥沃校园土壤，充足校园养分，助力全体中青年教师的可持续发展。

（三）推动教育管理职能的创新

基于教育管理过程及要素角度观之，学校管理涵盖诸多创新内容，除管理目标、结构及教育技术创新之外，同时还包括管理人员创新。学校管理人员应对本职工作予以动态创新，更应发挥组织作用，引领下级员工及教师参与到创新活动中；为学生主动参与开辟方便之门，引导学生展开积极、深度的讨论，强调对合作方式的有机运用，依托源源不绝的创新精神推动教学管理工作，发掘发挥人本化管理模式的积极效能。

第四节　制度化管理模式

一、高校的制度化管理及其局限性

首先，何为制度化管理？即通过合理规章制度对受众行为加以管束的一套机制。其主要凭借外在的科学理性去实施管理活动。制度化管理起源于机器生产时代，然后得以迅速流行开来，在高校领域也发挥出了不俗的应用效果。学校设计并出台了一系列严谨规章制度，旨

---

[1]　邵焕举.建构人本化与科学化相结合的民办高校德育模式[J].湖北函授大学学报,2018,31(8):68-69.

在约束校内学生的生活及学习行为，避免其陷入散漫、无纪律的境地而无法自拔，旨在创设一种集公开性、透明性等诸多优点于一体的环境，能为教学活动的高质推进提供有力支持。

其次，制度化管理是围绕教学这一核心展开的，其将教学过程视作一台精确运转的设备，在管理实践中，仅强调理性与秩序，甚少照顾到人的因素，所以其局限性也是相当突出的。第一，纵观高校采用的制度化管理，其大多是一种不掺杂感情、缺失温度的、依托"外物"而建的管理体系，不讲人情，依托一套堪称严密的制度去约束、管理校内学生的所想所行，在一定程度上弱化了学生的主观能动性。第二，无论哪名学生均是独一无二、与众不同的个体，特别是大学生这一群体，他们大多朝气蓬勃、个性特征尤为凸显，但一旦使其长期置身于刚性的制度环境中，未能充分关注其差异化的个性需求，便会使得他们的个性发展受到压抑。管理的初衷是根据时间、地点和人物的具体情况使用更为适宜的方法，然而若过分依赖制度化管理，便无法收到该效果。

最终，制度化管理不利于学生思维的发散，在某种程度上弱化了他们的创新精神。

二、高校人性化管理的实质及弱点

何为人性化管理？即在推动高校管理事宜时，应充分尊重人这一要素并将之摆在首位，学校全体管理活动均是为人服务的，旨在充分激发其积极性、主动性。在平时的课堂上，教师应对学生给予充分尊重、关怀和爱护，实现对其潜能的充分发掘发挥。

马斯洛指出了人的五大层次需求，按照由低到高的顺序依次是"生理需要→安全需要→社交需要→尊重需要→自我实现需要"，他指出：作为一个现代的文明人，其终极目标往往落在了自我价值的实现上。

纵观人性化管理这一理念可知，它同样是以此为基础的。然而，国内高校管理者中不少人未能准确把握该概念，导致制度未能发挥出应有作用，使得一些人性弱点被进一步放大了，较具代表性的如懒惰、自私及虚荣等。为改观如此现象，个人观点是在强调人性管理的同时也要引入制度化管理，实现对二者的有机结合，如此方能助力学生的可持续发展。

三、制度化管理与人性化管理结合

制度是维系大学生合规、高效学习和生活的基本规范，在对制度化、人性化管理进行有机结合时应关注如下两点：第一，坚持一视同仁的原则，全体学生均要在规章制度的框架下行事；第二，通过制度充分保障学生的应有权利，激发其主动性和创造性，即学生权利的实现往往要以制度为依托。制度的上述功能源自对人性弱点的有机把握。首先，能实现对人性中诸多优点的充分发扬；其次，能规避人性中弱点的放大和失控。一般条件下，学生大多注意到了制度的管教功能，而未能体验到它的保护功能。这一点也容易理解，原因是制度所包含的硬性约束是通过规章制度等媒介显现于外的，而关于人性弱点等的约束往往是隐性的，很难被察觉，这也是高校制度化管理人情味不浓的一个关键原因。

高校在设计管理制度的过程中应当做到集思广益，即应当广泛征求全体教职员工的看法和建议，如此才能保证最终成型的制度是大家乐见其成的，是能代表广大师生真实意愿和利益的，唯有如此才能为教学活动的顺利开展提供有力支撑。具体反映在，在学校设计具有较大影响的制度时，责任领导及工作人员应广泛调研师生意见，做好对意见的收集和整理工作，再进入拟定制度草稿的环节，接下来还应通过教职工大会予以系统且深度的探讨，基于讨论结果予以针对性调整和完善。如此编制出来的制度才有可能获得广大教职工的普遍认可，才能充分彰显制度的人性化一面，实现对制度化、人性化的有机结合。

仅保证管理制度的科学性、合理性是不够的，还应予以有效贯彻，反之无法发挥出应有的作用。

纵观国内高校的当下管理可知，制度执行不到位情况是较为常见的，此时应充分发掘发挥人性化管理的作用。在管理实践中，管理者应对自己提出严格要求，要发挥榜样示范作用。人大多是感性的，师生看到了管理者的以身作则之后，自然会见贤思齐，督促自己朝着更好方向前行。

由上述分析可知，制度化管理、人性化管理并非是二元对立的关系，也可将它们有机融为一体，发挥出相辅相成的作用。在予以制度化管理时不可彻底否决人性化管理，制度的设计和优化均应照顾到人性本质并且要以之为依据。高校在推动平时管理工作时，应对两种管理进行有机结合，为学生架构一个更优质、更理想的外部环境。[1]进入二十一世纪之后，人才成了公认的第一生产力，唯有实现对制度化、人性化管理的有机融合，才能在持续打造、输出优秀人才方面做出成绩。就本质观之，人性化管理是一种层次更进一步的制度化管理。唯有遵循人性化原则去推动制度化管理工作，才能收到事半功倍的效果。制度化、人性化有矛盾，但又能互为补充，制度化使得高校管理有了一定刚性，而人性化则赋予高校管理一定柔性，常言道：太刚易折，太柔易懦，所以高校在推动管理事宜时，不妨坚持刚柔并济的原则，如此才能收到较为理想的结果。

---

[1] 张树平,邵冬基.高校学生制度化管理和人性化管理协调发展研究[J].才智,2020(17):92.

第五节　精细化管理模式

一、精细化管理的概念及意义

（一）精细化管理的概念

精细化管理是高度契合当代社会管理实际需求的一种模式，是和粗放式管理对应的一种管理理念，其核心是"精""细"二字，旨在促使工作朝着精益求精的方向发展，通过对工作的充分细化，以及对各处细节的精准把握，使整个工作体系严丝合缝、环环相扣，进而保障工作效能。高校在推动学生管理工作时应积极引入精细化管理思维和模式，以此促进管理质量和效率的提高，夯实办学基础。

（二）精细化管理的意义

1. 有利于形成规范的人才培养模式

学校管理工作不仅是严肃的，同时亦是精细的，要高度关注和有效调节学生的思想状态和行为举止。在高校学生管理这一块，国家为之提出了专门要求，即严格贯彻"以人为本"的教育教学理念，着力打造优秀人才。高校学生管理面向的是校内的所有学生，要致力于该群体的综合发展、未来发展乃至终身发展。

学生是社会正常运转和健康发展的主力军，亦是国家的接班人，所以应引导和督促他们养成科学合理的学习、生活习惯，为其成长成才夯实基础，这是各高校不容推卸的责任，也关乎整个社会的热切期盼。在高校学生管理实践中，应积极引入和融入精细化管理模式，在此基础上打造更趋合理、更具效能的人才培养模式。[1]

为满足社会发展需求，各高校有必要针对学生管理事宜引入或自行制定切实有效的管理方法。由现状可知，大部分高校都已基于本校实际架构了一套管理模式，并尝试对精细化管理、目标管理进行了有机融合，然而和目标管理相比，精细化管理将更多目光投向了关于工作流程的管理，在厘清责任，保证针对性方面展现出了更大优势，并聚焦培养高水平的专业型人才，兼容并蓄了包括精细、精心、精品在内的多重服务理念，使得学生管理服务水平得以更进一步。

2. 有利于整合管理资源

在科技水平不断提高的背景下，我国高校在专业课程设计上迎来了更多挑战。无论是社会经济的迅速发展还是就业压力的加剧又或是科技含量进一步提高，无不给我国高校的人才培养提出了更多、更高的要求，涉及人才种类、业务能力、综合素养等多个方面。

网络信息技术在时空方面展现出了极大优势，也为我们创设了一片过去不曾有过的新天地，高校教育在人才培养方面也迎来了量和质的双重挑战。但现状并不乐观，高校不少方面的工作尚需调整和优化。例如，教师、教职工在岗位配备上存在不合理之处。教师数量过少，一名教师一天下来甚至要为几百名学生上课，其教学效果可想而知；教学设施、技术不到位或过于陈旧，以计算机课为例，校内计算机不仅性能差，且数量不足，难以为常规教学提供有力支撑，不利于技术专业人才的培养。

部分教师太过强调书本知识，和实践严重脱节，招致了学不能致用的局面。这也是当代教育亟待解决的一大现实问题。为妥善解决该

[1] 李再福.精细化学生管理的实践与探索[J].河北能源职业技术学院学报，2008(4):24+29.

问题，各级政府应积极行动起来，要进一步增加对高校的经费投入，同时各高校也要严于律己，积极引入和践行精细化管理等先进理念、模式，走上精益求精之路，如此才能让该难题迎刃而解。不难发现，践行精细化学生管理有其相当积极的现实意义。

3. 有利于应对当前多元文化思潮

张亮指出，在经济全球一体化更趋深入的背景下，多元文化思潮纷纷涌入国门，给涉世不深的大学生带来了诸多影响，特别是给其"三观"的确立带来了极大影响。由此也给高校现阶段的学生管理活动制造了诸多麻烦。例如，通过何种方法方式引导学生形成并保持正确的社会主义核心价值观，通过何种方法方式提高这一群体关于思政教育的认同，以及通过何种方法方式组织更易为学生接受的、充满正能量的教育活动，等等，均不可避免地受到了多元文化思潮的不同程度的冲击。为此，可尝试引入精细化管理理念，充分发掘发挥其精准细致的管理思想，依托包括管理细化在内的多重手段，积极应对多元文化思潮的冲击，帮助高校更高质、更效率地推动学生管理工作。

二、企业与教学精细化管理的异同

企业精细化管理，简而言之，即企业在推动具体业务的实践中，不管是生产还是销售又或是采购等其他事宜，对于各种细节均应尽可能地提前编制好执行计划，制作尽量科学、实用的应对预案，帮助工作人员更好地应对各种问题，保证决策的精准性、有效性。

纵观精细化管理可知，其主要目的及功能体现在对工作可能触及到的各个方面提前设计好应对"预案"，该预案允许本单位自行编制的个性化预案，也允许参考外界经验形成。在手中握有预案之后，心中也便有了底气，在推动过程管理工作时，才能更好地把握一个个细节，将工作落到实处，最终为企业管理目标、教学管理目标的顺利达成夯实了基础。

有所差异的是，企业在推动精细化管理时将立足点确定在了产品上，所以其精益求精管理可被划归到刚性化管理范畴；而教学管理则与其存在一定区别，是刚柔相济的一种管理，更为突出人性化，其终极目标是为国家输送更多的优质人才，那么其必然要将更多注意力投放的人的生命历程上，多措并举地推动、保障教学管理的高质运行和长效发展。

三、精细化管理助力学生管理创新

（一）精细化理念与高校人才培养目标存在高度契合

黄刚认为，精细化管理注重"以人为本"，而高校学生管理理念核心是坚持"以学生为本"。因此，精细化管理和高校管理所遵循的理念、所认可的目标是高度一致的，这为两者的有机融合奠定了基础。值得一提的是，无论是精细化管理还是高等院校在人才培养方面设定的目标，其均融入了"精品"意识，前者关注精益求精，讲究质量更进一步及长久发展。同样的，目前高校在推动人才培养工作时对其质量也提出了更高要求，人才培养质量的稳定提高备受关注，是评价高校该项活动的关键指标，也是高校合理设定人才培养目标的不可或缺的基石。分析两者不难发现，其存在较为理想的融合基础。

（二）精细化管理与高校学生管理制度建设较好吻合

制度建设的重要性不言而喻，是精细化管理的核心所在，同时还是高校学生管理工作的重中之重。制度建设不仅是精细化管理的基石，也是高校学生管理工作的基石，还是上述二者有机融合的关键基础。

精细化管理源自企业的大量实践，其具体运用集中体现在制度建设上，打造科学合理、行之有效的管理制度体系，以此为工具和屏障解决企业经营中遇到的各种问题，带动企业生产效率和质量的提高，最终服务企业整体效益的增长。[1] 与之类似的是，高校学生管理同样牵涉极多，堪称千头万绪，可尝试引入精细化管理理念，设计并出台配套制度，为高校提升该项工作的绩效提供有益思路。依托配套制度建设，架构科学严谨、覆盖广泛、具有良好可行性的学生管理制度，在此基础上推动学生管理工作，实现对学生行为的有力引导和规范，助力其健康成长。

（三）精细化管理与高校学生管理过程可以完美融合

精细化管理尤为关注管理过程中的各处细节，特别是在目标设定、操作流程、具体实施等方面更是做到了规范化、标准化，该点和高校学生管理活动也是遥相呼应、不谋而合的。分析高校学生管理可知，它是一个相当复杂的系统，不仅涵盖学生教育，也包括学生生活上的各个方面。若想进一步提高学生管理成效，则要在目标设定、制度完善、流程优化等方面多做努力，要把握好各处细节，特别是在推动学生管理工作时，应重视和做好对所有细节的追踪及管控。有机引入精细化管理理念，找准目标，架构起更趋精确的制度，做出精确决策，落实好精确考核，实现对千头万绪的学生工作的有机融合，使之成为一个结构健全、管理得当、运转高效的统一整体。

---

[1] 冉启涛.管理"精细化"学生工作佳[J].科技信息,2006(S5):189.

第五章

高校既有人才培养模式

第一节　产学研结合的人才培养模式

一、产学研结合的概念及影响因素

（一）产学研结合的概念

产学研结合有多个别称，如"产学研一体化""产学研合作""产学研联合"等，在助力技术创新方面发挥着重要作用。20世纪90年代我国学术界提出"产学研合作"的概念，伴随着经济社会快速发展，其获得了更多国人的认同，其概念得到了进一步延展，同时其内涵也更加丰富。

纵观产学研合作的发展脉络可知，它是科技经济一体化所带来的一种必然结果。为系统、细致地认知"产学研"合作的内涵和运作机理，在具体研究时可基于部分特定视角去认识和理解其概念：

从生产要素视角分析，"产学研"合作主要是企业、高校和科研院所三方着眼于自身、地区或国家发展需求，整合资金、技术、人力资源等生产要素的各项活动。

从供求关系视角分析，产学研合作主要指企业、高校或科研机构之间通过充分协商形成的技术合作关系，企业扮演的是技术需求方的角色，至于高校和科研机构则充当了技术供给方。

从目标及手段等角度观之，狭义的产学研合作专门指企业、高校、科研院所三方合作，合作方分别履行各自职能，由此达到资源共投、风险共担、优势互补、收益共享的目标，最终实现共同发展。王猛认为，广义的产学研合作着重强调了政府的宏观调控和政策扶持作用，即遵循市场经济规律，企业、高校、科研院所、政府等主体共同协作，打造合作共同体，推动联合研发和技术创新活动依照按照既定机制或原则开展，由此达到知识生产、传递、消化和转移的目的。

从合作竞争视角分析，产学研合作关系的形成源自各合作主体彼此优势互补的结果，此种合作关系也表现为具有一定排他性特征的合作竞争，即合作相关方出于节省交易成本这一日的，筛选出最为适宜的合作者并与之建立合作关系。

（二）产学研结合的影响因素

研究"产学研"合作影响因素，能够进一步明确产学研合作所涉及的各型各类障碍以及未来发展趋势，为产学研合作深化推动提供参考。总体来看，"产学研"合作相关的影响因素大致分为三类：一是外部因素，主要指宏观经济环境的改变、政府支持、进出口国政策等；二是内部因素，主要涉及校企合作思路、项目进展、合作伙伴选择、利益分配机制、信息的不对称性以及技术创新成果转化等；三是双方因素，主要指合作层次、优势资源配置、实训基地建设、筹资情况以及沟通机制等。

二、产学研结合模式的内涵及结构

产学研合作模式反映为产学研合作主体间的关系，具体来讲，即企业、高校、科研机构之间聚焦技术研发等事务展开合作的一种活动方式，不仅涵盖人员、技术以及设备等多种资源要素，还涉及要素的内部协调及使用、成果收益如何分配等事宜。

安慧娟在其研究中指出，产学研合作模式有机吸纳了若干种资源要素，是依照既定规则和要求形成的由社会性的系统工程，可区分为两个子系统：其一，以产学研主体为核心的主体系统，其中涉及主体系统内部各要素的相互关系的集合，建构形成产学研合作模式的主体框架；其二，所处环境构成的环境系统。两个子系统相互影响并形成合力，助推产学研合作踏上高质运行和长久发展之路。

产学研合作模式中各主体包括高校、科研院所和企业等，扮演角色互不相同。高校、科研机构汇聚知识和人才资源，促进科学技术向生产力转化；企业作为技术创新的主体，担负着推动科学技术转化为生产力的直接任务。三方主体追求目标存有差异或出入时，就需要政府及时介入、沟通和协调。

三、产学研结合模式的类型及解析

（一）企业拉动型产学研合作模式

在诸多产学研合作模式中，企业拉动型是较为常见的一种，其明确了企业的中心地位，立足生产经营的实际所需，去开展技术研究、技术创业等工作，推动有应用价值、有前景的科研成果尽快蜕变成实实在在的生产力，借此实现科技、经济有机互融、彼此促进的效果。这一模式的优势主要反映在，企业不仅是推动技术创新的主体，亦是成果应用及受益主体。相关研究显示，该模式能敏锐洞察市场需求并在此基础上予以有目的、有规划的研发，因此能实现较为不俗的投入产出比。如果失去了企业的介入，哪怕高校、科研院攻克了技术难题和完成了项目开发，也可能导致项目无法取得应有的经济收益。第一，对于企业而言，其经营目标很明确，即利润最大化，在如此目标指向下充分参与市场竞争并实施对相关资源的优化配置，动态完善产学研合作机制，避免误入歧途；第二，企业以市场为命脉，对客户的各种需求甚是熟悉，由此能够推动合作各方包括企业、高校和科研院所的资源要素实现有效整合，确保产学研合作效率达成预期目标。就发展趋势而言，企业拉动型产学研合作模式的层次水平不断提升，由短期的技术攻关一步步蜕变向长期合作关系。如此关系的形成和维系建立在企业的发展规划之上，能实现对高校、科研院所所拥有的一应科技资源优势的充分发掘和发挥，管理体制完备可靠，采取公司制或科技合作联合体等形式开展合作。

（二）高校与科研院所主导型产学研合作模式

在产学研合作模式中，高校与科研院所主导型也较为常见，顾名思义其主体为高校、科研院所，主要形式有两种：一种是自办实业；另一种是自主打造技术转移中心，借由技术创新和资源要素重组并完成科研成果的生产力转化以及产业化、规模化利用。该合作模式的运转依托高校和科研院所的优势科技资源，实现科技成果市场化，不再局限于基础性研究，开始朝着应用性研究方向不断转化。在该模式下，高校、科研院所不仅是推动科研工作的主体，同时也扮演着生产经营主体的角色，就内部管理关系而言保持在较为清晰的状态。如此模式也给高校、科研院所提出了较为严格的标准，在拥有强大研发能力的同时，还需在生产经营方面达到一定水准。

在市场经济不断发展的大环境下，高校、科研院所比过去更为在意对自身社会服务功能的发掘和发挥。其技术创新活动与经济社会发展之间的逻辑关联愈发清晰紧密，彼此结合更趋紧密，致力于科研的一方也开始关注市场的现实需求，以此明确研究方向，不可避免地形成了功利主义的倾向。这对于科技成果的及时转化利用同样具有重要价值。

创办建设地方大学科技园高校和科研院所深化产学研合作的典型模式之一。此种模式不单单表现为"学研"机构的自发行为，也是践行国家和地区战略的重要探索活动。大学科技园汇聚融合集聚政府、高校、产业等多方资源，搭建形成资源共享、互惠共赢的平台，担负起孵化专精特新企业、培养自主创新人才等重要任务，对于区域自主创新能力的培育提升起到尤其关键的深远影响。国外关于此方面的研究已取得较丰硕的成果，但国内研究依旧处于起步阶段。

（三）各方联合型产学研合作模式

各方联合型的一个突出特征是，有政府参与其中并负责总体调控。在其他参与主体中，无论是高校还是科研院所又或是企业均是一个个具有高度独立性的经济主体，依托各自比较优势建立分工协作的关系，推动技研、技术创新和科技成果转化为生产力。在应用这一模式的实践中，各方会通过订立协议的方式以厘清各方权责，尤其是利益如何分配、风险如何分摊等事宜，在平等互利的基础上建立合作关系，尤其强调优势互补。

各方联合型产学研合作模式拥有多种方式和载体，以共建研究中心最为多见。研究中心投资筹建的主体单位包括高校、科研院所和企业等，一般冠名为工程研究中心、生产力促进中心等。不同主体所扮演的角色、所肩负的职能也存在一定差异：政府制定和颁布配套政策，通过宏观政策去协调各参与方的资源，充分保护各参与方的合法权益；高校、科研院所需要尽可能地展现自身在科研技术上具备的优势，形成更具价值的技术创新成果；企业被赋予了投资主体的身份，也是将科研成果转化为生产力的主要载体。

总体来看，产学研合作途径和方法比较丰富，不同合作模式都有其优缺点。选择何种模式以最充分体现效果和促进工作，是高校应当斟酌讨论的课题，随意而为、盲目套用都是不可取的。务必要全面考量校情及与之有关的其他一应因素（包括产业政策、经济发展程度、科研团队、筹资进度和技术突破方向等），予以有目的、有成效的优化调整。由既有的实践经验可知，世上没有所谓的万能模式，合适最为重要。在打造合作模式的过程中，应紧密联系区域经济社会运行及发展的客观需要，确保各方利益诉求得到平等公正的实现。伴随着经济体制改革步入深水区，产学研合作模式也随之呈现出新动态、新变化，亟待进一步探讨研究。

四、产学研结合模式主要运行机制

（一）相互协作机制

产学研合作是多主体共同参与、各自发挥本身特长，有机协调和高效利用资源，促进技术成果市场转化的过程。产学研合作相互协作机制的主旨在于科学拟订、执行研发计划，推动科技活动与市场需求的紧密衔接，并取得畅通信息沟通渠道、提升抗风险能力和市场反馈能力等效果。如图 5-1 所示，产学研合作相互协作机制大致包含两方面内容：其一，技术创新过程协作，其主要作用在于优化改进资源要素协作效果，使之获得技术、结构、流程等不同层面的支持。技术创新过程协作过程又区分为前、中、后期三个阶段，前期主要任务是需求分析、论证调研、筛选确定合作对象等，中期侧重于协商讨论合作模式、完成技术研发和成果验收测试等，后期完成成果的生产力转化、利益分配等。其二，资源要素配置协作，它是技术创新过程协作的前提条件和坚实基础，所涉及的资源要素涵盖政策、制度、资金、设备、技术、市场、风险等要素，诸如此类要素彼此交织作用，由此建构形成一张严密协作网络，对合作成效产生决定性的影响，最值得关注和重视的是技术要素的协同作用。

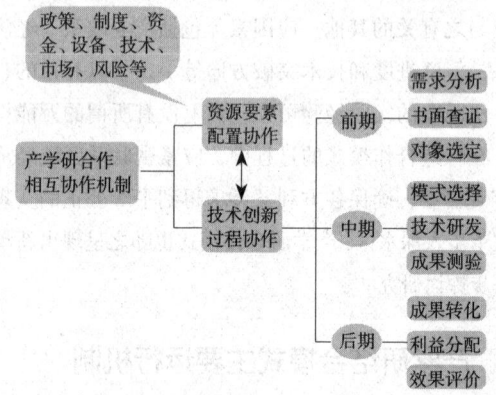

图 5-1　产学研合作相互协作机制

（二）学习成长机制

产学研合作的各个参与方来自不同行业，所以无论是在行业背景方面还是在价值取向方面又或是在技术实力方面均存在一定差异，所以如何实现高效的交流融合便成了重中之重。在互知互信的条件下，才能收到取长补短之效。纵观此类合作的学习成长机制可知，其主要反映在下述方面：第一，各主体会在人力资源上发生彼此流动，收到知识扩散、迁移以及创新之效，能为科研人员指明前进方向，开阔视野，增强统筹大局的能力。[1] 第二，建构形成学习机制，企业研发团队能够共享学习高校、科研院所的技术数据库资源，即时接触和熟悉行业技术领域的发展现状及走向，有目的和有规划地接受有关培训；高校、科研院所则能够零距离对接掌握企业和市场需求，为科研成果创新指明方向。第三，竞争机制的引入成为激活调动员工学习能动性、激发想象力和创造力的有力工具，对鼓励员工完成自我超越起到重要作用。

在动态健全和产学研合作相配套的学习成长机制的过程中，第一要务是明晰学习目的及其方法，打通知识内化通道，推动学习管理模式趋于健全完善；丰富包含项目信息以及组织文化和成功经验等隐性知识在内的各类学习内容，消除产学研合作期间可能存在的理念分歧，凝聚创新发展合力。学习成长机制的主要作用反映在，统合各方认知，建立知识与技术畅通流动和重构集成的有效途径，实现资源优化配置，达到技术创新层次提高、技术创新绩效提升等目标，为不断催生新的学习活动注入强劲动能。

（三）激励创新机制

唐小旭认为，产学研合作激励创新机制是政府或合作主体基于技术创新、产学研合作等目标制订各类激励措施并由此形成固定关系范式的集合。激励创新机制的核心作用是依托配套制度去激励主体，使其和激励对象之间形成并保持理想的化学反应，最终促进合作绩效的显著改善。

下面从政府及各合作主体的层面进行一个分析：

---

[1] 金冬.基于"互联网+"的高校产学研协同创新路径研究 [J].中国新通信,2021,23(24):116-118.

1. 政府的激励创新

在改革开放之后，我国之所以能够谱写国民经济长期高速发展的伟大奇迹，政府宏观调控在其中扮演了尤为关键的角色，产学研合作亦是这般。依托政策导向及配套激励机制，政府卓有成效地推动科技资源趋向于优化合理配置，合作各方凝聚思想共识，合理分配科技创新收益，产学研合作不断推向深入。政府宏观调控的理想目标在于奠定企业主体地位，突出需求导向，使市场在资源配置中起到基础性作用，推动各类合作创新主体建立有效互动机制。

政府调控产学研合作的形式和路径多样。首先，借由立法制定"游戏规则"，依法依规管理产学研合作市场；其次，用好用活税收、信贷、投资、专项资助、风险基金等政策"工具箱"，引导各方主体开展政策导向范围内的技术创新活动，特别是攸关国家战略、民生福祉的"卡脖子"技术项目，给予适度的政策倾斜，推动优势资源重构组合，进一步提高了科技成果的市场转化率。

2. 企业的激励创新

企业的激励创新可被划分成两大类：第一类，企业以合作主体身份实施激励创新；第二类，企业通过合建实体方式实施激励创新。在第一类形式中，企业的功能定位表现为资金支持和促进科技成果产业化，与合作方包括高校、科研院所一起实施横向课题研究，基于研发项目所需为之注入各种资源，包括资金、设备等，可通过技术入股等一系列形式参与项目，达到促进科技成果转化和产业化的目的。第二类形式中，企业技术创新的实质表现为产权纽带作用基础上共建实体内部合作共建技术市场的过程。内部技术市场的作用机制与外部技术市场相仿，均对每项技术进行合理定价，差异反映在合作创新活动的范围相对偏窄，囿于企业内部。纵观企业激励创新可知，其核心内容是协调好内部不同合作方之间的利益关系，打造科学的利益分配机制并付诸实施，解决好这一问题才能为后续合作夯实基础。

3.高校和科研院所的激励创新

高校和科研院所的激励创新要全面考虑到参与团队、人员的现实需求，予以区别对待。激励创新举措的执行，关键是把握好下述三项问题：第一，体现激励创新的全面性。政策激励对象包括所有的科技工作人员，尤其是要关注青年、资深科技工作者，促进知识扩散、转移，营造浓郁的科研和学术氛围。第二，充分调动不同参与对象的积极性。准确把握不同研究层次、不同年龄科研人员的特征，量身定制激励标准，如对待青年科技工作者要"定方向、压担子"；要关爱慰问资深科技工作者，鼓励再创新功、取得新胜利。第三，设计并出台针对性的保障制度。健全包括合同管理在内的一应制度，使校方、科技工作者合法权益获得可靠保障。

（四）利益分享机制

在市场经济背景下，务必要赋予利益分享机制足够的科学性、合理性、有效性，主要涵盖下述含义：第一，利益分配能以各参与者为对象，充分调动其主动性、能动性，在此基础上确保组织经济效率维系在高位水平；第二，利益分配符合公平性原则要求，不同参与主体的利益诉求均获得合理范围内的满足，协调各方关系并由此建构形成个体利益与整体利益共同消长的新型关系。

基于产学研合作角度观之，各参与方均尤为在意利益分享问题，进而形成了一种动态博弈关系，多方合作关系的维系共存建立在共赢互惠的基础上。产学研合作关系中，各方主体无论是在目标上还是在定位上往往存在一定差异，一定偏差是客观存在的，难以完全回避的，如此招致了利益分配期间可能会激化矛盾甚至于爆发冲突。要怎样有效地控制或减轻前述风险，一方面，产学研合作关系建立之初或此前就要制定利益分配政策，合同条款内应当精确厘定各方权益，尤其是利润分成比例等，不仅如此还需对约定事项加以严格落实。另一方面，合作经费的结算可采取分段结算的办法，即研发期内企业结算支付部分款项用于研究成本的支出，剩余经费在科技成果产业化后的一定年限内依照约定的投资比例分成给高校、科研院所。

此外，需尽量找出传统观念的误区并做针对性优化，具体来说合作各方所形成的博弈关系由多重因素共同决定，不限于高校、科研院所和企业，政府对技术创新的影响同样不容忽视。优惠政策的扶持和合理引导，对产学研合作的最终成功产生至关重要的影响，因为政府职能机关从中可分享税收、管理费等收益，因此也可视为博弈关系中的主体之一。

前述四种机制彼此影响作用，最终合力推动产学研合作实践，实现多方共赢。其中，在产学研合作关系中，经济要件是合理的利益分享机制，这同样也是合作的出发点与落脚点；相互协作、学习成长和激励创新机制是手段和方法（图 5-2）。

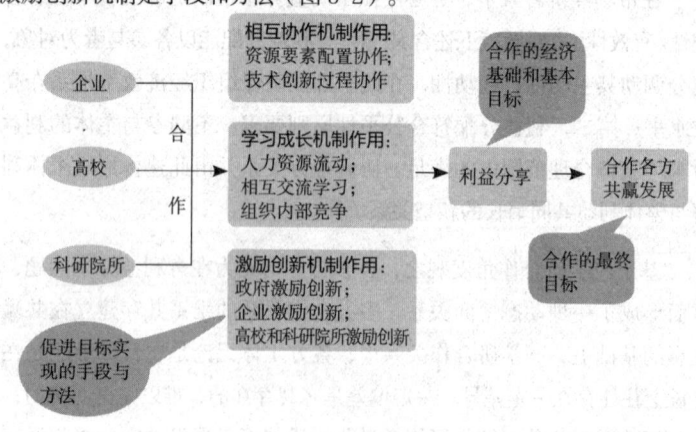

图 5-2　产学研合作运行机制作用关系

第二节 "订单式"人才培养模式

一、"订单式"人才培养模式的理论基础

(一)"订单式"人才培养模式的内涵

"订单"这一概念诞生于商业活动,即交易双方订购货物时达成的契约,其最为关键的功能是彰显了市场需求,推动生产经营活动依照约定的订单数及标准组织生产。[1]20世纪90年代末以来,教育体制改革持续深化,人力资源配置逐步趋向于市场化,"订单式"由此在教育领域获得越来越多的应用,成为一种新型的人才培养模式。

"订单式"人才培养模式的定义存在广狭义之分,其狭义概念指高等院校与企事业单位着眼于经济社会发展需求、用人单位要求。拟订与企业战略发展相适应的人才培养计划及方案,订立用人协议,合作领域包括但不限于师资、技术、办学条件等,学生在订约单位实习、就业的产学研相统一的人才培养模式。

广义概念上,"订单式"人才培养模式指高校依照对口就业方向的企事业单位人才需求开展行业"大订单"办学,基于政府的宏观调控政策,有效调动和整合社会各方面资源,重点关注行业专家、用人单位关于人才需求的意见建议,积极主动推动与高校、科研院所等方面的协调配合,确保人才培养质量达到或超过订单预期,适应社会经济发展的人才需求。

"订单式"人才培养模式的广狭义概念并非绝对对立的,而是矛

---

[1] 陈小琼,李桂霞."订单式"人才培养模式探析[J].广东广播电视大学学报,2008(2):71-73.

盾的普遍性与特殊性的统一体，其狭义概念更多地表现为面向社会需求办学的一种特殊实现形式。一般本科院校的"订单式"人才培养模式通常兼具两者特性，凝聚汇合高校、企事业单位教育资源以外，引入更多社会力量参与办学，使高校和企事业等不同类型的教育资源获得有效整合利用，建构形成校内课堂教学与校外实习就业相统一的人才培养模式，推动学生学习目标和职业目标趋向一致。

（二）"订单式"人才培养模式的目的

"订单式"人才培养的最终目的在于培养顺应时代要求、社会需要、企业发展的合格专业技能型人才，这也是企业参与合作的目的。就此而论，企业和高职院校在"订单式"人才培养模式中凝聚了共识，但两者属于不同主体，各自目的存在客观差异。

1. "订单式"人才培养促进学生就业

促进毕业生就业是高校推动"订单式"人才培养的直接目的。就业去向、就业率高低是学生报考高职院校的首要考虑因素，攸关学校生存发展。"订单式"人才培养能够为打通生源与就业的双向通道，使企业获得"量身定做"的岗位紧缺人才。依照协议约定，高校按企业要求制订人才培养方案，企业依约聘用合格学生。

2. "订单式"人才培养为了学校更好地发展

"订单"培养的目的存在深、浅层次的区别。浅层次目的在于解决毕业生就业，这是"订单"的直接目的之一，具有暂时性特征。深层次目的在于促进高职院校持续健康发展，这也是"订单式"人才培养的最根本目的。依托企业技术优势和社会教育资源，高职院校能够推动教师、学生零距离接触一线的先进生产设备、生产环境，提高实训实操能力。部分院校借此机会与企业建立项目合作关系，前者提供智力资源，后者投资和提供设备，进行技术研发或工艺流程改进，共享收益。通过"订单式"人才培养，高职院校特色专业建设取得更大进展，锻炼出优秀的"双师型"教师队伍，培养出大批优秀毕业生，对于塑造高职院校良好的社会形象和口碑都起到积极作用。

3."订单式"人才培养促进企业用人质量的提高

就企业来讲，签订"订单"的直接目的在于招聘录用与企业发展需求相适应的高素质人才。"订单"培养是高职院校立足职业岗位发展趋势和技能要求，征求企业建议意见，为企业量身定制人才培养计划，共同培养人才。"订单"培养的人才必须最大限度地贴合企业岗位要求，以确保毕业生拥有足够的岗位适应性和社会适应性。学生在企业轮岗实习，能够及早感受企业工作氛围和岗位要求，体验企业文化，这对于企业选拔优秀人才起到尤其重要的作用。另一方面，"订单式"人才培养能够大量节约岗前培训费用和企业培训时间。综上，"订单"培养为企业提供了岗位适应性优秀且相对稳定的人才队伍，有效规避了人才引进风险，对企业用人质量的提高大有裨益。

（三）"订单式"人才培养模式的特征

与传统的职业教育人才培养模式相比，"订单式"人才培养模式具有如下特征：

1.培养模式"市场化"

"订单式"人才培养模式是相对于传统职业教育模式的创新改革，顺应了新时代经济社会发展要求，紧密联系企业发展实际，调研、梳理一线生产经营实际需求、行业发展趋势，据此制订教学计划，确定技能训练大纲及要点。经济发展需要什么，就讲授实训哪些知识和技能，尽可能地弥合学生所学知识技能与企业岗位需求之间的偏差。

2. 培养过程"协作化"

校企双方共同商定"订单"人才培养的目标、规格。用人单位对人才培养目标的确定有更多的话语权，但考虑到教育技术层面的复杂性，学校在确定人才规格的过程中往往占据主动地位，能够对用人单位的功利性倾向或要求给予及时修正。这一培养模式的应用优势表现为校企合作的教育优势得到充分发挥，合作关系更加密切，合作层次更进一步，由此还可以推动学校人才培养与企业人才使用的无缝衔接。

3. 培养目标"针对化"

企业提出"需求"的同时，还可以参与到人才规格确定、课程计划实施、考核评估等环节中去。首先，高校必须针对性地突出企业用人需求，依约履行订单协议特别是教学培训相应款项。其次，能够增强企业培养学生的主动性和能动性，使学生在顶岗实训中锻炼技能、增长本领，增强工作岗位中的"实用性"。

4. 培养方案"实用化"

高校要循序渐进地推进"订单式"人才培养，对照教育教学要求和合作企业专业工种的岗位要求，参考行业发展趋势，与用人单位总工、技术负责人等共同拟订人才培养目标和方案，修订完善教学计划，充分丰富教学内容，着重强调实用技术的训练掌握。

5. 教学资源"共享化"

"订单"培养的学生最终要走向社会、服务企业。因此，校企双方有必要用好用活各类教育资源，推动产学合作模式取得最大化效益。学生培养期间，企业要积极参与和指导人才管理，在人才培养模式引入行业先进的管理方式、管理理念，找准用好企业管理与学校管理的最佳结合点，由此显著有效地提升学生的社会环境适应能力。借助利用企业管理、技术资源，高校也能够实现办学质量的再提升，积累教育教学经验。

6. 课程设置"职业化"

课程设置要充分契合人才培养的目标要求，遵循教育教学规律制订有可操作性、有价值的教学计划，锻炼提升学生知识技能，提高综合素质。另一方面，着重凸显学生的职业能力培养，有目的、有计划性地整合教育资源，强调"职业化"课程设置，服务专业教学。

7. 实训基地"企业化"

限于教育资源调度配置，仅仅依靠高校实训场地，往往难以满足职业技能训练和专业技术能力提升的要求，高校也不具备单独筹建运行完整的实习实训基地的能力。实施"订单式"人才培养模式，高校教育教学管理能够在更大范围上吸纳和调用社会教育资源，企业可以向学校提供必要设备、实习场地，派人赴校指导，参与实训教学，无论是先进机械设备或完备的工艺流程，对于职业教育质量提升都大有裨益。

8. 实习实训"车间化"

学生毕业前一年，依照校企协议，学生会有计划地安排到生产经营一线岗位顶岗实习，实习实训岗位通常是"订单"培养学生进企后将从事的工作岗位，因此实习实训阶段通常就是学生的生产见习期，是与企业岗位磨合锻炼的过程。得益于企业管理、工程技术等领导的指导点拨，依照企业员工素质严格要求，严格执行教学计划相关安排，亲身体验企业文化，接受岗位锻炼，可以很好地提高学生技术操作能力，促进职业素质养成，由此很好地弥补了高校课堂教学和实训教学的短板。

二、"订单式"人才培养模式的主要类型

"订单式"人才培养模式在普通本科院校已经进行了探索，就目前已经实施的类型划分，可以分为以下两个大类：

（一）隐性订单

所谓隐性订单，是基于广义的"订单式"人才培养模式所提出的概念，其特征表现为隐而不明。高校与用人单位并未具体订立用人协议，但在人才培养中确立社会需求"大订单"的教育理念，紧跟社会经济发展趋势，培养有用人才，适应社会发展。从宏观层面来看，就是指高校办学方向、专业学科建设锚定市场，培养的人才要具备优秀的社会适应能力。近年来，山东财经大学试行"121 工程"合作模式，打造校企联动合作的"教育共同体"。对本科四年学制、专业课程体系进行调整改革，增设对标行业需求的专业技术课程，由此达到基础课程与专业技术课程楔形互补的倍增效应。从实践成效来看，隐形订单是符合本科院校发展的一类理想人才培养模式，且在实践中获得持续的修正完善。

（二）有形订单

有形订单是基于狭义"订单式"人才培养模式的一类订单，指作为培养方的院校与作为委培方、用人方的企事业单位立足经济社会发展需求拟订执行人才培养计划，订立用人协议，合作范围涵盖师资、技术、办学条件等领域，学生实习、毕业后直接到企就业的一类人才培养模式。[1] 按照"订单"协议签订时间的先后次序，有形订单分为两类：

1. 学前订单

---

[1] 班福忱.产教融合联合培养模式下企业工作站的建设研究 [J].中国现代教育装备，2021（19）：139 141.

学前订单指学生在正式录用前,校企正式签订订单协议,共同制订、确定和实施面向考生或社会人员的招考(含面试)、录取及人才培养、考试考核方案。考核合格的毕业生直接到签订"订单"的用人单位就业。学前订单的特征表现为履行时限较长,学生在校教育管理全过程均接受校企双方的共同管理。学前订单的实施形式可区分为服务外包、委托培养等,山东科技大学探索实践 CDIO 工程教育模式的基础上,在计算机、通信、国际贸易等专业领域与企业建立深度合作关系,专门培养定制人才;青岛大学积极响应青岛市服务外包产业发展的规划号召,走访调研青岛软件园超 300 家企业,针对专精特新企业关于嵌入式软件设计、应用软件开发、动漫影视等业务外包需求,推动专业学科建设和课程改革,实施订单培养。

2. 学习中订单

学习中订单的特点是学校招生规程依照正常流程进行,新生入学前三年接受学科通识教育、专业课教育,大三下学期为学生提供订单相关人才培养信息,建议学生参考个人兴趣爱好选择具体专业。企业依照订单约定,笔面试三年级学生并确定培养人才名单,实行校企结合,共同培养。合作培养范围内的学生,进入四年级后会及时安排赴企顶岗实习,采取"工学交替"的方式,接受学习锻炼。学习中订单的优势在于能够明显缩短校企合作培养期限,可以更好地满足企业关于紧缺人才招录的迫切需求。如吉林财经大学会计学院与吉林临江农村商业银行签订《定向委托培养协议书》,校企共同组织集中培训,按期取得"双证"且考核合格的学生可进入临江农商行工作。齐鲁工业大学保留原专业课程,在专业技术课程建设方面积极融合行业、企业需求,订单培养企业每月派员到校授课不少于 8 学时,授课人通常为企业总工或技术负责人,在兼顾"专""通"的基础上,培养与行业发展趋势相适应的复合型人才,拓宽毕业生就业渠道,提高就业率。

三、"订单式"人才培养模式的实施条件

任何事物的发展都具备一定条件，"订单式"人才培养同样如是。"订单式"人才培养的实施应当具备下述六项要件：

（一）政府的支持及健全的法律法规

政府是高等教育事业发展中不可或缺的角色。"订单式"人才培养迫切需要政府的支持，特别是出台健全的法律法规。完善的法律体系和配套政策支持，也是"订单式"式人才培养的基础要件之一。稳定可靠的政策、制度能够很好地激发企业参与"订单"人才培养的能动性和积极性，这也是政府履行社会事务管理职能的重要表现。如：借由政策宣传、公共舆论引导等方式宣传"订单"培养人才的优势，出台减税、财政补贴等优惠政策，动员本地企业参与人才培养。

（二）具有鲜明的办学理念和专业特色

专业优势凸显、享有良好社会声誉的高校，常常成为企业合作的首选，也更加容易确定"订单式"人才培养的切合点。高校专业设置要紧密衔接区域经济结构调整、产业转型升级方向，办校办学理念要紧跟时代、贴近行业。牢固确立服务经济、服务企业、服务学生的办学理念，才能使专业优势获得更充分有效的发挥，培养出受企业欢迎的高素质技能型人才。

（三）校企双方建立了紧密的合作机制

校企紧密合作是确保"订单式"人才培养模式取得成功的基础要件，高校承接到企业"订单"后，才可以启动"订单"人才培养的相关工作流程。因此，高职院校要主动对接走访企事业单位，进企调研收集企业用人信息，宣传办学理念和专业特色，或在校开办座谈会、教育

论坛，延请企业领导到校参观实训车间、教学课堂，推介优秀学子作报告、实操演示，争取"订单"数量，与企业建立长期稳定的"订单"合作关系。

（四）符合教学需要的"双师型"队伍

高职院校培养的"订单式"人才是技术应用型专门人才，要求适应市场经济和企业需要，这也是"双师型"师资队伍建设的一项重大挑战。因此，教师队伍中必须配备一定比例的"订单式"需求方高级专业技术人员或管理人员，以保证专业授课、实训的针对性。另外，教师选拔必须兼具专业理论素养、丰富一线经验和实操能力。教学场所的选择不局限于课堂、实训基地，更要求深入生产实践，深入市场，在实践实操中锤炼提高高职生岗位能力。

（五）相对较为完备的实训场地与设备

"订单式"人才培养的是高素质技能型人才，实训环节尤其关键，因此高校必须建设完备的实践教学基地。但实训内容必须依循用人单位的要求作具体确定，要更加贴合一线生产工艺流程，因此，部分实训项目可能未能在教学实践中开设过，这就对实训教师、实训设备方面提出更高要求。通常来讲，校内实践教学基地建设的基本原则包括仿真性、先进性、通用性和开放性，但要真正实现人才培养零距离对接技能岗位的高标准、高要求，建议开展好实训课堂进企业、进车间等活动，让学生近距离地感受一线生产操作氛围，细致掌握实操技巧。

（六）确保学生有相对较高的参与性

学生是"订单式"人才培养模式中的客体。"订单"培养期间，校、企双方要做好解释宣传工作，使学生清楚了解"订单"培养的优势，在尊重双方利益、三方合意的基础上，鼓励学生加入"订单"班。唯有如此，才能使学生主动积极加入"订单班"，并具备浓厚的学习兴趣，带着更明确的目标进行学习，进而有效推动"订单"培养的顺利实施。

四、"订单式"人才培养模式的运行机制

（一）建立对拟合作企业的调研论证机制

确立"订单"前，学校必须开展深入细致的市场调研，充分接触社会上有合作意愿的企事业单位，建立企业信息库，采集、整理数量充足的企业合作信息，科学比对分析，进而确立初步合作对象。后续工作主要是针对初步合作企业进行走访调研与可行性论证。调研论证的内容主要涵盖三方面：一是企业发展潜力，判断合作企业经营领域是否属于当地经济发展中的主导产业，符合该项要求的企业通常更具发展前景，拥有更多高质量就业岗位；二是企业经营能力和风险，其中涉及的指标包含有市场开拓能力、资金运作决策能力、风险化解能力等；三是企业合作动机，合作企业应当真正具有人才培养意向，急功近利、以招聘录用为动机的企业要即时剔除出合作名单。

（二）建立培养方案的外部论证机制

协调好专业通用性与岗位针对性关系的外部论证机制，是"订单"培养质量的可靠保证。培养方案的制订方包括企业和高校；培养方案初稿提交至专业指导委员会，由行业或企业专家、职业教育领域专家共同论证，讨论确定方案能否满足合作企业人才要求、是否有利于毕业生社会适应能力的培养，汇总意见并形成建议稿；最后，校、企共同讨论完善培养方案，着重兼顾培养内容的社会适应性和合作企业岗位针对性。应强调的是，"订单式"人才培养要把握好"合格"与"特

长"的界限，前者指对应本行业领域的必要技能素养，后者指合作企业的特定要求。

（三）建立学生动态管理机制

"订单式"培养方案的执行，重点参考协议中明确的人才要求和质量标准。订单培养与非订单培养的学生在教育管理方面存在一定差异。因此，应针对"订单培养"学生制定实施动态管理机制。首先是要严格选拔、层层筛选培养对象，依照"双向选择"的原则，满足合作企业要求的同时，兼顾学生和家长的利益诉求。其间，企业应针对培养对象的教育管理采取动态监管，推动校企合作紧密结合。

（四）建立运作过程的互动机制

职业教育的价值表现为借由教育培训来锻炼提高人的知识和技能。"订单培养"学生要求学校关注企业需要，把握运用技能型人才的产出规律，推动专业设置、学科建设与技术更迭、岗位需求实现无缝对接。订单教育的运作依靠任何一方唱"独角戏"都是不足取的，双向发力、合力打造才能实现多方共赢。其一，高校要牢固确立服务经济发展、呼应企业需求的办学理念，为合作企业输送优秀紧缺人才。其二，企业应当将人才培养纳入人力资源开发的整体规划，及时介入教育产品产出过程，由此更好地将企业品牌文化、技术进步趋势、市场最新动态等带入学校，对高校教育管理定位、专业设置、培养模式、实训实践模式乃至于人才观、教学观等产生积极影响。此种矫正调适同样利于高校教育教学活动更加贴合企业需求，使学生达到实践突出、理论扎实、技能过硬等培育标准，真正做到开门办学、服务经济。

（五）建立遵守规则的诚信机制

"订单式"培养实际上就是建立于双方合意基础上的人才培养协议，因此诚信是"订单培养"的首位原则，是产学结合的生命线。合作关系中，任何一方背信违约都意味着合作失败。为保证"订单"的承诺得到真实履行，"订单"协议约定的内容、对象、方式等，都必须做到审慎确定，这也是"订单"管理的原则性要求。合作方向的确定首先要梳理清楚企业需求、学校办学条件与能力，找准合作的最佳结合点。一要清楚掌握合作企业实力和发展前景，毕业生有无就业倾向；二要考虑企业技术和管理水平，学生能否学习知识、提升技能，有无发展空间等；三是确定对方合作动机，确定合作关系稳定长期维系。

（六）建立多元化考核评价机制

技能考核是检验"订单"培养成效的可靠手段。考虑到课程的性质、地位及专业作用，考核评价标准应呈现出多元化特征。如：基础课程考核的重点主要是学生的知识掌握水平、理解能力；专业课程考核侧重于分析与解决问题的能力，对知识掌握与实践操作技能作全方位考核。考核评价要摒弃"唯卷唯分"的陈旧观念，笔、面试相结合，闭、开卷相结合，灵活运用好校内实训、校外实践等多类考核方法。

第三节　导师制人才培养模式

一、导师与导师制概念

（一）导师

"导师"一词系舶来品，最早的说法源于希腊语。古代基督教希腊教父克雷芒所著作品中，将耶稣描述为基督徒生活中的引导者，劝勉信徒克制、摒弃茫然冲动的激情，在默想和理性中发现、享受属灵生活。其论著中所描述的引导者是智慧启迪者、道德典范、生活引路人，在信徒生活中起到鼓舞斗志、克服困难、塑造理想生活的作用。当然，是时克雷芒并未明确提出"导师"的概念。及至于15世纪，牛津大学早期学院设立了监护学生在校品德行为和开支的保护者职位，这群人被称作"informatoers"，到1509年布鲁奇诺斯学院才开始正式使用"tutor"一词，各种类型的导师相继出现。东方文化中"导师"的称谓起源于佛教。佛家称导人入释教或其他向善道路的人为导师。《佛报恩经·对治品》中说："夫大导师者，导以正路，示涅槃径，使得无为，常得安乐。"据此来看，导师可以引领人进入新的行当或领域，且虔诚接受导师指引，能够使心愿得偿、生活安乐顺遂。现代汉语在"导师"一词的解释中也引用佛家用法，作下述解读：其一，导师是指在大事业、大运动中指示方向、建有丰功伟绩的人；其二，导师是高校或研究机构中指导他人学习、进修、写作论文的人员。

据此可知，在东西方文化中，导师都是智者的代名词，他们善于启发思想、引领人们解决矛盾。及至于成为高等教育中的一个专有称谓，导师的核心职能就是教书育人且臻于理想境界。就此而论，大学教师都担负有此项责任，每一位教师都要扮演好导师的角色，但导师能否真正有效地指导学生，成为其成长成才中的良师益友，依旧值得我们思考。当前国内高校普遍实行辅导员制，常常没有厘清导师与辅导员之间的职责关系，相互推诿、工作低效现象普遍存在。故本文研究明晰二者的职责范围并探讨互补互促的工作机制尤为必要。

第一，明确导师与辅导员的职责范围。前者侧重于"导"，主要指引导启发学生独立正确地思考问题，在学习和生活中形成独到见解，掌握知识技能，探索学术前沿领域。导师的引导作用主要反映在学生学业、科研等方面。我国《教育部关于加强高等学校辅导员班主任队伍建设的意见》中明确指出"辅导员班主任是高等学校教师队伍的重要组成部分，是高等学校从事德育工作，开展大学生思想政治教育的骨干力量，是大学生健康成长的指导者和引路人"。据《意见》可知，辅导员侧重"管"，管的客体包含学生思想动态和班级事务。

第二，协调导师与辅导员的关系。两者应当保持思想道德教育的一致性，通过交流沟通，导师能够了解到班级思政教育现状、学生生活学习状态，辅导员可以掌握学生学习态度、学业进展。进而在学生教育问题上形成一致意见，统一步调，建构互促互补、服务学生发展的合作格局。

（二）导师制

研究导师制，首要任务是清楚厘定导师制的科学内涵。导师制应用范围广泛，国内外学术界有不同表述。

查阅相关工具书、辞典发现，导师制的定义大致分为三类。第一类，将导师制定义为一种"教学方法"。由 Terry P G 和 Thomas JB 主编的《国际教育辞典》认为导师制就是导师为一名或一组学生提供个别指导的教学方法，其关注的侧重点是学生而非课程，演变自古希腊学者苏格拉底提出的问答法。此项定义被引用为我国《教育辞典》关于导师制的第一种定义。第二类，将导师制定义为一种"教学制度"。例如《中国百科大辞典》认为导师制是"英国高等学校的一种教学制度。每位导师负责指导一名或数名学生，主要辅导学生的教学活动，大学中也有专门负责学生生活的导师。"《教育辞典》对导师制第二种解释为"它是发源于牛津大学、发展于剑桥大学的一种教学制度，每位导师指导4~10名学生，导师对学生负有教学和辅导的责任。"第三类是将导师制定义为一种教学管理制度。《教育辞典》认为导师制是面向研究生、本科生的一项教育教学管理制度，是高等学校、科研机构培养研究生学术能力的制度，也是高校指定专任教师负责指导学生在校期间学习、生活与思想的教学管理制度。

总体而言，国内外出版的各辞典、工具书均导师制定义为一种教学方法或教学（管理）制度。Tapper T 和 Palfreyman D 说："导师制并不单纯是一种教学方法，更使学生接受到理想的高等教育。"中国教育界引入导师制的初衷，就是期望能够使学生接受高等教育期间能够获得学业、思想、生活等方面的个性化指导，因此在导师制的制订实施方面，详细拟订了聘任标准、职责范围、指导形式、评价规则等内容款项，着重强调导师对学生的启发指导。

二、导师制的主要特点

（一）导师注重对学生的个别指导，因材施教

班级授课制及个别指导是当前高等院校教学方式的主要形式，前者固然能够促进高等教育的普及，但因材施教的教学效果并不理想。首先反映为教师缺少对学生的深入了解。特别是实施班级授课制的情况下，教师缺少足够的时间和精力去全面、具体地了解学生，由此也

就丧失了因材施教的"识材"条件。其次，教育教学活动的个性化特征淡化。因为教师缺少对学生全方位的了解，"识材"条件缺失，因此也就不可能针对不同学生开展个性化指导。即便教师对任教班级的学生能够做到全面深入的了解，但其教育教学活动必须以班级为基本单位，教育教学目标与计划的制订以及教育教学活动的组织实施，都必须兼顾全体学生的素质素养。我国高校的知识传授依旧延续传统课堂的灌输式教育，教学评价欠缺开放性、动态性以及综合性等特征要求，人才培养呈现出严重的同质化倾向，创新意识淡薄，实践能力减退。

个别指导是导师制的重要特征。教师完成对学生全面深入了解的基础上，根据不同学生的认知特性给予个性化指导，这对于克服班级授课制人才培养同质化的缺陷大有裨益，教师可采取灵活的教学方式开展教学，调动激活学生的学习积极性和能动性，使学生的个性和共性素养取得整体发展，这也是因材施教原则的生动实践表现。导师制为因材施教提供了可靠的制度保障。导师在一对一交流与沟通的基础上，能够准确、及时地掌握每位受教育者的认知特性和心理特征，及时干预解决学生学业、生活及就业等方面遭遇的困难。

（二）师生之间心理相容、教学相长

教育是一项教师倾注真挚情感的活动，师生间友好亲密的互动交流，使得后者在潜移默化中接受了有目的、有意识的积极影响。心理学研究证实，"移情体验"能够显著有效地促进人际关系，移情的目的在于使接受者感受到被理解、被认可、被接纳，古语"亲其师，信其道"能够充分阐释出师生关系的力量、作用与价值。向师性能够增进提升学生对教师的亲近感与安全感，由此正向促进和影响教育教学质量。得益于导师制的实施，导师获得更多机会去接触学生、了解学生，在沟通交流中产生相近的情感，营造愈发和谐、积极健康的师生氛围，进而建立起心理相容的长效关系。

在教育教学活动中，教师的职责任务在于传道授业，侧重于"教"；导师则更多的是要做到指导与引导，侧重于"导"。导师与学生的关系中，最关键的就是民主平等的交流沟通以及开放和谐氛围的营造，这对于积极建构导学关系和增强学生学习主动性、能动性都有着不可替代的作用。导师不单单要传递知识，更要指导学生规划学习、掌握方法、挖潜增效，实现综合素质的全面发展、整体提高。在教育教学活动中，导师还需要自我反省，实现自我完善、自我提升。某种角度上来看，导师制的实施为教学相长提供了可靠保障。

（三）专业教育为主，促进学生全方位成长

如前文介绍的那样，导师，即指导学生之师，涉及学生思想、心理、学业乃至生活等多个方面。高等教育的任务目标在于传授知识、打造高质量人才，学生接受高等教育的主要目的是掌握专业技能，以获得更多更好的就业机会，所以以学生为对象为其提供专业教育便显得尤为重要了，亦是导师的一大关键工作内容。在大学求学期间，学生不可避免地会遇到与专业相关的这样或那样的问题，如人格定型与发展、学习目标规划、职业道路选择等，诸如此类问题的解决，不可能完全依赖于思政教育，往往更需要专业人士的介入干预。导师具备深厚专业素养、放眼未来和全局的前瞻性思维以及丰富人生阅历，导师制的实施能够更好地糅合课程思政与思政课程，推动"大思政"格局的构造，重思想塑造，也关注专业教育，助力学生成才。导师为学生答疑解惑，巩固其专业知识，强化其实操能力。听导师的话往往能让学生少走很多弯路，明确学习目标和学习方向。另外，导师面向学生进行专业教育时，还将其与思政、心理疏导以及生活就业指导等各项工作密切联系起来，这对于学生综合素质提升起到极大促进作用。

（四）理论教育与实践教育相结合

导师在落实好理论教育工作的同时，也应引导学生主动介入各类形式的社会实践活动，学以致用，在实操、实训、实习活动中增进对理论知识的理解，为升学深造、顺利就业打牢基础。如导师可为学生提供参与某项课题研究的机会，引导其搜集、剖析专业领域的前沿知识和技术，培育科研素养；设计社会调研课题，指导学生组织、参与社会实践，在实践活动中用好用活所学理论知识，进而实现职业素养和综合竞争力的提升。

（五）德育与智育有机结合

我国经济社会快速发展导致人才缺口不断拉大，很长时间里，班级授课制大行其道，是国内最为常用的一种教学方式，然而其也带来了一系列负面影响，如学校教育蜕变成了简单智育，重知识讲授、轻品德教育成为学校教育的常态，在高等院校同样存在类似情形。另一方面，学分制教学模式并不是以行政班为基础单位予以推动的，造成学生的班级意识更趋淡薄，妨碍了思政工作的高质实施。导师制的引入能够很好地引导培养学生的优秀思想品德，培育积极向上的学业就业理念。导师兼顾对学生的专业知识传授与良好品德塑造，可以很好地修正德育、智育分离的不良教育倾向，并可以填补班级授课制缺位所带来的个性化教育严重不足之类的问题。著名教育家蔡元培指出，健康人格养成尤为关键，这也是教育的本质所在，而不是简单地灌输知识，尤其是书本知识。教育教学活动必须坚持学生的中心主体地位，重点培育学生的独立人格，促进其全面、健康发展。导师制的应用拉近了师生之间的关系，导师可以动态了解学生思想状况，以其品行和学识去感染熏陶学生，使后者接受"润物细无声"的德育、智育，进而成长成才。

（六）远景目标与近景目标相结合

导师不仅要关切学生的学业并为之提供尽量帮助，助力其全面、持续发展。在大一到大四的各个阶段，导师的职责各有侧重：前期的主要工作是帮助学生更快、更好地融入大学生活，形成适宜自己的科学、效率的学习方法；中期的主要工作是推动学生身心的健康发展，指导学生结合职业发展规划，有目的性、有计划地引导其介入社会实践；后期的主要工作是督促学生完成毕业论文，同时为其就业提供一定指导。导师要全面指导学生参与近远景目标相结合的教育，实现全面发展，锤炼提升社会竞争力。

三、导师制的价值分析

（一）导师制是完善学分制重要制度保证

纵观我国高等教育教学改革工作可知，学分制是它的一项关键举措，其提倡发展学生个性，助力他们的全面、持续发展，充分激发师生介入各类教学活动的热情，打造更趋健全的知识结构，优化学生的专业技能，以满足社会、用人单位关于优质人才的实际需求。关注学生的个体差异是必要的，这是学分制得以贯彻的关键，引导学生深度认知自我，准确界定个人的个性特质，选择与学习兴趣、职业规划方向相契合的专业课程。但由于大学阶段、高中阶段的学习环境迥然相异，前者教学计划相对宽松且弹性大、学分制自由度高，步入大学的新生，往往有眼花缭乱、茫然不知所措之感，加之未能系统全面地建构知识体系，更无从知晓专业相关的边缘学科及交叉学科，这就导致学习规划的设计常常并不符合个人发展需求。由此造成的不良后果表现为：学分制功利倾向严重，学生选修课程的依据常常是获得学分的容易程度、考试考核严格与否等。盲目、毫无系统性的选课最终造成学生未能全面系统地建构知识体系，综合素质欠缺，实施学分制的基础上，引入导师制，为大学新生配备师德师风端正、学术素养高且兼具丰富教学经验的导师，在学生成长成才道路上为其指点迷津，这对于完善高等教育体系和培养优秀时代新人都将起到极为重要的作用。

（二）导师制保障大学教学与科研职能的发挥

在导师制的助力下，能实现对一系列教学资源的充分调动，尤其是学术科研资源，使学生获得个性化的指导与教育，这对于高校教育教学质量提升也大有裨益。实施导师制能够使学生获得更多渠道和途径参与学术科研，通过参与课题研究、完成专业基础性工作，萌生和激发科研兴趣。因此，导师制对于高校教研科研职能发挥起到更好更积极的作用。

（三）导师制促进学生的身心健康发展

高校就读学生以20岁左右青年群体为主，该群体三观尚未真正成型，无论是在生理上还是在心理上仍然存在明显的不稳定性特征。这一时期的学生往往具备天马行空的想象力及异常活跃的创造力，内心情绪不稳，易受外部环境所左右，敢闯敢试、自信自强。以上均是学生身上所具备的珍贵特质，然而一旦离开了正确引导，则易陷入失控的境地，会妨碍学生正确三观的形成和保持。实施导师制的关键在于准确把握好学生的个性特征、思维能力及兴趣偏好，深入挖掘个体潜能，锤炼磨砺专业技能，使学生成长为时代召唤、社会需要的优秀专业人才。

（四）导师制的实施有助于和谐校园氛围的形成

导师制能给教风、学风、校风都带来了一定的正向性影响。人与人之间的和谐是构建社会主义和谐社会的基础，而教育和谐在一定程度上决定了人与人之间的和谐。此处的教育和谐，即将推动学生的全面、持续发展确立为目标，不断发掘发挥该群体的潜能，以适应自身发展需求及社会发展趋势。教育和谐要将社会主义核心价值观作为指导理念，使之引领和谐社会构建的正确方向不偏航。

四、不同导师制人才培养模式

（一）年级导师制

年级导师制，即由院系承担相应责任，仅适用大一、大二学生的一种导师制。具体操作是：将班视作基本单位，一个班被安排一名导师，导师的主要职责包括推动有关教学活动，培养和提高学生的自主学习能力，向学生传授专业知识，把握学生的学习进度、选课规划以及成绩状况，解决该群体学习方面的其他问题；利用以身作则等方式，积极推动学生的思政工作，使其更具成效。年级导师制尽管能为低年级大学生提供诸多助力，然而一名导师往往要带大量学生，容易发生无法兼顾的问题，另外该导师制更侧重生活、基本学习这两块，无法给学生专业能力的培养和强化带来显著影响。

（二）全程导师制

全程导师制，即在学生入学至毕业的整个大学求学期间，每个学期均会为之配备指导教师，由导师为其提供聚焦专业范围的、系统的、连贯的指导，并在包括心理、思想及生活在内的各个方面，也提供一定的指导，助力学生的全面、迅速发展。诚然，如此操作需导师付出极大的时间成本及精力成本，给学校提出了较高要求，即务必要拥有充裕的教师、教学资源，只有如此才能为该制度的践行提供必要支持。

（三）科研导师制

科研导师制，即在学生的 4 年大学学习及生活期间仅为学生提供专业领域或研究方面的指导，至于其他方面则完全不负责。该导师制尽管在培养专业能力方面作用甚大，然而本科段的教学重在夯实基础，过度局限于专业培养有些情况下反而会妨碍、束缚学生其他方面的正常发展。

（四）全员导师制

全员导师制，即为每一名学生均配置一名导师，由后者为前者提供包括学习、心理及生活在内的各个方面的指导。该导师制对于导师的任职资格提出了相对宽泛的要求，允许是教学人员、科研人员、教管人员等。该类导师一人承担指导多名学生的任务，因此导学质量和效率不是很好。

（五）英才导师制

英才导师制反馈的是一种打造英才的教育教学理念，在资源上向那些优秀学生身上倾斜，配置最强的导师，旨在打造出尽量优秀的人才。在践行该种导师制的过程中，可能会遇到诸多困难：第一，不易界定何为"英才"及何为"非英才"；第二，即便顺利走完了界定流程，然而如此培养模式必然会导致"非英才"学生心有不甘，存在强烈的不公平感觉，明显违背了公平教育这一原则。

（六）思想政治教育导师制

思想政治教育导师制，即导师仅负责思政教育方面指导的一种导师制度。该导师制尽管有助于优化学生的思想乃至心理素质，然而无益研究能力的拔高，所以放在大学阶段并不是很合适。

第四节　书院制人才培养模式

一、书院制及其教育理念

（一）书院制

1.我国古代书院

在我国，书院历史颇为悠久，可向前追溯至六世纪的唐朝，终结于清代末期的废书院兴学堂运动。分析传统书院可知，其大多同时具备三大功能，即教学、研究、生活，是老师和学生一起研究学问的地方，也是他们的生活场所。书院在选址上颇为讲究，通常设置在环境清幽之地，在教育活动这一块，核心是学生读书，老师从旁辅导，学者、学子同处一室，彼此接触颇多、颇深，形成了颇为密切的关系。书院通常由那些学识渊博的学者或较具名望的学者团体创办，被划归到了民间办学组织的范畴，其教研活动主要由个人自发推动，表现出了相当强的自主性，所以，就教学形式观之颇具多样性，就教学内容观之颇具丰富性，就教学思想观之颇具开放性，强调对人的道德的塑造和拔高。由上述分析可知，我国古代书院是师生互动频繁，思想开放，知识多元，功能丰富的一种重要的文化育人空间。

2.英式住宿学院制

西方的住宿制学院孕自法国，受历史条件限制，其并未在法国流行开来，但是，英国牛津、剑桥两所名校的创举，为后来书院的运作和成长夯实了基础。"受空间所累，学生们要么寄宿在租赁而来的校舍之中，要么寄宿在旅馆内，随着学院住宿功能的愈发完善，学生以自发形式演变出了具有独立自主特点的社群，寄宿社群被纳入了大学的管理序列，为之配置了适宜数量的教师，最终架构了教师介入其中并发挥主导作用的寄宿生制度，进而萌生了所谓的住宿制学院"。100~500 名不等的师生聚拢在一个一定面积的、相对封闭的空间内，该空间配有多个功能区，主要包括宿舍、图书馆、活动室以及餐厅等。书院的诞生和发展并没有冲击到英国大学的系院结构，反而是两者形成了相对松散的联盟关系。纵观英式寄宿制学院可知，其实现了对教学、科研、文化、住宿这四者的有机融合，不仅是教学空间，亦是生活空间，还是享有高度自治权的一处教育空间。对于书院制而言，导师制是其核心所在，书院根据相应比例为学生配置导师，由导师为学生提供学习和生活上的直接指导。[1] 随着牛津、剑桥两所大学的不断发展，寄宿学院制度得到了充分巩固，也成了英国的一大传统，其英式住宿制学院模式后来被美国、加拿大、墨西哥、荷兰、德国、澳大利亚、新西兰、新加坡等多个国家的高等学府所借鉴。

3. 现代大学书院制

对于我国现代大学书院制的起源，一些学者持有的观点是其可追溯至香港中文大学，事实上，中国内地在创立书院制的过程中确实在某种程度上参考、借鉴了香港中文大学的模式。钱穆先生在新亚书院确立初期就明确指出新亚书院"旨在上溯宋明书院讲学精神，旁采西欧大学导师制度，以人文主义之教育宗旨，沟通世界中西文化，为人类和平世界幸福谋前途"。其书院的基础有二，一个是中国古代书院，另一个是英式书院，又和它们有所区别，创新之处体现在以课程、活动这两者为基本依托，为学生创设了颇为优质的人格养成场域，方便不同背景学生展开全面且深度的交流，提高师生沟通效率，重在发掘发挥文化育人功能，强化学生的综合素质，最终达成促进人的全面、

---

[1] 陈思羽,李亚芹,刘春山,等."互联网+"背景下高校学生"导师制"管理方法的研究 [J]. 中国管理信息化,2016,19(19):223-224.

持续发展的目的。

（二）书院制人才培养模式的教育理念

1. 自由教育理念

自由教育（Liberal Education）可向前追溯到古希腊，是由亚里士多德首次提出的，见于他的《政治学》这部著作中。他将自由教育界定成聚焦人之本质发起的追问，核心反映在关注人的道德并强调推动其健康发展，动态拔高人的理性价值；早在文艺复兴时期，卢梭发表了个人关于自由教育的观点，即它是一种契合、遵循了自然规律的教育；18世纪之后，自由教育更为流行，被赞誉为"理智的教育"；21世纪，科学知识迎来了令人震撼的爆发式增长，如此背景下人们的知识需求呈不断上行之势，自由教育又被赋予了"普通教育"的身份，具体而言在传授一般自由知识的过程中，有目的和规划地强化学生这一群体的实操能力，自由教育自此之后蜕变成了面向学生这一群体的、具有广泛这一特点的文化修养教育，即演化成了通识教育。

自由教育理念大行其道是很多哲学家们为之正名、发力所取得的结果。布鲁贝克认为，在情况越是特殊时，知识便越是会表现出经验性的一面，此时教育便愈发的不自由；分析哈钦斯创立的永恒主义教育观能够了解到，它与自由教育观联系紧密，堪称一脉相承；张楚廷曾聚焦自由教育展开过相关研究，梳理了它的三大基础，分别是自由知识、自由学术以及自由学科。以自由教育为对象做进一步解释时，基础反映在自由知识上，而需要指出的是更为基础的概念仍然是人，除了人之本性和人之自由之外，还包括人之理想。[1]

耶鲁大学是自由教育的倡导者和实践者，在这一理念的助力下，

---

[1] 李枭鹰.高等教育哲学论[M].北京：中国社会科学出版社，2019：132-136.

耶鲁大学蒸蒸日上，成功跻身了全球一流大学行列。曾在耶鲁大学行使过校长职权的贝诺认为，自由教育拥有多项功能，具体包括释放人的个性，增强人的自主精神，帮助学生具备更高水平的集体主义精神，使学生勇于交往，乐于和他人建立合作关系，自由教育应当能为社会提供一定服务，教育的功能不局限于求职，更体现在生活上。[1] 由其观点不难发现耶鲁人对于自由教育的高度认可和持之以恒的捍卫。耶鲁在推动自由教育的实践中尤为关注两点，一个是本科教育，另一个是学院生活，特别是发端于欧洲的住宿学院制更是给该校的人才培养带来了莫大助力。

2. 通识教育理念

通识教育（General Education）思想可追溯到古希腊时期，孕自于那时形成的自由教育理念。随着时间的不断推移，自由教育理念发生了巨大改变，不再是针对自由人进行的公民教育，而是演化成了与专门化教育相呼应的一种教育，即所谓的通识教育模式，其主要特点是更为广泛、更为基本。

帕卡德曾经提到过："我们想为青年提供一种 general education，一种古典气息浓郁的、兼具文学色彩的、充满科学思维和特质的综合型教育。它可被理解成在学生进入专业学习阶段之前所做的准备工作，即对待接触的知识予以一种整体性、概括性的认知。"该观点表现了美国高校对通识教育这一概念和模式的普遍认知。第二次世界大战之后，美国通识教育理念获得了更为广泛的传播，叩开了多个国家的大门，中国香港、台湾两地早在二十世纪中期便开启了关于通识教育如何本土化的探索，中国除香港、台湾两地的其他大学一开始学习的是苏联模式，直至改革开放之后才逐渐注意到通识教育。至于通识教育在我

[1] 张旺.自由教育理念成就世界一流大学——浅析耶鲁大学的自由教育理念 [J]. 比较教育研究，2006，27（5）：47-50.

国的实践，其起步于二十一世纪初，发端于北大的元培学院。

在通识教育方面，美国毫无疑问是最具影响力的国家，其最具影响力的是哈钦斯所发起的专项教育改革。他认为需要继续拓宽、延展通识教育的实际覆盖区间，不可局限于大学教育，应面向全体自由人，如果想打造一所成功的大学，则务必要积极践行通识教育。在1929—1951年这23年时间中，哈钦斯曾长期在芝加哥大学担任校长一职，他在任职期间大力践行通识教育改革工作，尽管遭遇了被迫辞职，然而该所大学已然确立了相当明晰且稳固的通识教育路线，其通识教育模式迅速在美国流行开来，成了美国诸多高校推动通识教育的一种主流模式。现阶段，中国境内采用了书院制人才培养模式的这一类大学（复旦学院便是该领域的代表）不仅参考了本科生通识教育，也借鉴了住宿学院制。历经多年发展和积累，复旦学院已在通识教育领域取得了非凡成就，堪称国内高校通识教育的一个代名词。

3. 儒家人文教育理念

儒家文化影响深远，是中国传统文化体系的核心，在数千年的成长历程中积累了尤比深厚、极为深刻的古典人文教育内涵。《周易·贲·象辞》记载："刚柔相错，天文也。文明以止，人文也。观乎天文以察时变，观乎人文以化成天下"。在传统儒家思想中，"人文"即"人理"，人之作为人的生命意义、价值规范、伦理要求即是"人文化成"的意义。

儒家的思想认为，士人的文化使命是"以道改造社会，以道改造自身"。孟子提出"穷则独善其身，达则兼善天下"的价值观，便是该种儒家思想的一种集中反映。儒家士人是古代书院的创立者、组织者，那时的书院在精神、制度及文化上无不和儒家人文教育理念密切关联，书院也蜕变成了儒家教育理念及模式的践行之地。

朱汉民曾聚焦儒家所推崇的人文教育理念进行过专门研究，其指出此理念主要涵盖以下内容：第一，人格培养。儒家尤为推崇"道"，到了终身以为志的地步，在儒家眼中，教育价值集中体现在推动整个社会群体朝着"人道"化的方向发展，打造一个拥有高尚道德的、远大理想的、能做到和谐共处的群体，务必要将更多的人塑造成良善者，以及道德水平达到一定高度的人，儒家一以贯之的教育目标是打造更多在道德上达到完善之境的社会个体。"从心所欲，不逾矩"，这是儒家所大力倡导的主体性道德人格，其蕴含有相当浓郁、发人深省的人文教育气息，而纵观该人格教育方法可知，其核心反映在追寻践履、道德理性这两者的和谐共处、有机统一。第二，自由讲学。该种模式在古代私学领域相当常见，在书院的助力下，使得自由讲学得以出现和发展，进而进一步增益了书院的自由气氛，为其百花齐放提供了有利条件。第三，以学生为中心。孔子最早提出启发式教学法，主张"不愤不启，不悱不发"（《论语·学而》）；孟子也主张自己的弟子自学为主，提出"君子深造之道，欲起自得之也"（《孟子·离娄》）。均反映了儒家所宣扬的人文教育理念，即充分尊重学生的主体地位，并最大可能地激发这一群体的主观能动性。

在我国古代，书院扮演着重要角色，是践行儒家人文教育的关键路径之一，在不断实践中孕育了独树一帜的书院文化，也成为了当代大学书院制改革得以顺利推进的不可或缺的历史底蕴。

二、书院制人才培养模式的发展动因

（一）国家大政方针和教育改革对人才素质的要求

历经数十年积累之后，中国高等教育已形成了颇为可观的规模，在数量超过某种水平的条件下，推动配套改革，优化其质量已蜕变成一大核心任务，也表现出了相当的紧迫性。"将立德树人上升至教育之根本任务的高度，全面践行素质教育工作"已经成了当下党的教育工作的一项重要内容。《纲要》也专门提到，要积极提升人才培养水平，有目的和有规划地打造高素质人才，尤其是创新人才。此类政策的出台反馈的是国家关于进一步优化人才培养质量的高度重视。在跨入新的历史时期之后，国际形势更趋复杂且多变，加之科技发展的日新月异，促使国家对人才质量提出了更高标准，不再局限于之前的专业发展，更为强调人的全面发展，要求在培养学生的实践中不仅要提升其道德水平、沟通能力，还要厚实其人文修养，激发其创新精神，强化其实践能力，以此打造出综合素质更高的人才。值得一提的是，在社会多元化背景下，单一模式愈发无法适应，因而对人才培养工作提出了更多、更严格的标准。

（二）创新型人才培养对现有人才培养模式的改革需求

基于科研层面观之，学科之间的交叉及融合为关键性科学发现奠定了深厚基础。从二十世纪八十年代后期开始，我国专业数量便踏上了不断增多的道路，其间形成了不少具有跨学科特点的专业设置，如生物工程等。专业设置彰显了社会需求，单一学科模式的先天局限性使其愈发无法适应我国高速发展的脚步。就诺贝尔自然科学奖评选这一盛事而言，跨学科研究已成为其主流，反映了科研活动的当下重点和未来走势。由现状可知，单一学科的研究已臻成熟，新的科技突破更依赖于不同学科的交织和融合。以区域经济发展为代表的一些社会问题也同样离不开关联领域的合作式研究，如此才能厘清问题及其成因，进而提出更具针对性和效能的解决办法。基于创新型人才培养这一角度观之，在面对综合型科学问题时，一方面要求学者对本专业的把握达到一定高度，另一方面要求其拥有多学科背景，能灵活整合和运用相关研究方法。创新型人才是相当难得的，其学术视野要尽量宽阔，其思维品质要具有高度的创新性，值得一提的是前者是后者得以形成的基础。分析大学生这一群体的学术视野可知，其主要由三点决定，一是兴趣爱好，二是知识结构，三是人文修养。所以，应聚焦传统人才培养模式予以针对性调整、优化，从而为社会输送更多、更优质的创新型人才。

（三）书院制适应高校提高学生综合素质的需要

我国自 20 世纪中叶便掀起了广泛且深度的院校改革工作，其直接成果表现在为国家输送了数量不菲的专门化人才，为各个时期的社会运作和发展提供了有力支撑。然而以当下眼光观之，精细型的专业设置存在不少弊端，尤其是加剧了不同学科之间的隔阂，妨碍了彼此间的正常交流，进而压制、弱化了人的创造性，所以无法契合我国人才培养的当下需求。纵观国内高校学生管理领域可知，以校院（系）科层制管理为主流，依据专业安排教学及关联活动。在学生规模逐年扩张的背景下，自上而下的学生管理方式有其优点，可以节省相当可观的成本，为教学工作的效率推进提供了有力支撑。

分析教育过程可知，其是将知识传授给学生的过程，同时还是将学生打造成人才的过程。培植大环境扮演着重要角色，在教育教学实践中广泛且深度地影响着学生，助力其优质综合素质的形成，这也是国内不少大学引入书院制的主要目的。书院制是一种不错的补充，能在一定程度上缓解学院制的缺陷，例如对学生综合素质的教育发力不够等。引入书院制，打造了基于书院这一基础单元的教学、生活社区，架构了能为师生密切接触、和谐共处提供有力支撑的新型育人平台，凸显了理念层面的创新，"其内在核心逻辑是在社会上形成大力培育人才的风尚，在培养人才学术能力的同时，也进一步强化其社会融合能力"。书院制实现了对生活空间的有机转换，使之成为了难得的育人空间，遵循助力学生综合发展这一目标，进行全方位，立体化的育人成才活动，帮助学生在文化知识、科研能力、性格塑造等诸多方面均达到一定高度。在实际操作中，契合了全面优化学生素质的客观需要。

三、书院制人才培养模式的常见类型

（一）"书院＋专业学院"式人才培养模式

"书院＋专业学院"，顾名思义，即新型书院携手专业学院共同打造的一种育才模式。该模式由两大阶段组成。在低年级阶段，由书院发挥主导作用，由其推动第二课堂非形式教学，同时兼顾学生事务管理；进入高年级阶段后，由专业学院发挥主导作用，组织和推动平时的专业课程教学，书院退居二线，在推动学生事务管理的同时进行一定的第二课堂非形式教育。在运用如此培养模式的过程中，不仅关注第一课堂教学，也较为在意第二课堂非形式教育。在我国，已诞生了多所采用了如此模式的新型书院，如复旦学院等。下面也以复旦学院为具体案例做相关介绍。

2005年9月，复旦学院投入正式运营，是复旦这所名校推动通识教育的主要机构。2012年7月，该学院接受了改制，形成了新的、更契合社会需要的复旦学院（本科生院）。"原复旦学院覆盖范围有限，仅面向一年级本科生；新的复旦学院则被赋予了更大'权柄'，由其统筹本科教育阶段的全体事宜，有效疏通了人才培养的一应环节。"新复旦学院增设希德书院，与志德、腾飞、客卿、任重四大书院一起，贯穿整个本科教育阶段。同时，复旦大学将"普通教育、基础教学、专业教学"有机结合，进一步深化不同学科之间的融合，为学生提供更多、更适宜的实践条件和平台。复旦大学从国际上汲取了大量宝贵经验，积极践行了"以生为本"这一理念，在践行本科教学体制改革这一块走在全国各大高校的前列。

　　腾飞书院隶属新复旦学院，是其旗下的五大书院之一，其名称源自老校长李登辉先生。其在复旦大学担任校长一职期间便明确提出了健全学生人格这一先进教育理念。腾飞书院是一个聚焦工程技术培养的学院，在区域上横跨两大校区，一个是邯郸校区，另一个是张江校区。书院相继组建了四大委员会（图5-3），并明晰了各委员会的权责，依托一应工作的稳步推进，全方位助力书院发展，形成相当鲜明的办学特色。

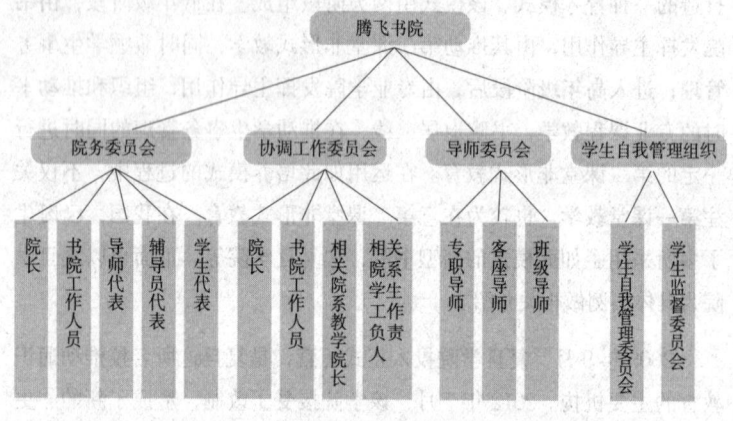

图 5-3　腾飞书院组织机构图

　　分析复旦学院现行人才培养模式可知，学生（本科段）将会在书院度过四年求学时光，学校对部分院系实施所谓的跨院系大类招生，即采用大类培养做法，在学生报到入校之后，结合他们的特长，同时考虑各专业的既有培养方案，从而实现对选修课程的确定，并在学院要求的时间范围内（一般定在了首个学年的暑假）依据所属大类完成对专业的确定。在专业选择方面，学生被赋予了数次机会，专业确定之后便会进入专业学习阶段，若未能选上，那么依旧学习大类课程并准备迎接后续轮次的专业选择。不难发现，复旦学院本科生的学习被划分成了不同阶段且各有侧重，具体是：前1~2年，结合个人兴趣选修相应的大类课程，其间可选择性地介入第二课堂的学习，这一阶段书院充当责任主体，负责推动课程教学工作，也负责学生事务管理工作；在选好专业之后进入专业学习阶段，此时由专业学院充当责任主体，推动教学及其管理工作，至于书院则在学生事务管理方面发挥作用。

（二）"书院＋专业学院"式人才培养模式

分析"书院＋专业学院"式人才培养模式可知，其实质是书院、专业学院携手办学、有机分工的一种育人模式。在这一模式中，学生被赋予了"双重身份"，不仅归书院"所有"，也归专业学院"所有"。书院主管学生事务，专业学院则主管教学事务，两者有机协作，共同发挥育人作用。

在我国，启用了该模式的新型书院目前已有不少，西安交通大学便是该方面的代表，下面便围绕该大学所采用的书院制人才培养模式进行相关介绍。

2005年，西安交大确立了"书院制"这一新颖改革思路并付诸了行动，即通过投运"文治苑"开启了试点活动；2008年，书院制面向校内本科学段的所有学生全面落实。该高校打造了更具时代气息的育人新环境，高度肯定了"学问与人生砥砺合一"的地位，认为这才是契合当代人才培养要求的教育观。自2005年开始，西安交大相继打造了8所住宿书院。此类书院和专业学院保持平行关系，学院主管专业教育，书院除负责通识教育之外，还负责非形式教育，两相结合助力学生的全面发展。曾在该校担任过校长的郑南宁先生曾专门提到："书院关注的是学生学业，积极打造和健全第二课堂，重在引导学生形成健全人格，将之培养成有思想、有道德的人。"不难发现，书院、专业学院各司其职，被赋予了明确分工。

西安交大设立了8所书院，且使得各个书院具备了差异化的育人特色。例如，彭康书院关注的是文化育人，文治书院强调的是品行培养，宗濂书院则提出了为国家输送优秀公民的口号⋯⋯

在西安交大，基于学生专业将其安排进相应书院，是一种被动式的安排。以文治书院为例，其开设的专业包括机械工程、测控技术和法学等。尽管以被动方式完成对书院的选择，然而学校依旧尽可能地让各个书院均做到文理有机交融、专业高度互补。

西安交大的"双院制"模式历经多年发展逐步形成了鲜明特色和优良传统，专业学院将更多注意力放在了培养专业人才上，采用的是传统学院制以保证教育教学效果，书院则将更多时间和精力投放到了通识教育、人文素养教育这两大块，旨在进一步发掘发挥其合力育人之效。

（三）"书院＝专业学院"式人才培养模式

即书院、专业学院有机融入、共同参与的"一体育人"模式。在该模式下，书院被赋予了教学实体的身份，主打基于"小而精"这一理念的人才培养模式，关注第一课堂教学的践行效果，重在夯实学生基础，并把学生的专业知识学习活动、非形式教育活动安排给书院。例如苏州大学的唐文治书院便是如此。

2011年，为深度践行"卓越人文学者教育培养计划"，苏州大学参考了包括剑桥在内的多所国际名校的住宿学院制，打造了"唐文治书院"。该书院在推动本科教育的过程中，有机联系了研究生教育，实现了对两者的深度融合，打造全新的、更具效能的研究型教学模式，且逐步确立了民主办学的特征。在教学实践中是，唐文治书院每年均会对文史哲专业的本科生进行严格考察，基于择优原则将三十多人选拔进书院，并将他们的学籍也一并转入书院。

唐文治书院尤为关注对复合型文科人才的打造，为之提供了大量的教学及科研资源，还规划和启用了新颖的、更具效能的人才培养方案。例如在对课程进行设置时，着力贯通了文史哲，立足文科基本，重在解读中国文化的"原典"，聚焦经典进行系统研读，在打造通识课程的过程中尝试和主体课程进行了有机兼容，形成了有机嵌套的课程体系。该书院还引入了教授联合授课这一新颖方式，在推出小班授课的同时，还发掘了小班研讨的潜力。书院还积极优化各类导师的配比，为学生提供了全方位的导师支持体系。

唐文治书院设立了培养卓越人文学者这一颇具深度的目标，形成了"小而精"、强调实效的书院体制，深化了专业学院、新建书院之间的联系并打造了基于二者的一体育人模式，不仅具有鲜明的独特性，也极具代表性。

苏州大学的敬文书院在风格上和唐文治书院颇为接近，然而在育人形式上却存在不小差异。类似之处体现在，敬文书院也会以新进本科生为对象，执行择优选拔的做法，每年均会引进一百多人，且不会在专业上设限；差异之处体现在，此类学生被赋予了双重身份，既属于专业学院，也属于书院，前者主管专业教育，后者重点抓非形式教育，强调对人的人文素养的不断拔高，从而发挥和专业教育互为补充之效。

第五节　中外合作办学人才培养模式

一、中外合作办学全面认知

（一）中外合作办学的涵义

纵观中外合作办学可知，它是教育国际化于中国境内的一种特殊表现形式，亦是中国高等教育体系的关键组分，为中国当代教育事业的运行和成长提供了极大帮助。二十一世纪伊始，《中华人民共和国中外合作办学条例》（以下将之称作《条例》）正式付诸实施，其中围绕中外合作办学这一名词予以了专门界定："外国教育机构参与，携手中国教育机构于中国辖区范围内共同组织的、将中国公民列为基本招生对象的一类教育活动。"

我国教育部网站聚焦中外合作办学事宜开设了配套的监管专栏，动态公示相关资料，方便外界随时搜索和查看。对此类资料予以梳理和总结，能了解到我国当下的中外合作办学形式并不多，最常见的有两种，一种被称作中外合作办学项目，另一种被称作中外合作办学机构。又以前者居多，即在推动合作办学的实际操作中，无须架构配套的教育机构，而是参与双方围绕某个或某几个专业展开合作，如此模式能大幅压缩运作成本，也能明显简化办学流程。

值得一提的是，《实施办法》中保留有如下规定：在推动中外合作办学项目的过程中，禁止通过互认学分这一方式进行学生交流活动。有学者指出，对于国际上业已存在的优质教育资源，应持科学引进、高效利用的态度，这也是开启中外合作办学活动的初衷及核心。高水平的合作办学给参与双方提出的要求是，务必要在包括办学条件、教育教学以及管理在内的诸多方面进行实质性合作。有鉴于此，高中国际班单方面引进和开设国际课程，大学之间一般性质的跨校交流活动、留学预科班等便被排除在外了，即不可将之划归到中外合作办学的范畴。

（二）中外合作办学的特点

1. 维护教育主权，保证本土文化安全

教育主权，即一国享有的、遵循独立自主原则开展教育活动的权力，能自由处理和本国有关的各种教育事务，而无须受他国干涉，值得一提的是，这也是国际法所倡导的基本原则。

在跨境教育不断冲击的背景下，发展中国家一旦应对不当，便会无力管控进口高等教育的运作和发展，造成本国在高等教育方面享有的包括自治权和发展权在内的各种权力大受侵害。不少学者对中外合作办学持有担忧态度，认为此类办学尽管能吸纳一些国外优质教育资源，然而也可能传入一些和本国主流培养思想背道而驰的理念，怎样在保障本土文化足够安全的基础上，兼容并蓄他国所长，以此助力跨境高等教育的高效运作和健康发展，怎样把握好这里面的度，打造共赢之局面，是教育界应当着重解决的问题。

我国教育主权是神圣的，是不容侵犯的，坚持这一点很关键，是中外合作办学活动得以进行的基础，亦是前提。打造国际视野一流，家国情怀浓重的优秀人才，是我国高等教育在践行其国际化战略时设立的一个尤为关键的目标定位。所以，妥善维护教育主权，确保其免受侵害，是我国本土文化安全保护工作的关键所在。以《中华人民共和国教育法》为代表的相关法规均围绕中外合作办学予以了不同角度的规范，确保既定的办学方针、理念以及原则等不会在外界干扰下发生偏差。

2. 维护教育公益性，保证教育主体利益

在经济水平不断提高的背景下，教育服务引发了跨国教育机构的关注并将之纳入了服务贸易的范畴，在巨大经济利益的刺激下，中外合作办学获得了空前发展，其市场化进程一再加快，借此盈利演变成了一大主流办学目的，造成其公益性备受削弱和质疑。

为规避此种局面的恶化，《中华人民共和国中外合作办学条例》等旗帜鲜明地提出了要求，应把教育服务同常规的服务贸易明确区分开，更不可将之视作货物贸易。对于此类项目存在的乱收费等一系列错误做法，务必予以高强度的打击并使之消失，确保中外合作办学宗旨的正确性与合理性，坚定高举教育事业的公益性大旗，助力和保障其可持续发展。

在保障教育公益性不褪色的条件下，也理应为教育主体创造一定利益。纵观中外合作办学项目可知，其主体有三个，除中外合作办学者之外，还涉及师生，务必要充分保障上述主体的利益，即让相关各方能得到合理、公平的回报。应对教育主体加以引导，使其形成因教育而享受到回报的观念，而不是出于获利而参与教育，即支持合理回报的存在，值得一提的是此回报应当是奖励性质的，而不应当是投资取利性质的。在这一问题上，我国始终坚守原则，还基于法规层面进行了积极探索，例如《民办教育促进法实施条例》便基于通过何种路径取得合理回报做了有关说明。

3. 建设质量保障体系，保证合作办学质量

对于中外合作办学事业而言，办学质量是核心所在，是该领域全体举措的立足点。随着时间推移，中外合作办学更趋市场化，使得学生不再是单纯意义上的受教育者，而是被赋予了教育消费者的身份。教育供给方在盈利等因素的影响下，只能通过下调考核要求等方式去

确保一些能力不足的"消费者"能顺利跨越毕业这道坎。表面观之，学生得偿所愿，但事实结果是教育成果落后于预期，导致该部分学生的教育利益没有得到充分保障。

打造更趋健全的质保体系，防止教育质量滑坡，基于保障学生利益的角度去看待问题，维护好该群体的应得利益，这也是合作办学实践中要尤为关注的问题。在保障办学质量这一块，我国针对中外合作办学设计和出台了诸多措施，相信在不久的将来，一个科学合理、行之有效的中外合作办学质保体系势必能诞生。

（三）中外合作办学的意义

在改革开放之后，随着我国对外交流的日渐增多，中外合作办学应运而生并获得了极快发展，为中国当代建设贡献了大量优质人才。在实践中，我国和其他国家建立了稳定的合作关系，积极吸纳国际上的优秀教育理念，学习了不少先进教育模式，使得中国高等教育的整体实力得以更上一层楼，让学生不出国门便能享受到国际上处于前沿位置的教育经验、技术和其他资源，优化了我国各大高校的办学能力，同时节省下了相当规模的人力、物力及财力。大于中国高等教育而言，能进一步加速其国际化进程。

二、中外合作办学典型人才培养模式

（一）融合型

融合型模式，即中外高校在协商一致基础上携手在我国辖区范围内联合创设国际性大学的这种方式，对中国本土教学模式、国外先进教学模式予以有机融合，从而实现对人才的更为高效的培养。分析该模式可知，其具有下述特点：

1. 创办独立的合作法人实体

该模式的核心载体是拥有一个具有独立特点的合作法人实体，具体来说主要依托合作办学方式予以实现的。由于被赋予了独立法人的身份，该实体依法取得了一定的自主管理权，有权决定自己的各方面事宜，包括教育目标、教学计划、教材以及收费标准等。被赋予了高度的内部管理权，能自主搭建本机构的领导团队，有权组织、处理内部的诸项事务，如教师队伍的完善等。该组织不可违背"不以营利为目的"的初衷，在此前提下有权管理、运作自身的全体财产，并享有相应的受益权。

2. 开展全方位、多层次的合作

该模式的一个突出特点是，中国学生在不出国门的情形下便能享受到国外教育，此类学校不管是在日常管理方面还是在教师配置方面又或是在教学组织方面均借鉴了西方社会的那一套，并与国内教育做了接轨、融合，为中国学生供给了堪称另类的留学教育。因此，融合型模式备受中外高校的共同认可，在诸多模式中合作程度最高。

（二）嫁接型

所谓嫁接型模式，即参与合作的双方依旧沿用各自之前的教学模式，其间对另一方的课程予以评估，采取互认学分的做法，在学生的学分超过规定之后，便有资格取得合作双方的各自证书。在具体操作中，合作双方会在大量协商基础上达成较为固定的合作关系，又或是共同推出一定的合作项目，就形式观之，除合办专业、分阶段培养之外，2+X、3+X 的形式也较为常见。该种模式有别于融合型模式，最显著的差异是融合型更热衷合作办学这一形式，可被划归到全方位合作的范畴，至于嫁接型模式，其仅聚焦于特定领域，能让各自特点均得以保留和延续。两种模式的相同之处是均能供给跨国界式的教育。

（三）松散型

纵观松散型模式可知，其主要特点表现在合作双方尚未形成足够稳定的合作关系，也未推出长期的合作项目，主流做法是邀请国外名师赴中讲学，同时安排己方教师出国深造，或为学生提供为期不会太长的国外学习机会。主要目的是了解国外比国内更为先进的教学内容，从国外适时适度地引入所需教育资源，对接国际，强调的是渐进式发展，这也是国内高校的主流做法。该模式给我国大学教改工作提供了颇为重要的指导价值，也展现出了较高的可操作性。在合作考察期间，高校不妨使用这种模式，多措并举地吸纳国际上处于先进地位的办学模式和教法，厚实自身的办学根基，培养契合国家当下需要的足够优秀的国际复合型人才。

（四）移植式应用型

该种模式指的是全方位引入合作对象（国外高校）的各种资源，包括学位设置、课程安排、教材使用、教师队伍以及测评模式等。实际操作中引进对方的教师、教材、课程计划、录取标准、考核标准、学位授予，全方位使用合作对象的教学模式并组织有关的教学活动，以期打造专业知识储备充足、技能一流、责任感十足的人才。以华南师范大学为例，其经过一系列考察最终决定和澳大利亚的墨尔本理工大学建立合作关系，全方位采用澳方课程体系，要求教师坚持全英文教学，以期打造出专业素质更高、实践能力更强的国际实用型、综合型人才。

（五）公司＋学院型

该模式的突出特点是通过涉外教育机构等搜集和掌握相关国际信息，在此基础上对接国外高校，推动联合办学。国内有关高校形成了优势互补关系，形成合力共同推动和国际名校的项目洽谈，学习后者的专业设置等各个方面。分析该模式可知，其合作程度停留在较低层次，大多囿于某几个甚至某个专业。由现状可知，其应用并不广泛。

三、中外合作办学人才培养模式案例

（一）上海大学悉尼工商学院

1.办学理念

上海大学悉尼工商学院由两所高校联合创办，一方是上海大学，另一方是澳大利亚悉尼科技大学，是一家附属于上海大学的、具有一定独立性的二级学院。其早在 1994 年 7 月便投入正式运营了，积极引进和融合国外智力，参考国外已经进入成熟阶段的教学模式和方法，依托国际化环境有目的、有步骤地培养本学院学子的国际意识，提高其国际交流能力，开设了和世界接轨的多门专业课程，确立了坦诚开放、兼容并蓄、强调实用、积极进取的办学风格，广受业界学者好评，认为该学院在跨文化外向型人才培养这一领域做出了积极且成功的探索。

2.教学模式

该学院借鉴了澳方的先进教学内容及方式，还结合本身实际形成了特质凸显的教学模式。在英语教学实践中，大力发掘中、外籍教师资源并使其优势得到了充分发挥，开启了分级分模块这种颇为先进的教学方式，一个学期配置一种英语模块，还推出了小班授课模式（班上人数控制在 22 人以下），在一个学期正式完结之后，考核学生英语总成绩并将之放到全年级中排名，结合成绩高低，实施新一轮的分班，再组织后续模块的教学活动。在专业教学方面，也参考了澳方的教学模式，有机引入了两大模式，一个是案例教学，另一个是实践教学，在具体操作时，采用的是"理论授课＋研讨"这一教学形式（均为 2 节 / 周），提倡自主学习，着重培养人的自学意识和能力。在实践中，积极发掘发挥资源方面的优势，保证了教师互通效能，打造了教学效果互补的局面。

3. 课程设置

在引进澳方课程这一块，该学院起初采用的是全盘复制这一做法，随着时间推移，逐步将之调整成了改造式引进，进而发展到了现如今的共同开发模式。在学生的专业课体系中，有八成被要求必须使用原版教材，考卷方面采用的是中英交叉命题形式，英语被赋予了基本教学语言的地位。在长期运作中，学院有目的、有步骤地引进澳方课程，尤其是部分专业极具前景的主干课程。[1] 在本科段的合作教学实践中，前两年不仅要修满中国学位制度所要求的各门公共课以及基础课，还应主修澳方本科段首个学年的专业基础课，值得一提的是无论是英语课程还是专业基础课均一律选用英文原版教材，后两年百分百使用引自澳方的核心课程，一个专业之下涵盖 8 门课程，中澳双方围绕教学过程实施全方位、细致化的监控，对学生所取得的学分采用互认制，在考试达标之后授予合作双方均认可的学士学位证书。2006 年上海大学第一届成功取得中外双学位的这类本科毕业生诞生于悉尼工商学院。

4. 师资队伍

该学院打造了一支稳定系数大、专业能力过硬的师资队伍。强调对外籍教师先天优势的发掘发挥，引进了一定数量的外籍教师及管理

---

[1] 杨旭. 高校中外合作办学课程教学质量提升策略 [J]. 现代交际,2021(24):192-194.

人员，使得外籍教师队伍得以不断壮大，不仅如此，还定期聘请访问型教师开展短期讲学活动。外籍教师均已成功取得了语言教师资格证书，也积累了较丰富的教学经验，在拔高课堂质量上发挥了不俗作用，另外在包括教学规划、教材编写以及教学实施在内的诸多方面也扮演了重要角色。分析该学院外籍教师的"出处"可知，其主要来自英美澳等以英语为母语的国家，为学院全英语教学环境的形成奠定了必要的基础。遵循高起点这一原则去筛选本土教师（50%以上取得了博士学位），定期安排中方教师深入合作院校接受业务方面的培训，拓展、加深其关于对西方教学模式和方法的认知，积极学习并把握国际上较为先进的教学模式等，依托原版教材严格、高效地推动双语教学，提升教学水平，打造更多、更优质的国际化人才。

（二）四川省师范大学

在高等教育国际化进程不断加速和深化的背景下，我国西部地区的多所大学也积极参与到了中外合作事务中，以四川师范大学为例，其在充分考察的基础上和澳大利亚福林斯德大学建立了合作关系，共同推出了2+2项目合作。这一项目提前征得了四川省教育厅的正式批准，至于合作领域主要聚焦在两大专业，一个是通信与信息技术，另一个是商务信息管理。

1. 项目的合作内容

培养对象是通过国家高考选拔的，并达到四川师范大学录取线的学生，除正式本科生外，还包括一定数量的专科生。

一、二年级学生于国内接受相关教育，修完对应阶段的所有专业课程且在学分上要超过72个，另外英语要达到一定水平；三、四年级学生专业课程的学习则被安排给了澳大利亚福林德斯学院，在学分上也必须超过 72 个。

在培养计划所要求的课程全部学完且学分符合规定之后，此类学生会成功取得双文凭。

2. 合作项目的特点

中外高校共同参与教育管理。自教学计划设计开始直至最终的教学效果评估，均由合作双方通过协商的方式予以推动，如此较妥善地解决了较为棘手的课程衔接问题。

互认学分。学分互认彰显了更趋明朗的教育国际化趋势，尤其是有效化解了出国深造、继续国内上学所涉及的衔接问题。

在这一项目的助推下，能实现对国际优质教育资源的充分引进，在深度融合中外教育体系方面起到了重大作用，发挥出了优势互补的积极能效。

（三）宁波诺丁汉大学

2005 年 6 月，宁波诺丁汉大学宣告成立，是国内首所中外合办性质的高校，不仅配置有独立校园，同时也取得了独立法人资格，是一所典型的中外合作办学机构。在我国境内启动、践行了全英模式教育，是中国教育史上一次颇为重要的创新之举，进一步深化了与国际上高等教育机构的联系。

1. 教育理念

该高校始终坚守国际化、本土化深度捆绑式的办学道路，一方面有机移植了英国诺丁汉大学的特色项目，另一方面和中国国情、校情进行了充分结合，营造了中英优势互补的局面，以期创建一流教学水平的中外合作高校。在教学实践中，肯定了学生的中心地位，强调对学生个性的发掘和塑造，着重强化其认知能力、智力素养以及批判精神，实事求是地评价学生课业成绩和有关能力并做到了理性引导。利用展示有关作品、发掘知识内涵的路径，去推动探究式的基础教学活动，在探究实践中有目的、有方法地激发人的求知欲，强化人的洞察力，借此打造创造性十足的、理性思维过人的、能高效应对复杂问题的优秀人才。

2.教学模式

该高校的教学呈现出下述特征：第一，高度关注学生的学术训练，采用了全英语课堂教学模式（EMI）。不仅投放了学术英语课程（EPA），还投入大量资源打造了发展英语语言教学中心（CELE）。英国诺丁汉大学打造了一支综合实力过硬的专业队伍，与宁波共同出力设立了CELE研开小组，立足宁波诺丁汉的特点和需求为之打造一个极具潜力的学术英语教学项目，并为之投入了强大的师资力量。聚焦各门学术开启了专项训练，着重激活学生的创新能力及其科研精神，将学生打造成懂学习善思考的人才，在培育其创新意识的同时，不断强化其实践能力。第二，形成了全英语的教学环境。在教学实践中引入了英方的先进教学模式和理念，依托交换项目把讲英语的师生引进了我国，创设了全英语的优良教学环境。第三，在课堂教学这一块，综合运用了包括研讨课、导师辅导课及课程论文在内的多种方式。在各个阶段均会安排对应的论文撰写及项目讨论活动，旨在不断发展学生的创新思维及强化其实际操作能力。

第六章

互联网时代高校学生管理探索与实践

第一节 互联网＋高校思想政治教育

一、互联网与高校思想政治教育的关系

（一）互联网给高校思想政治教育带来了新理念

纵观我国高校的传统思政教育会发现，灌输一直是主流，大学生处于被动接受的位置，缺乏主动性，而在互联网时代背景下，思政老师不再是仅有的知识获取途径，大学生完全可以借助互联网去搜索、获取所需知识，在便捷性和丰富性上甚至远超传统授课途径，该种情形下也需教师和学生的一起参与，思政教师应及时更新个人观念，学习并具备互联共享这一先进的思维意识，肯定大学生这一群体的教学主体地位，在教学实践中最大化地发掘发挥互联网的优势，动态优化思政教育模式、方式及其内容。在网络平台的助力下，思政教师能创设一个充满趣味性和知识性的教学环境，充分彰显学生的主体性和能

动性，收到师生教学相长的效果，所以大学思政教师应积极发掘发挥互联网的作用，以此提高自身的教学质量。

（二）互联网给高校思想政治教育带来了新模式

纵观高校思政教学可知，其传统教学手段不仅简单，而且太过单一，对教师本人的专业素质有着较大的依赖性，为学生提供的是千篇一律的教育，严重缺乏针对性，妨碍了该群体创造性思维的培养和进一步发展。在互联网迅猛发展的冲击下，大学思政的传统教学模式受到了不小冲击，网络平台蜕变成了极具自由气息的教育和学习场所，师生能以网络平台为媒介实施所谓的双向选择，思政教师可依托互联网推动日常教学工作，较常用的方式和工具有 QQ 群、微信群、校园论坛等。

（三）互联网给高校思想政治教育带来了新方法

在传统教学模式中，高校思政教师更习惯于"说教式"教法，由于颇为枯燥，很难调动学生的参与热情，而互联网的引入则显著丰富了教学形式及手段，使得思政教学更富生动性和灵活性。对思政教学内容进行设计时，允许是以真实案例为代表的各种及时性材料，在形式方面，可供选择的有图片、视频以及音频等，依托真实发生过的案例，辅以现代化的、更具灵活性的教法，能赋予大学思政课堂更为理想的生动性和吸引力。

（四）互联网给高校思想政治教育带来了新内容

纵观传统思政教育可知，其在教学内容上存在两大不足：第一，来源相对单一，主要依靠教材内容及教师的主观认知；第二，更新速度相对缓慢，教材版本的更新几乎处于停滞状态，几年甚至十多年才会更新一次，而教师的讲课案例也主要源自个人之前经验的积累。而在进入互联网时代之后，网络平台包含有海量的思政教育内容，至于传播方式也更趋多元，更新频率更是传统教材难以望其项背的，互联网的普及和深度应用促进了思政教育内容的有机转变，由之前的静态过渡到了动态，现如今无论师生均能利用网络平台展开有目的搜索，很好地保证了素材的及时性、丰富性和有效性。

（五）互联网给高校大学生学习带来了新环境

在高校思政教育实践中有机引入互联网信息平台有着相当积极的现实意义，能帮助学生更全面、更细致地认识社会主义核心价值观，然而也需注意的是互联网是高度开放的，其收录的信息可谓是鱼龙混杂，会给大学生这一群体带来颇多影响，集中反映在两大层面：第一，互联网在一定程度上引领了该群体的主流价值观，有必要借助互联网路径广泛且深度地传播社会主义核心价值观，去指导和规范大学生的学习和生活；第二，互联网给大学生这一群体的思想及行为带来了深刻影响，大学生尚未完全走出成长期，无论是在思想上还是在行为上均伴有一些不稳定因素，互联网的信息包罗万象，给老师制造了颇大挑战。在互联网不断发展的背景下，高校思政教师可尝试深度发掘发挥互联网信息平台的作用，利用该平台深化和学生之间的联系，以类似朋友的身份有机融入学生的学习及生活，引导该群体形成并保持正确的价值观，防止其遭受负面意识形态的影响。

二、互联网融入高校思想政治教育所取得的成效

（一）高校思想政治教育与社会的融合

互联网具有互联、开放及共享等诸多特性，给各行各业均带来了巨大冲击，如此背景下高校的运作和发展也不可避免地受到了网络的

冲击，高校思政教育也是如此，其应当和社会化教育进行全面、深度融合，以此赋予大学生更为强大的"社会能力"，从而推动高校思政教育的可持续发展。现阶段的大学生对于互联网已然相当熟悉，可熟练依托该平台进行和学习有关的各类活动，如获悉社会时事热点，把握社会主流发展方向。得益于互联网的不断发展及其在高校教育教学领域的深度应用，高校思政教育、社会教育踏上了动态融合的道路，在助力大学生这一群体全面发展方面发挥了极大作用，为其更好地适应社会奠定了必要基础。

（二）高校思想政治教育方法的改进

在互联网蓬勃发展的这些年，国内各大高校纷纷为其思政教育活动引入了互联网，进一步丰富了教法，保证了课堂教学实效。随着思政教师对互联网的进一步熟悉，其开始综合运用包括讲座、论坛及在线互动在内的诸多途径去推动更具全面性的思政工作。在课堂上，可通过图片、动画、视频等形式对有关理论知识予以更直观、更生动的呈现，在激发学生学习热情方面发挥了积极作用，使其能在互联网的助力下展开更具自主性的学习。以武汉大学推出的"在线互联网学习平台"为例，该平台在很大程度上摆脱了时间、空间的束缚，为包括沉浸式仿真体验在内的一系列创新教学活动提供了有力支撑，为学生们奉上了更具效能、更趋多元、更具交互性的思政教法。

（三）高校思想政治教育内容的丰富

进入互联网时代之后，思政课程内容为教材所垄断的这一长期存在的局面被打破了，依托互联网可实现对世界范围内各种资源的有机整合，仅需拥有一部接入网络的智能手机便能高效、精准地搜索到所需内容。由实践可知，在各类 APP、公众号以及微信的帮助下，学生能在极短时间内搜索到所需的思政资源，互联网实现了对关联资源的高度整合，且跨越了国家、民族、行业等各个方面的限制。以新疆农业大学为例，其和南京师范大学达成了正式的合作项目，即能以共享方式使用后者的思政课网络资源平台，两所高校的学生均能获取该平台的资源，形成了"互联网＋思政教育"教学内容全方位、深度化共享的新格局。

三、互联网时代高校思想政治教育实践创新途径

（一）增强高校大学生自主性和创新性

1.提升大学生互联网行为意识

当代大学生尽管和互联网接触颇多，然而受限于个人的辨别能力和行为控制能力，使得他们中的一部分人无法有效抵制互联网所呈现的一些不良诱惑，这给该群体提出的要求是，应不断强化个人的自律意识，即自觉抵制网络环境中的包括低俗、色情及暴力在内的各种负向性信息，还应在自我管理上多下功夫，如积极学习社会主义核心价值观并以此为标准严格要求自己。

2.提高大学生利用互联网信息平台的素养

大学生拥有一定的互联网素养这一点尤为关键，会给网络时代下的高校思政教育带来直接且巨大的影响，所以在以大学生为对象推动思政教育的具体操作中，高校应有机引入和互联网素养有关的一系列要素，将之融进包括知识讲座在内的各种实践中去，引导大学生更直观、更细致地认知互联网，以此不断提高该群体的互联网素养。

（二）建立高校思想政治教育主题平台

互联网信息平台的重要性不言而喻，是高校思政教育活动的一大主阵地，所以思政教师需要积极了解该平台并学会有效运用，立足学生真实需求打造与之契合的思政教育主题平台，在突出政治性和知识性的同时，不妨兼顾趣味性，如设置"时事新闻栏目"等主题专栏，一方面充分联系了教育受众的实际生活，另一方面也有机融入了趣味性和正能量，从而可实现对学生学习热情的充分调动。还可结合该群体所处的年级，推出相应主题的网页、公众号以及微信群等，架构新颖、效率的思政信息发布平台，充分发掘发挥互联网的价值，为师生之间的充分交流提供助力。

（三）净化高校思想政治教育互联网信息平台环境

进入互联网时代之后，应进一步提高和保证思政教育的长效性，为此高校应号准时代脉搏，打造专为高校思政教育服务的互联网平台，实现对两者的深度融合。在净化该平台环境时，应把握好下述几点：第一，明晰定位，对于该平台而言，它是为大学生这一群体的服务的，所以在搜集、制作内容时应着重考虑大学生特点和需求；第二，优化内容，以平台为工具助力思想的进一步渗透，推动平台向着好的方向不断前进，应就平台内的思政教育资源进行深度发掘，推动网上网下的进一步融合，形成合力进一步调动高校学生的学习热情；第三，提高开放，尊重学生的学习主体地位，使其能以平等身份介入到平台的思政教育活动中，依托更为充分、更具有开放性的互动进一步提升思政教育活动的效能。

第二节　互联网＋高校网络舆情监管

互联网的发展给信息传播带来了巨大的变化。互联网、手机媒体等新媒体的快速崛起，已经完全改变了过去那种传统媒体一统天下的局面，每个人都能担当网上记者、评论员角色，成为名副其实的信息传播者、创造者。改变了以往舆论传播权由传统媒体把持的局面，呈现出"人多嘴杂、众声喧哗"的状态。同时，网络时代传播途径和传播手段日新月异，导致网上信息源头日益针对、传播渠道日趋多样，呈现出"四通八达、立体交叉"的局面，难于控制管制。

而高校是社会的"晴雨表"。高校稳定既关系到自身改革发展，也关系到社会安全稳定。高校的稳定和谐直接影响到地区乃至整个社会的稳定和谐。而网络舆情监管工作是确保学校安全稳定工作的前提和基础，是校园网络健康发展的重要保证，亦是为祖国培养优秀接班人的客观需要。

本节针对高校网络舆情发展背景和特点，结合现代互联网技术提出建立一套切实可行的网络舆情监管方式和方法，具体如下：

一、高校网络舆情的发展背景

我国已经进入网络舆情事件高发期。这是由我国国情和社会发展的背景决定的。

（一）网民数量迅速增加

随着互联网越来越普及，网民数量激增，人人都可以接触到互联网，大家通过互联网关注社会热点问题和突发事件，并就这些问题展开激烈讨论，一些不满情绪也往往因为网络的加热、渲染、放大，许多原本普通的案件和现象，在互联网影响下极易发酵放大，形成强大的网络舆论潮，反过来对现实社会产生重大影响。

其次，社会矛盾复杂化。在价值观念更趋多元的当下，人们的利益诉求也随之更为多样。社会矛盾、利益冲突新旧交织，现实生活中的各种矛盾和问题，必然通过网络反映出来，尤其是社会底层公民也实现了随时随地上网，促使人们选择用网络来发泄自己的不满情绪，成为网上热议的焦点。

（二）信息饥渴的结果

事件发生后，官方正式渠道却经常失声，不能及时有效地给出让人信服的消息，使得网民处于一种信息饥渴的境地。网民们很想知道事情真相，因此他们通过网上寻找答案。而一些不良分子利用网民的这种心态在网上发布所谓"内幕消息"博取眼球，各种小道消息满天飞，导致谣言到处传播。

（三）案例仿效作用

由于互联网事件社会影响大，能引起相关部门的重视，因此越来越多的人开始效仿这种途径，互联网成为成本最低、风险最小的情绪表达途径。很多网民看到人家通过网络引起关注后，也效仿这样的做法，使得网络成为反映各种问题的主要通道。

（四）幕后推手作用

一些怀有目的的人借由互联网煽动，利用网民的心理尤其是网民对社会的种种不满，达到不可告人的目的。他们可以通过给事件贴标签、选择性发布信息，来引导、激发网民思想与观点，促使其按照自己的思维模式进行评论、发言、跟帖。当前有不少所谓的网络咨询公司，雇佣了大量的网络水军，通过不同的网络平台、多个账号反复炒作博眼球，甚至收取费用替人制造舆情事件、攻击竞争对手。

二、高校网络舆论的发展特点

与社会网络舆情相比，高校网络舆情也有自己的特点。

（一）传播速度很快

青年大学生思想活跃、有着丰富知识背景，是一个同质性很强的社会群体，且他们高频率地接触网络，观察力、洞察力敏锐，对各个事件都有自己的看法。高校人员集中，网络社交圈群体相似度高，年龄、生活习惯、教育背景、日常生活等各方面都相近相同，易聚焦某个话题展开持续讨论，极可能由此引发一定规模的舆情危机。高校师生不仅拥有相当活络的思维，同时在表达方式上也颇具特色，即较为突出的校园及网络特色，对于新诞生、新流行的网络语言有着较高的接受度，在舆情出现之后，更易形成共鸣，进而演化成所谓的群体性意见。因此一旦有相同相识的观点出现在网上，很容易引发讨论、转载、发酵、发展、扩散。

（二）从众现象明显

高校网络舆情主要主体是大学生。由于社会阅历浅，在看待一件事情时往往不会很深入，经常只停留在围观阶段，观点和言论很容易受到已有观点和言论的影响，从众现象明显。在网络世界里，网民形成了两大特点，一个是群内同质化，另一个是群际异质化，意见趋于一致的网民会"聚集起来"，招致所谓的"群体极化"倾向。

（三）身份容易追溯

现在各大高校一般都实行网络实名制，学校在校内发表的信息很容易通过账号、IP 信息等追查到具体个人。在校园网上，舆情主体与客观世界的学生保持一对一的关系，所以借助网络实名制能够快速、精准确认校园网络舆情的发起者，能更具针对性地采取应对措施。同时，由于学生群体的集中性特点，他们在校外即时通信工具、社交网络上发布的内容，也可以通过他们的同学、同事等生活社交圈追溯到本人。

（四）关注范围广泛

师生除了关注自己切身利益有关的事件和信息之外，也比较愿意关注自己感兴趣的热点新闻，包括社会问题、情感问题、娱乐信息、时事政治。因网络具有高度的匿名性及互动性，加之大学生这一群体有着颇为浓重的好奇心，多元、有趣的网络信息及功能为该群体带来了极大便利，同时使得大学生网络舆情的内容泥沙俱下，鱼龙混杂，多元而且分散。

三、高校网络舆情监管方式方法

（一）人工软件相结合收集舆情

网络新媒介环境下，在网络舆情监管体系中，最难的也是最重要的工作基础就是要监督并及时发现网络舆情苗头，早发现是及时解决、引导舆情的基础。如何第一时间发现舆情苗头和敏感信息是抓好网络舆情的关键点。然而，互联网信息量巨大，网络平台数不胜数，尤其是自媒体出现以后，人人都成为传播的主体、网络源头，仅凭人工阅读监测审查根本无法做到，因此软件和技术手段必不可少。技术方面，主要包括利用大众搜索工具和舆情监测软件。传统舆情监测手段就是利用网络搜索工具。目前常见的大众搜索工具有百度搜索、谷歌搜索、奇虎搜索等公共搜索工具和各网络平台自身的搜索功能。其中百度是使用率最高、最方便的搜索工具之一。使用百度搜索工具可以对具体舆情事件的关键词进行定向搜索，也可以通过搜索发现相关评论的转载情况，可以搜索不同时间段的内容，也可以对搜索结果进行进一步筛选。奇虎搜索的优势是搜索论坛与博客的内容，具有选择灵活、搜索方便、功能可靠等特点。而针对微博等特殊平台和校内网上的论坛，则最适合采用的是利用平台本身的搜索功能。微博上可以输入关键字查看发帖、转发、意见领袖的动态等信息。校园内网上的信息，外部大众搜索工具无法搜索，只能采取站内搜索的模式进行。多个平台搜索会浪费大量的人力，因此，最好的方式是配备网络舆情监测系统，输入关键词同时在多个平台进行搜索，并统计多个平台信息量，节约了大量的人力，能更加及时、广泛监测互联网的各个角落，实时反映最真实的情况，起到事半功倍的效果。但软件具有呆滞性，只会死板地匹配关键字，而无法分析语境、语气、态度等人性化信息，因此即便软件功能再强大，也无法完全取代人工监测。最好的方式就是软件搜索配合人工审阅。

（二）先声夺人掌握舆情主动权

对绝大多数的网民而言，与舆情诉求的主体基本没有直接的利益关系。构成其围观的动力，大多数是出于"正义与侠义的化身""道德的高尚主义"等群体心理。在舆情信息形成之后，该群体便会利用包括点击、转帖及跟帖在内的诸多形式去留下其态度和印记，同时也处于一种矛盾之中。一方面，他们希望舆情诉求能够得到重视并得以迅速解决；另一方面，他们又希望事件涉及更多的"内幕和真相"，希望通过多方合力实现网民的狂欢。然而，网民发表评论时，受到他人意见态度影响较大，往往带有从众心理。从网易等大型门户网站的新闻评论跟帖情况看来，当一个观点抛出时，往往会有一批观点相似的人点赞，而反对意见的人特意去反对的概率比支持的概率低。因此，出现舆情事件时，要根据网络舆情的发展、演变规律，抓住网民在舆情事件中的矛盾心理，在第一时间发出相关主管部门的权威信息。要及时组织评论员进行评论引导，掌握舆情主动权，改变舆情发展方向，不至于出现一边倒的态势。

同时，对能够在短时间之内说明白的事实，要快速向网民和社会进行发布。同时，对涉及主管部门的工作失误和处理瑕疵的，要勇于承认错误，要有责任担当，勇于向公众道歉。而对一些相对比较复杂、短期之内很难进行快速处理的事件，也要及时发出代表相关主管部门态度的信息，满足公众"正义与侠义"的心理诉求，引导公众的"舆论审判"走向建设性的舆论讨论。

（三）线上线下消除不稳定因素

互联网的快速普及，网民数量的急剧增长，网络舆情的异军突起，极大地增加了舆论引导的难度。从舆情危机的发展阶段来看，在舆情的酝酿、出现阶段，网络舆情作为网民的民意反映，几乎存在于所有类型的网络平台，舆情信息也可以出现在不同类型的网络平台。在舆情发展到一定程度时，也有可能会吸引传统媒体的关注，甚至会吸引包括党政部门主要领导在内的权威人士的关注，最终使得舆情信息由网络上的话题转化成整个社会的热点舆论。正因舆情传播不局限于线上，会发生线上线下的交织和彼此影响，所以在引导舆情的实践中，应密切关注线上线下的互动情况。在发生突发性事件时，还应做好向上级单位汇报，与相关政府机构保持沟通，积极做好善后工作。尤其是高校，师生集中，为线下干预提供了基础。

（四）借助第三方平台澄清事实

舆情事件发生后，公众往往失去对当事方的信任，对他们发布的信息真实性会存在疑问。而且这个时候对自己的解释往往会起到反作用。这种情况下，引入第三方对事件进行解释说明，紧抓第一落点发布权威信息，往往会起到事半功倍的效果，对公众态度的影响非常大。在事件发生后，很多媒体都会介入，想了解内部信息。这个时候可以主动对媒体披露事实真相。对于个人行为的舆情事件，可以选择个别媒体深入沟通，让他们进行独家报道，但前提是必须要保证客观公正。在这样的情况下，大多媒体都愿意配合做好独家、客观、公正的报道，通过背后的故事，获取同情心和理解。同时也可以选择召开新闻发布会等形式，向公众真诚道歉。而对于单位管理上的问题，可以选择通过发布新闻通稿、召开新闻发布会等形式，向第三方媒体公布详细情况，避免产生误会和谣言。

第三节 互联网＋高校学生就业指导

一、大学生就业指导内容与路径

（一）大学生就业指导内容

1. 就业形势指导

为帮助高校学生做好就业抉择，需要立足市场需求及其走势，深化该群体对于就业市场的了解，强化其市场意识，客观认知个人的优缺点，助力其更顺利地谋得理想中的工作。高校应围绕就业前景对即将毕业的大学生进行重点介绍，帮助他们做好职业定位和规划，不可形成不切实际的期待，应积极了解当下的就业理念，秉持努力拼搏、不断奋斗的正确心态，为更趋激烈的就业竞争做好个人准备。

2. 就业心理准备指导

对大学生来说，在择业过程中，应将自我评价工作落到实处，要赋予其足够的科学性及有效性。预测可能出现的各方面影响，在遭遇意外时，个人能坦然且正确地应对，即要充分做好就业心理准备。如此准备扮演着平衡器的角色，能大幅提高就业成功的可能性。在机遇面前，求职者应予以冷静分析，进而做出尽量正确的选择。陷入困境时，应做到正确应对，防止慌乱之下导致问题加重。

从成为大学生的那一刻起，就应将就业的事情时刻放在心上，即做好就业心理准备，以此督促个人的学习和成长，不仅要着力提高心理素养，也要形成更高水平的职业道德，还应找准角色定位等。为引导和帮助大学生这一群体形成并保持正确的就业观，应重视和做好心理健康疏导工作，确保其心理素质是达标的乃至优秀的；应立足社会的人才需求，着重培养该群体的职业道德，同时帮助他们进行合理的职业定位。

3. 应具备的知识与能力指导

只有储备有丰富知识，才能更好地发挥出个人才能。需要指出的是，知识、能力之间并不能直接画上等号，但能力的提高建立在拥有、运用知识这一基础之上。当下社会给"人才"提出了更多、更高的要求：具备健全的知识结构；具备创新思维及能力；具备一定的管理能力；具备较好的语言表达能力等。因此，为提高日后就业的成功率，大学生应尽可能地形成更为完善的知识结构，不仅要丰富个人知识，更需拔高个人的实践能力。

4. 职业生涯规划设计指导

在职业生涯规划的含义上，著名管理专家威廉·J.罗思韦（William J.Rothwell）进行过具体阐释，在探寻个人发展方向或编制行动方案的过程中，应立足于个人的具体情况，还需全面梳理和总结各种影响因素。为提高择业的有效性，规避盲从行为，应密切联系个人能力和需求，从而保证职业方向的科学性。

做好职业生涯规划尤为关键，在很大程度上影响着个体择业的成败。唯有对自己有了全面且清晰的认知，才能找准职业方向，赋予职业设计更为理想的合理性和有效性。关于自我的认知，其实质是全方位剖析、梳理个人身上的优缺点，明确个人实力。基于既有经验，结合后期的就业方向，弄清楚"我能干什么"这一关键问题。在规划个人职业生涯的具体操作中，大学生需要立足个人实际，明确自己的擅长之处，并予以进一步拔高，为人生价值的实现夯实基础。所谓自我认知，即针对自我予以全面、深入、客观了解的过程，不能掩饰自己的缺点，其间可向有关方征求意见，包括朋友、亲人乃至社会上的专业咨询机构等。

5. 求职技巧指导

求职技巧指导，即针对应聘场景下的一些实用技巧进行指导，借此美化应聘者的形象。至于求职技巧主要指求职场合下可能用到的一系列实用礼仪和展示自我能力的技巧。当具备较高的求职技巧时，无疑能提高应聘成功率。

（1）应聘穿着的指导

服装上应做到合理搭配，这关乎一个人的外在形象和招聘者的第一印象，会给招聘结果带来直接且颇大的影响。当应聘者在穿着上做到位时，往往能据此形成独特的个人气息，让人眼前一亮。

（2）应聘中礼仪的指导

应聘之时不可迟到，建议提前就位，以此展现个人在求职上的诚意，有助于博得招聘者的好感，也有助缓解个人的紧张心态，因提前就位而有了一定的心理准备，能有效防范忙中出错之类的问题。

（3）了解招聘单位指导

学生应提前做好对待应聘单位的"调研"工作，了解其属性、业务范围、目标岗位的要求等，将准备工作落到实处。

6. 就业政策指导

对于就业工作而言，就业政策堪称其根基所在。第一，大学生应围绕用人等方面的人事规定进行全面且细致的研究；第二，需重点搜集目标就业地今年关于就业市场颁布的各项制度。就业政策可被理解成，即将走上工作岗位的高校毕业生在择业、就业期间被赋予了权利和受到的规制，是国家针对就业市场做出的法规层面的要求，所以事关全体高校毕业生的切身利益。因此，应告知学生如何"避雷"，及时且有效地消除该群体在择业方面的难题和不解，要求各高校应真正行动起来，将政策宣讲工作落到实处。至于即将毕业的大学生，应端正态度，不可好高骛远。在就业指导的帮助下，能让高校毕业生尽快和尽可能全面地认知我国现行就业政策，为其更好地融入社会奠定了基础。

7. 就业法律知识指导

在以大学生为对象推动从业培训工作时，应着重强化该群体的法律意识，如此才能为其成长、成才提供保障。大学生要具备基本辨识能力并将之有效运用于择业，尤其是不可做违法乱纪之事，因为这会严重妨碍到个人的后期发展。也要告知毕业生，个人的合法权益如果在择业就业期间受到了侵害且协商不成，此时应该勇敢拿起法律这一武器。

8. 就业信息指导

就业信息指导，即综合运用包括网络、人才市场在内的诸多路径，为高校毕业生供给多元的、丰富的、实用的就业资源。对于大学生毕业择业而言，明确社会的当下需要尤为关键，是不可或缺的一环。就业指导部门及其工作人员需要广泛搜集有招聘需求的这类企业的相关信息，形成并保持有效联系，进而将此类资讯（如专业要求、需求人数、具体岗位、薪资标准等）及时、全面、准确地通报给学生。其间也要重视和做好学生指导工作，保证资料的有效性并予以精练，筛选出更具性价比的工作，引导学生进行自发求职。

（二）大学生就业指导路径

1. 就业指导课程与专题讲座

在就业指导这一块，不少大学推出了专门的就业指导课，通过课堂教学这一形式细致阐述和就业有关的各方面内容，例如从业计划的编制等。还可邀请业界专家来校办专题讲座，该做法也较常用。然而专题讲座有其局限性，无法贯穿高校毕业生就业指导的整个过程，基于内容角度观之，无论是在全面性上还是在完整性上均存在一定欠缺。

2. 人才测评

在就业期间，一些毕业生对个人情况认知不清，以至于自我定位出现严重偏颇。为帮助高校毕业生更客观、更全面地把握个人能力、成长潜力及爱好，高校可组织专门的人才测评活动，有目的、有规划地向该群体提供更系统、更实用的就业指导，使其对自身有一个全面认知和把握，进而制定出契合实际的、更具科学性的职业生涯发展计划。

3. 校内、校外相结合的就业指导方式

为方便高校毕业生通盘把握就业形势，校方通常会邀请业界专家或成功人士来校举办关于就业指导的讲座。在就业形势这一块，校方更愿意听取有关政府部门的说法；在用人标准方面，校方更倾向邀请企业相关领导来具体介绍；为少走弯路，校方也会向一些优秀校友发出邀请，请其"现身说法"，为毕业生提供积极、有效的就业指导。鼓励学生提前参与社会实践，熟悉各个招聘环节，现场体验面试氛围，梳理各种实用技巧，明确用人单位看重的地方，全面把握职业发展方向。积极运用"校内+校外"这种综合型的就业指导方式，方便高校毕业生更及时、更全面、更客观地认知社会发展现状，为其成功就业奠定基础。

4. 模拟应聘

模拟应聘是一种较为实用的就业指导形式，其最大特点表现在可较为生动、逼真地呈现招聘流程，其紧密联系了社会发展及其用工现状，能为毕业生积累一定的求职经验，帮助其掌握一定的面试应对技巧，强化其应聘能力，引导其形成相对务实、实事求是的就业观。

二、互联网对大学生就业指导工作的影响

（一）互联网对大学生就业创业的影响

1. 提升了就业容量

纵观我国劳动力市场运行现状可知，互联网的诞生和繁荣给工作结构带来了极大影响，不少传统行业甚至被搬进了互联网环境中，所以给人的信息技术能力提出了更高要求。《互联网对中国六大行业的转型

作用》指出在 2025 年互联网对我国国内生产总值的贡献将会处于 4500 亿元人民币至 15000 亿元人民币间。在互联网背景下，资源的分配结构会朝着愈发合理方向演进，在促进国民经济生产总值稳步增长方面发挥巨大作用，据推测互联网有望贡献 4600 万个就业岗位，在缓解就业压力方面发挥着重要作用。现阶段，我国高校毕业生正面临着逐步上行的就业压力，而互联网则能为该群体供给相当可观的就业岗位。

2. 就业观念转变，推进了自主创业

在淘宝网刚投入运营时，在网络平台上售卖货物是一件相当稀奇的事情，而随着时间推移，网络购物已为大众所熟悉，甚至成了生活中不可或缺的组成部分。淘宝网仅耗用 10 年时间便拥有了巨大体量，是亚洲地区就规模而言排在第一位的网络经销商。纵观那些成功的创业案例可知，其关键之处体现在观念的突破，如此才能将互联网带来的挑战转化为机遇。创业也是一种重大的观念转变，应鼓励大学生敢于创业，当然也要抵制盲目创业，高校应以大学生为对象做好创业方面的指导工作，使其掌握一定的知识和技能，最为关键的是在就业观念上务必要有所转变。

3. 为就业市场信息化发展奠定基础

教育部专门提到，应聚焦国内高校毕业生就业困难这一现实问题，打造一套科学合理、行之有效的帮扶系统，在凸显整体化、集体化的同时，也需要兼顾到职业化、资源化，有目的、有规划和有成效地落实就业指导工作。互联网极具优势，能实现对信息的高效传播，在一定程度上突破了时间和空间的束缚，也为就业市场的运行提供了强力支持。在互联网的助力下，大学生能从容、高效地推动包括收集企业招聘信息、熟悉目标行业的运行现状、发出求职信息等事务，不仅节省了大量金钱、精力和时间，也提高了办事效率。这是过去的传统模

式不能相提并论的。

（二）互联网对大学生就业指导的影响

1. 信息获取以及需求匹配的变化

迅猛发展的互联网为高校毕业生就业指导提供了极大助力，尤其体现在信息的搜集及后续整合上。相关技术有不少，较具代表性的有云存储、大数据等，其中一些与大学生这一群体密切相关，例如网络课程等。进入网络时代之后，各大高校均和微信、QQ等建立了密切关系，通过此类平台实现对各种信息的推送，就效率而言远超传统模式。纵观大学生的日常生活和学习可知，其也早已习惯了通过网络获取信息以匹配个人需求的模式。

2. 指导理念以及思维模式的变更

互联网理念的强大之处体现在能将网络科技有机融合进各行各业，此时需将原本结构加以重塑，形成新的、适配的理论框架。由大学生生活和学习现状可知，很多方面都和网络建立了紧密联系，一旦失去网络，那么生活模式都要随之发生变化。在就业指导环节，互联网模式同样不可或缺，且该模式的应用也十分契合大学生普遍较高的接受能力。得益于不断进步的互联网技术，以网络讲座为代表的诸多全新模式也进入了发展的快车道，不仅如此，互联网在各个领域催生出了更多、更新、更具效率的模式，为互联网模式的可持续发展夯实了基础。

3. 关注整体与注重反馈的转变

由早先的书信过渡至电话，再发展到现如今的微信，互联网的进步大幅缩短了个体之间的"距离"，为彼此间的交流和交往提供了极大便利。在互联网模式下，大学在推动就业指导工作时应进一步拓展其覆盖区间，可充分发挥手机的及时反馈优势，为毕业生提供及时、充分的帮助。计算机软件本身也大多配置了强大的反馈机制，能在线即时收录用户看法和意见，为服务方式的优化提供了锚点。在践行就业指导工作时，高校不妨充分发挥"微信公众号"平台的该项功能，以此为毕业生提供更及时、更优质、更贴心的服务。

4. 资源整合以及共享的过渡

在互联网背景下，高校需要打造一个功能完备的网络平台，方便对毕业生信息的搜集和存储，依托功能强大的数据库去研判相关资源，充分发掘其作用。例如，校友资源是一股不可小觑的优质资源，该群体对母校有着颇深感情，然而在联系方面却存在诸多不便。进入互联网时代之后，解决该问题不再困难，高校可打造一个校友资源平台，以该平台为依托，为那些事业有成的校友提供回馈母校的机会和路径。

三、互联网视域下大学生就业指导新路径

（一）构建互联网指导下的就业指导课程

1. 互联网 + 体验式教学

所谓体验式培训指的是，营造差异化场景，然后让学生置身其中并尝试解决有关问题，在此基础上形成有益经验。当下的高校学生对"互联网 +"普遍有着较深认识，形成了较宽阔的视野，在信息获取方面也颇具优势。在开办就业指导课的实践中，应有机引入互联网技术并将之融合进更具效能的体验式教学中，以此强化学生的思辨能力，引导他们找准个人的就业定位。依托"互联网 +"组织以"情景面试"为代表的一系列体验式活动。首先，教师应经由微信做好相关介绍，包括活动内容、要求以及标准等，方便学生提前做足准备；其次，为学生提供走上讲台的机会，老师主要负责听和把握活动进度，为学生开辟

足够大的自由发挥空间，立足课堂走势，有目的地营造特定环境氛围，考查学生的临场应变能力；最后，总结发现的问题，展开集体讨论，明确项目的优势及其不足。为方便学生及时弥补个人不足，需要立足有关反馈意见，为其指明前行方向。

2. 互联网＋微课

第一，依托"互联网＋"的优势，积极引入微课形式以服务就业指导活动的效率展开，要明确课程原则及一应践行标准，在此基础上通过视频将那些关键教学环节及内容记录下来并上传网上，方便学生后续查看，此即为"微课"。微课具有突出的大众化、数字化特点，是一种诞生时间不长但功能强大的教育资源。在传统课堂上，以教师的讲为主，学生只要按教师的节奏展开学习活动即可，如此模式下，"单主角（教师）"问题比较突出，而"互联网＋微课"这种新型教学模式则很好地规避了不足，展示出了更为强大的实践性、时效性。在信息技术发展日新月异的当下，当代大学生务必要刻意强化个人的信息收集能力，如此才能把握更多、更具价值的学习资源。因此，在推动翻转课堂的具体操作中，不仅要有老师讲解环节，也要有学生收集和展示环节，另外师生、生生之间的探讨也是不可或缺的。

第二，进一步健全"微课"。目前，蓬勃发展的互联网早已深入社会生活的各个角落，在就业指导方面也发挥着重要作用，与之有关的资料相当丰富，为从海量资料中筛选出最具价值的视频资料，应做好分析和判断工作，需要立足实际，对"微课"课程进行科学规划，从而设计出内容多元，更具针对性和目的性的教学视频。

第三，保证师生之间的充分交流，除线上交流外，也包括线下交流。在过去的教学模式中，老师讲完就离开，学生几乎没有和老师交流的机会，而翻转课堂的运用则能比较理想地解决此类问题，依托更趋成熟的互联网技术，无论是课前还是课后，均支持对课程的查看，在公众平台中提前做好相关设置，课前课后可通过交流群交代和完成有关事宜，较具代表性的如"微信群""QQ群""微博"等，一方面能和学生做通畅沟通，把握现状，进而有针对性地查缺补漏，另一方面能更便捷地推动"微评价"等工作，在线指导学生做好课后作业。

3. 互联网＋个性教育

在利用互联网推动教学工作时，需要运用个性化、实用型的指导模式，凸显教育智慧。在就业指导这一块，更需赋予指导工作足够的智慧性，应当积极践行下述原则：第一，立足社会发展实际需要，有针对性地培养、拔高学生专业能力，如引导学生明确个人的就业方向，要求他们依托网络展开科学自评，为其个人职业发展规划的编制夯实基础；第二，编制和个人能力和期待相契合的职业规划，在实际操作中，应全方位、细致化地认知自己，除了要了解个人能力之外，还能收集心仪职业的发展现状等；第三，应着力打造独立思考能力。在学习、工作和生活中，信息技术的影响已然相当广泛和深入，诱发了更为严峻的跟风问题，也形成了五花八门的思想与观念，给大学生这一群体带来了颇大冲击，因此，为赋予自己足够强大的竞争优势，大学生有必要着力打造个人的独立思考能力，能切合实际地分析问题并加以妥善解决。

4. 互联网＋创新教育

为了进一步提高高校毕业生的创造力，应在创业教育上多下功夫，丰富就业指导途径，将互联网用作关键载体，将就业课程、创业教育有机串联到一起，从而发挥出更为积极的作用。

首先，构建平台，实现创新教育服务。在获取创新数据的过程中，应充分利用包括大数据在内的各种前沿技术，由于其配套硬件、软件均已发展至较完善高度，在便捷性、时效性方面颇具优势，仅需打开浏览器便能执行查询操作。在对网络环境中的教育信息加以搜集时，为提高搜索效率，可依托大数据予以实现，充分发掘发挥教育服务平台的支撑作用，动态把握有关信息并就其价值予以深层次的发掘，为大学、毕业生、企业等关联用户提供更为优质的服务。

其次，在人才培养上，完成创新教育新形式。依托"互联网＋"可完成对应资源的科学配置。对于人才培养体系的架构而言，其核心工作是创新教育课程的编制。在设计和架构创新教育教学体系的过程中，应重点考虑大学的培养标准，也要兼顾用人单位的岗位需求。以云平台为工具能对一系列的创新教育资源予以有机整合，优化和调整配套的人才培养体系，打造优质的、更具实效的创新教育平台，使其各项服务功能得以充分发挥，为我国教育改革事业也做出一定贡献。

对于高校而言，应尝试和企业建立稳固的合作关系，如此才能在技术上、市场方面谋得企业的进一步帮助，从而更好地保证教育教学效果。基于企业角度观之，可以更好地把握高校人才培养现状，为后续的人才招聘奠定基础。在创新教育教学的实际操作中，任课教师需要系统、细致地把握专业的各方面内容，要着力培养学生的创新意识，推动专业朝着不断优化的方向发展。基于岗位的实际需求，引导学生积极介入，通过大量实践做好总结工作，有目的、有方法地强化个人的创新能力，丰富就业路径。在教学组织这一块，应积极引入和应用创新教育新模式。在互联网蓬勃发展的背景下，应逐步更替那些低效的传统课堂形式，通过线上线下有机结合的方式突出能力培养。在评价方式方面，建议有机引入形成性评价，而不是始终都是终结性评价那一套。

（二）搭建官方就业微信平台

在信息技术发展日新月异的当下，高校学生应逐步提高个人的信息接受能力，愿意尝试新鲜事物，着力强化自己的创造力。因此，应积极发掘发挥网络新媒体的优势，为大学生这一群体的就业指导提供助力，持续丰富、拓宽信息获取途径，深挖相关信息的深层价值。由现状可知，社交软件的门类是相当丰富的，尤其是微信，其用户已然极具规模。因此，高校应顺势而为，做好本校微信公众平台的建设、完善及使用工作，以此提高信息传播效率，应结合就业市场的走势，同时联系专业情况，科学搜集和公示就业信息。对于官微平台，高校需要善加利用，使其优势得到充分发挥，将配套宣传工作落实到位，健全包括订阅号在内的相关服务，更好地满足大学生们多元的就业需求。

（三）借助微博推动大学生就业指导工作

在推动就业指导工作的实践中，高校应紧跟时代发展的脚步，充分发挥"微博"的优势，保证信息传递效率。由相关调查可知，大学生对微博等新型信息工具颇为熟悉，且大学生用户呈不断增加的态势，由此可见，在信息技术更趋成熟的背景下，搜集信息的途径更趋多元了。因此，在就业指导实践中，需要立足时代特点和需求，积极学习和把握新的理念，在使用传统渠道的过程中，有机开辟新的、更具效能的途径，在就业宣传方面，不仅要发掘就业宣讲的作用，也要发挥微博宣传的功效。总之，应将信息传递当成大事来抓，这事关高校毕业生的就业抉择。

在推介就业信息时，高校应用好微博之类的平台，确保毕业生能及时、全面、细致地获取相关信息，为其顺利就业提供支撑。

（四）开发大学生就业

当下，智能手机获得了空前发展，就业软件研发已成当务之急。在研发此类软件的实践中，需要将宣传做到位，发展更多的学生用户。在使用就业软件的过程中，学生仅需正确输入个人的学校和学号便能完成注册，进而享受到相关查询服务。从某种程度观之，能节省相当的时间，为学生的就业信息搜集和利用提供了极大方便。

在毕业生规模逐年扩大的背景下，高校更需将学生就业、创业当成核心工作来抓。在就业软件这一块，需要与学生建立紧密联系，最好能实现所谓的直通车对接，在一步一个脚印地健全就业软件的实践中，建议吸纳社会上处于领先地位的 App 的相关经验和技术，如"赶集网"等颇具知名度的应用软件。在服务大学生就业创业的具体操作中，需要将包括职位在内的诸多资源予以科学优化，高校应和企业深化联系，建议打造支持双向互动的、更具效率的模式。

第四节　互联网 + 高校学生自主管理

一、自主管理和学生自主管理

（一）自主管理

自主管理，也称自我管理、自我控制，指个体借由主观能动性的有效发挥，采取自我调节手段，对思维意识进行调整，矫正错误行为，最终达成人生理想的过程。自主管理的过程涵盖端正思想、树立目标、规划学习生活、健全心理品质、完善行为习惯等内容。其实质就是通过个人内在力量改变个人行为，尤其强调自控力量对行为的约束而非外力量的影响，这种内控力量包含有自我教育、自我约束等。[1]

（二）学生自主管理

学生自主管理是学生自主教育的过程，按照学校的培养目标、办学理念、德育工作指导思想的要求，尊重学生身心发育特征，接受教师指导帮助，充分有效地激发主观能动性、自主管理动机以及主体意识，对学习、生活、心理、交往等各方面行为进行规划、监督、约束与调整，由此促进自身取得积极、健康、良性的发展。

自主管理倡导学生积极融入自主发展实践，突出自主教育、自主管理、自我发展的能力培养，在规划目标、调节时间、管控方式等方面，促进学习、生活习惯趋向优化，以自律取代他律，由此实现学习能力的持续发展，即自我导向、激励与监控。[2]

概括来讲，学生的"自主管理"就反映为学生自我约束、调控学习、生活、心理、交际，将自己作为管理对象，采取积极健康的操纵管理活动，达到自我教育的目的。[3]

二、自主管理是互联网时代高校学生管理改革方向

（一）学生自主管理是适应"互联网＋"时代的需要

进入信息时代，"互联网＋校园"演变为触手可及的现实，互联

---

[1] 陈万彬．自我管理如何实现人生终极目标 [M]．厦门：厦门大学出版社，2018：60-94.

[2] 杨春明．自媒体时代中职学生自主管理调查研究 [D]．贵州师范大学，2017.

[3] 唐红艳．"互联网＋"时代高职高专学生自主管理探究 [J]．职业技术，2019.18(4)：99-104.

网在高职高专学业生活中发挥着越来越重要的影响。借由网络应用，学生能够即时获取和共享各种信息、资源，跨越地域、年龄、国别、身份等与他人交流互动、讨论分享；开放的网络，大大拓展了学生的知识视野，社交范围愈发开阔；透明的网络环境，有效促进学校管理工作趋向公开化，互联网成为学生接收系部通知、了解院校管理状况的重要渠道。

得益于互联网的普及，高职生获取信息的途径不断拓宽。见多识广的大学生，独立自主意识更加强烈，也对传统学生管理模式提出质疑，更期待利用自主管理这一模式去展露个人风采，追寻自我价值。所以，学生自主管理成为"互联网+"时代高校教育的主流趋势，尤为契合学生发展要求。[1]

目前，网络信息技术依旧保持着相当惊人的发展速度，给学生及高校的管理环境带来了极为明显的影响。进入信息时代，传统学生管理模式的改革已然势在必行、迫在眉睫。

互联网的普及也使得学生自主管理迎来更多有利契机，基于"互联网+"模式的大学生自主管理模式融入多项信息化技术工具，兼具有高效率、高质量等优势，也是新时代高校教育改革的重要方向。

（二）学生自主管理是"以人为本"管理理念的体现

在过去相当长的一段时间里，高校学生管理都未能实现对学生的合理界定，而是将之视作具有消极被动色彩的管理对象，管理行为的实质内核很"冰冷"，即片面地约束、命令及强制，学生没有话语权，唯一能做的就是被动服从。

---

[1] 郝隽."互联网+"视阈下高校学生管理工作的创新探究[J].科教导刊，2021(32):22-24.

自主管理宣扬的是人本理念，肯定了学生这一群体在高校管理领域的主体性地位。纵观学生自我管理，其诞生于学生自我意识的萌发和强化，是学生内观本心、寻求个人成长的客观需要，在激发学生个人主观能动性、深度发掘发挥其自我资源方面有着相当关键的价值。

生本理念基础上的自主管理，要求学生主动参与介入集体事务管理，且拥有知情权、发言权和表决权，能够使高职高专学生以昂扬向上的主人翁姿态协调好学业和生活，充分发掘内在的能动性和创造性。

（三）学生自主管理是培养高素质人才的需要

大学生自主管理内容宽泛，囊括了学习、生活、社交等多个方面的管理内容，其过程和实质就是自主学习、自主教育和自我提升。把科学管理的一应方法因地制宜地运用于学习，高效推动包括自我认识、控制及评估在内的诸项活动，能有目的和有规划地强化学生的自主管理能力。

现代社会迫切呼唤专业素质扎实过硬、自主管理能力优秀的高素质人才。因此，高校教育也将培养自主管理能力作为育人育才的重要内容。具备自主管理能力的大学生，各方面能力发展更加均衡、突出，在就业市场、职场竞争中往往更具优势。

三、"互联网＋管理"的自主管理模式及实现路径

（一）构建"互联网＋管理"的学生自主管理体系

在构建基于"互联网＋管理"这一先进教育理念的、拥有光明前景的学生自主管理体系的过程中，应做好对网络交互平台的选择工作，这一点尤为重要。当前开发上线的网络交互平台不胜枚举，但我们选用的平台必须符合满足职业院校学生管理需求、可操作性好且获得大

多数学生接纳认可等多项要求。

1. 在易班网络平台上构建学生自主管理体系

易班是能对班级信息加以收录和展示的一种网络交互平台，充分发掘发挥了网络新媒体的力量，在充分讨论基础上形成了班级共同目标、任务和配套制度等并予以发布，旨在助力班级管理事务的有序推进。现如今，"易班"平台被赋予了多条访问路径，运行质效获得师生广泛认同，在构建师生、生生之间沟通互动方面发挥了积极作用，成为班级现代化高效管理以及学生民主管理和自我管理的有力工具之一。高校打造易班平台，各系部也积极参与其中，形成属于自己的易班工作站，再向下还可基于实际管理需求推出更为细化的公众号，例如学生党支部的公众号、系学生会的公众号、各班级的公众号等，学生可分别注册、登录访问以上各公共号。建设有吸引力的"易班"，将之打造成为大家喜闻乐见的网络家园，可促进学生自主管理体系走向进一步健全，另外依托包括班级管理在内的诸多路径进一步织密院校学生事务管理与服务体系。

2. 利用 QQ 群、微信群构建学生自主管理体系

在智能手机几乎人手一部的当下，以 QQ、微信为代表的各类社交网络平台迎来了蓬勃发展，成了高校学生学习生活的关键助手，各班级无一例外地都建有属于本班级的 QQ 群和微信群。无论是相关通知还是专业作业都会通过微信群发布。由此打造了班级管理的初级形态，再辅以配套规范和机制，便能实现对班级管理体系整体框架的合理确立了。各系部借助各层级的 QQ 群、微信群，可以架构起更趋成熟、更具效能的学生自主管理体系。

（二）构建"互联网＋管理"的学生自主管理模式

1."互联网＋管理"体系下学生干部的自主管理

在推动高校学生自主管理的实践中，学生干部是关键力量，也是院校、系部、教师与学生之间不可或缺的桥梁和纽带，担负有组织、领导学生自主管理的艰巨任务，因此也必须是大学生自我管理的模范践行者和中坚骨干力量，发挥带头表率作用。

实现大学生自主管理，首要任务就是实现学生干部自主管理。尤其考虑到高职高专学生存在自控性差、自我管理能力弱等问题，这就要求学生干部更好地发挥模范带动作用。建构在"互联网＋"体系基础之上的学生干部自主管理，其实质是引入 QQ 群、微信群等网络平台，为各团体之间的信息互通提供有力支持。

学生干部在使用这类平台时，不妨积极参与有关学习，以此促进个人能力的不断提升。不同平台所搜集和呈现的学习素材和文献资料各有侧重，对于学生干部而言，可重点关注工作职责、实操经验分享、管理研究成果等方面的内容。学生干部通过相应学习能准确把握工作职责，让个人的业务素养有进一步的提高。

在网络平台的帮助下，能高效、精准地安排一项工作任务，学生干部能够及时沟通汇报工作情况，交流工作心得。

2."互联网＋管理"体系下学生班级、社团的自主管理

（1）班级事务的自主管理

班级日常事务颇为琐碎，囊括学习、纪律、卫生等多个方面，在践行班级事务管理工作时，应尝试和"互联网＋"技术应用相结合，可以大幅提高自主管理效能。例如：对于不牵扯到个人隐私的那一类班级信息，可开放权限供班级成员共享查阅，方便同学之间的信息互通和探讨，借此提升整个班级的凝聚力。其他信息如出勤、奖惩、安全、

宿舍卫生以及系部通知等，均能通过网络平台予以快速发布，在方便学生了解的同时也为配套监督提供了可能。平台兼容的互动功能还能够便利班级学生之间的讨论、交流，成为民主管理的有力工具。

（2）集体活动的自主管理

纵观高校校园生活可知，班级及社团活动堪称其主体构成。两者设立的 QQ 及微信群扮演着重要角色，是发起、组织各类活动的重要载体。以桂林师范高等学校易班工作站为例，其牵头举办的较具影响力的校园活动有易班班徽设计大赛、"爱心筑梦、共沐书香"捐书活动以及寻访烈士足迹为主题的志愿者活动，其他不少教育教学、生活服务、文娱健身活动如"易找书""传课达"等也通过易班工作站功能模块进行策划组织。

（三）"互联网＋管理"体系下学生个人的自主管理

在高校自主管理体系中，学生自主管理是关键组分。高职高专学生个人的自主管理主要表现在个人学习、个人生活、参与集体事务等诸多方面。得益于"互联网＋"技术应用，前述自主管理能够较为顺利地实现。

1. 个人学习的自主管理

该管理覆盖面颇广，包含个人学习的目标、规划、资源、态度、方法等诸多方面的自主管理。依托学习自主管理的网络平台，学生能够较为简单便捷地发现丰富的学习资料、参考文献，在与同学作广泛交流、深入讨论后，进一步厘清学习目标，拟定学习规划，挖掘学习资源，通过比对分析，在贴近个人学习的"最近发展区"中，选定最合适的学习方法，以增强学习效能。

2. 个人生活、纪律的自主管理

网络平台是大学生坚持自律行为、自主管理的有力工具。网络平台常态化推送和生理或心理健康有关的各种科普常识，宣传一些正向性的价值观，以润物细无声的方式引导、规范学生的学习和生活方式，使其更趋健康、合理，帮助学生形成稳定、积极的心态。平台因时制宜地发布和作风纪律、宿舍管理、校园生活等有关的通知事项或要求，这也是督促学生自律生活的重要方式之一。学生离校外出时，除及时履行报备手续外，还要通过QQ、微信等社交工具与指定联系人保持沟通，杜绝安全隐患。

3. 个人参与集体事务的管理

该种管理亦是高校学生自主管理的一个关键标志。建立运行"互联网＋管理"体系的基础上，每一个同学都可以及时获知班级事务信息并自由发表意见，即便是性格内向的同学也能够鼓足勇气说出心里话，谈谈自己的见解，这对于调动大学生参与自主管理有很好的积极作用，人人均被赋予了主人翁身份并以此身份介入到集体事务管理活动。在互联网的助力下，不少活动能够借由网络平台加以推动开展，大学生也因此获得更多的管理和实践机会，自主管理水平也因此得到不断提升。

四、"互联网＋学生自主管理"的运行和监管

（一）培养一批网络业务技术骨干

培养专业、精干的网络运维团队，是保障网络平台正常运行的有力人才支撑。团队可向各专业、各年级征召和挑选有较好网络应用技术基础，工作热情高、责任感强且甘于奉献服务的同学加入。在开展好业务培训的基础上，逐渐成长为政治素养高、技术过硬的网络平台运维团队。

（二）制定相应的规章制度

纵观"互联网 + 学生自主管理"可知，网络平台便是它的基础载体，其运维活动必须严格遵守《个人信息保护法》等法律规章，也要遵守院校制度规章。如用户权限和权责义务，用户认证，限制性规定，个人隐私保护，网络语言文明等，都要纳入监管范畴。

（三）辅导员发挥好引导、服务和监管作用

学生自主管理，并不是说辅导员可以完全不插手，其实质是进一步优化管理模式，推动其发生有益的革新转变，不再局限于命令式管理，转而推崇服务式管理。

1. 扮演引导者的角色

高职高专学生这一群体的自律意识相对薄弱，辅导员应重视和做好引导工作，鼓励学生自行设计自主管理的制度、目标及规划，循序渐进地推动目标落实，以时不我待的主人翁精神参与自主管理。

2. 培养学生干部，指导学生干部工作

做好学生干部的培训教育工作，锻炼培养出一支素质高、技能优的干部队伍，使他们在学生自主管理活动中担负起主力军和中坚骨干的作用。对学生干部如何推动工作提供针对性的指导。协助设计工作方案，有目的和有规划地付诸实践，梳理和归纳正反经验，熟悉工作要点和技能，动态优化组织管理能力。

3. 做好"互联网 + 学生自主管理"的服务工作

主动对接相关部门和教师，第一时间在线发布相关信息、文献资料、PPT 课件和学习资源等，推送介绍内容积极健康、有学习价值的网站链接。持续挖掘网络学习资源，赋予网络平台持续吸引力。

4.加强对网络平台的监管

随时关注易班、QQ 群、微信群动态信息，以及学生情绪特别是异常表现。内向、沉闷的学生要给予更多关注、引导和鼓励，使所有学生的自我管理能动性得到调动激活，积极践行自主管理活动。多和班干交换意见，方便对班级动态的有效掌握。对于不良信息和负能量的传播侵蚀要采取零容忍的态度，避免自主管理半途而废。

第五节　互联网＋心理健康教育管理

构建网络教育平台，为高校心理健康教育管理另辟蹊径，也导致传统教育模式遭遇了颇大挑战。网络是一种新兴的教育工具，在为心理健康教育活动提供支撑时，离不开教师的从旁指导，如此才能真正发掘发挥其价值，缓解此类活动当下所面临的困境，为大学生健康人格的塑造和发展提供助力，不仅包括理论上的支持，也涵盖技术上的助力。

一、心理健康教育管理的相关概念与界定

（一）心理健康

联合国世界卫生组织（WHO）于 1946 年成立，甫一成立，就关注到心理健康的问题，并定义概念如下："心理健康指并不存在心理疾病或变态，个体社会适应能力良好，且人格健全、心理潜能有效挖掘，可在正常条件下实现对人之心境的最有效发挥。"[1]

---

[1]　周姣．网络时代高职院校心理健康教育管理研究 [D].东南大学，2017.

《简明不列颠百科全书》："心理健康，即个体在自己或所处环境准允的条件下所能达到的最为理想的功能状态，然而此类状态不等同于绝对完美状态。"

《辞海》对健康的解释是："人体器官功能良好、发育正常，有健壮体魄和旺盛精力，工作效能保持在相对理想的状态。"

心理学家英格里士的定义是："心理健康，即对一个人特定时段心理状况做出的描述，当事者在一定情形中存在较佳的适应表现及较旺盛的生命力，能实现对个人身心潜能的有效发掘发挥；可被理解成一种积极的、正向性的情绪反馈，并不单单指免于心理疾病。"

综上所述，可以确定心理健康是突出强调个体内外部有良好的协调适应性的心理状态。且心理健康有广狭义之分，广义概念指兼具有高效、满意、持续等诸多积极特性的心理状态；至于狭义的心理健康，通常指的是过程不缺失、能做到有效协调的这一类个体心理活动，涉及认知、情感、意志以及行为等诸多因素之间的完整搭配和有机协调。

（二）心理健康教育

《心理学大词典》的界定：心理健康教育（education of mental health），即聚焦心理健康推动的教育活动，教育内容由多方面常识组成，包括宣贯和心理健康有关的各项基本知识、打造和强化心理健康意识，指导受众习得一定的心理调节方法，知晓心理障碍的各种常见征象，系统吸纳心理健康的各类常识等。在常识教育这一块，其核心是指导受众掌握一定的学习能力、协作能力、社会适应能力等。

在推动心理健康教育时，先要明确学生这一群体普遍的身心发展规律并给予充分尊重，因地制宜、契合实际地引入有关心理教育措施，淬炼该群体的心理素质，助力其身心综合、良性发展。对于一个人来说，青少年时期是其关键成长阶，务必要形成和保持健康心理，对其心智活动与学习效果乃至于对现实生活的态度和健康人格形成都可能产生直接或间接的影响。

　　大学生自我意识的成长，还将在一定程度上影响其各方面能力，如工作能力，进而会给其个人价值的发挥带来巨大影响。国内外学者关于心理健康教育的定义，存在些许区别，但核心思想大致相同，总体而言，学术界一致认同应基于广义、狭义视角去看待心理健康教育。本书所探究的狭义心理健康教育，特指学校心理健康教育，是基于心理学理论和技术为指导，尊重不同学生身心发展的差异化特征，深入学校教育教学工作，有目的、有方法地向学生传授有关知识，助力其心理素质的良性、持续发展，在此基础上收到身心一体化演变效果的一种意义非凡的教育活动，其涵盖诸多内容，例如心理咨询、治疗、配套的健康教学等，除防范和应对心理疾病之外，心理健康教育的目的更侧重于优化教育对象的心理素质，为其综合素养全面发展提供有益助力。

（二）心理健康教育管理

　　教育管理指政府为促进教育事业发展所采取的组织、领导和管理行为。涵盖两大块内容，一个是教育行政管理，另一个是学校管理。学校管理涵盖诸多内容，其管理对象也是颇为丰富，例如学校各机构的效能、工作成效、人力资源引入和利用情况等。对于心理健康教育管理，也可将之纳入学校管理的范畴。如同前文介绍的那样，教育管理的实质集中体现在，科学管控、引导和协调受众的相关行为，对教育资源进行科学安排和有机利用，服务于既定管理目标的达成。有鉴于此，本书对心理健康教育管理作如下定义：基于教育学、管理学理论和技术，从人、财、物力等视角出发，立足心理健康教育与教学工作的开展，从组织领导、师资建设、设施设备、教学模式、教学质量等方面着手，系统推动心理健康教育的管理行为的集合。

二、加强大学生心理健康教育管理的意义

大学生心理健康教育在高校思政教育工作中处于尤其特殊的位置，是新形势下践行教育强国战略、实施素质教育的重要举措，对于服务学生成长成才具有不可忽略的重要意义。

推动高校心理健康教育工作落地落实，基础工作是打造一个运转良好的组织管理系统，管理系统的设置直接影响心理教育活动的效率。心理健康教育管理是一个复杂的系统工程，其管理模式是一个发展性的教育模式，而非医疗模式和德育模式。大学生心理健康教育管理必须坚持"以人为本"，遵循教育规律和大学生成长规律，响应新时代对人才培养的新要求，从体系建设、体制规范、队伍打造和路径拓展等方面多向发力，建设形成完整健全的心理健康教育管理机制，为相关教育工作推动提供可靠保障。

由既有经验可知，若想切实做好心理健康教育，要点有四：一是领导重视，管理服务政策落地；二是组织体系健全，职责清楚厘定；三是各涉及主体踊跃参与，积极性高；四是管理与服务机构履职尽责，不推诿卸责。但目前许多高校心理健康教育的组织管理系统还不能达到这四点，因此加强高校心理健康教育组织管理系统的建设是当前迫切需要解决的问题。

三、互联网时代大学生心理健康教育管理

（一）积极打造"互联网＋课程"平台

大学生心理健康教育在"互联网+"时代呈现愈发明显的开放性、及时性特征。这不仅为面向高校学生的心理健康教育创造了不俗机遇，同时也带来了颇多、颇大的挑战。对于大学生这一群体来说，其应当具备良好的心理健康状况，主要反映在下述方面：求知欲望强，心态积极，意志顽强，人格修养健全，积极融入集体环境，客观正确的自我认知，有良好的社会适应能力，心理状态与年龄特征相符合。网络平台搭建，尤其是"互联网+课程"平台的架构和投入使用，为高校更高质地推动大学生心理健康教育提供了必要且关键的切入点。高校心理健康教育工作者要摄录、制作面授课程视频和讲座录音录像，并上传到"互联网+课程"平台。广泛利用微信等平台的宣传功效，面向特定受众以定期方式推介适宜知识。网络平台管理员对用户线上动态的异常现象应予关注和处理，在科学分析分类的基础上，推动目的明确、易为大家接受的心理健康教育活动。邀请专业教师参与活动，为学生面对面地释疑解惑，使其心理健康问题获得及时有效的解决。此外，高校官方自媒体公众号要积极推介、展示心理问题处理的典型范例，科学引导大学生应对心理问题。

（二）建立家校合作模式，帮助家长更好走进学生内心

家校合作模式在帮助大学生摆脱心理问题方面有着相当积极的作用。"互联网+"背景下，家校合作模式的建立与推动尤其必要且重要。以班级为基本单位打造家校微信群，扫除家校之间的沟通障碍。在大学生心理健康教育实践中，高校是当仁不让的工作主体，应以定期方式在家校微信群内普及相关知识，为家长与子女之间的沟通提供指导服务，使其能够针对性地采取科学合理、易被接受的处理方法，解决子女心理健康问题。原生家庭情况是大学生心理压力的重要来源之一，对此，群内有必要重视和做好家长思想工作，引导和助力其教育观念

的与时俱进。负责这一块的教师应主动介入，为群内家长和学生提供帮助，以及做好一应管理工作，发挥良好的协调作用，促进学生与家长的良好沟通。中国式父母往往"望子成龙""望女成凤"，大学生承载着家庭的希望，但这也恰恰导致大学生面临巨大的心理压力，但多数家长都对心理健康知识了解不多、不深，难以发挥出真正有价值的教育效能。在大学阶段，大学生长期住校，很难和父母进行充分沟通，易形成亲子代沟。对此，微信群内对家长的辅导可由此着眼，指导家长放平心态，坦然面对学生未来的拼搏成长，对子女成长成才、婚恋生育有合理的期望。这同样也为家长提供了了解学校的窗口，利于家长对学生的成长充满信心。

（三）积极发挥大学生的自我教育能力

大学生独立意识强、自我发展意愿明显。因此应当要注意其自我教育能力发挥在心理健康教育中的积极作用。心理健康教育的重点是传授心理调节的方法技巧，告知适宜的问题处理方法。部分大学生身陷心理问题无法自拔的主要原因是，其遭遇心理困惑时，不能就此作出理性评价，也无法正确看待个人的自我认知能力，换言之，即个体适应性能力、自我调整能力存在欠缺。对此，心理健康教育老师可引导大学生看待心理问题的视角，如推荐有关书籍《如何控制自己的情绪》，书中所述的情绪管理理论，能告知学生管控好个人情绪的重大意义和常用手段。另外，强化该群体的求助意识也是必要的。囿于阅历、眼界所限，大学生难免遇到自己无法解决的心理问题，对此除给予正确指导外，还需要为其明确有效且安全的心理问题求助路径，营造良好的朋辈氛围就是其中很重要的一条措施。研究显示，对于心理学理论实践应用来说，朋辈氛围是它的一大前提要件，应当着力架构基于平等理念的咨询关系，进而走进个体、聆听心声。为大学生提供的心理咨询环境应当尽量摆脱时空区域的限制，心理咨询场所不拘泥于实验室、课题组。当然，考虑到心理问题大多具有隐私性的特点，所以在推动心理咨询事务的实践中，应尝试拉近彼此关系，形成互信氛围，以便袒露心声。

（四）建立电子档案，持续提高大学生心理健康素质

在打造心理健康问题筛查平台的过程中，应明确"互联网+"技术的定位，即应当肯定其基础作用。通过网络问卷推动配套的心理测试工作，可以有效保护学生隐私。关于受试大学生心理健康问卷测试的分析结果，单独建档保存，科学细化学生所面对的各类心理健康问题，在此基础上有针对性地落实教育工作，这对于疏导大学生负性情绪有重要积极意义。应用"互联网+"创新教育形态涌现出诸多成果，例如制作微电影、相关主题的PPT、电子杂志等，可机动灵活地呈现相关成功案例，发挥鼓励效应，促使大学生这一群体更积极、更深度地介入到心理健康教育活动中去。在形成或使用相关电子档案的过程中，应有机结合对新媒体技术的使用，立足学生的差异化需求予以针对性满足。引入高效记录方式，收纳经典案例并做到高效取用，也能发挥由此及彼之效，了解当代大学生亟待满足的心理健康需求。建议使用所谓的全过程记录办法，为后续分析提供支撑，也为结果生成提供保障，借此全面、精准了解目标群体的心理健康状况，不仅如此也能为之供给持续、专业、高质的跟踪服务，关心、关注和关爱学生心理健康。特别是重点帮助已暴露出精神障碍初期症状的学生，及时干预介入，防止其出现伤己伤人的极端行为。

第六节　互联网＋高校学生事务管理

一、高校学生事务管理概念及其内容的解释

（一）高校学生事务管理概念

西方国家将学生事务管理定义为高校对学生事务的计划、组织和领导。一般来讲，学生事务涵盖课外活动、住宿生活、心理健康教育等。高等教育发展之初，仅存在有"学术事务"的概念，学生事务在这一阶段被视作为学术事务的一部分。进入 19 世纪，高等教育规模持续扩大，学生事务的工作量也随之快速增长，并渐趋从学术事务中独立出来。按照社会背景或事件进行区分，国内学者针对美国学生事务管理发展阶段提出多种划分观点，包括三段论、四段论、五段论和六段论等。直至 20 世纪中叶，学生事务管理的概念内涵趋于定型，定义为借由管理和服务，实现促进学生发展的各项教育活动的集合。

在我国，学生事务管理定义为高等学校对学生施加教育影响，对学生在校行为采取指导服务，达到育人育才根本目标的组织活动。其中涉及的教育活动涵盖非学术性事务和课外活动两大类。鉴于我国教育事业发展的特殊情况，不同历史阶段学生事务管理的内容和侧重点不尽相同，但总体上呈现出持续完善、丰富的过程，先后纳入学生事务管理范围的有就业指导、心理健康教育、助学计划等。

（二）高校学生事务管理内容

1. 思想政治教育

思政教育是高校学生事务管理中较为关键的一部分内容。这是基

于我国高校学生事务工作实际，充分考虑国情的选择。思想是行动的指南，因此，思想政治教育是高校学生事务管理中的重中之重。做好政治引领，增强学生政治认同感，坚定理想信念，以及对学生进行良好的人格塑造是思想政治教育这类事务中的两项重要内容。

（1）政治引领

加强对大学生的政治引领是社会主义大学本职属性的要求，也是大学生全面发展的需求。政治引领主要包括政治认同教育、形势政策教育、党团建设三个方面。通过课堂知识传授和社会实践，让学生了解国情、党情、社情、民情，使学生从心底认同中国特色社会主义道路、理论、制度的优越性，正确认识中国的发展现状，正视在经济全球化中机遇与挑战并存的现实。

（2）人格塑造

现代社会对当代大学生人格发展提出了新的要求，要求大学生自主自强，拥有崇高的理想和信念，具备适应社会环境的能力、创新精神、合理的知识智能结构。人格塑造可细化为人生观教育、品性教育、审美教育、劳动教育、自我认知与发展教育、心理健康教育六项具体内容，这六项内容共同构成了一套完整的人格塑造体系。

2.学生发展支持

在高校学生事务管理中，学生发展支持也是一项重要内容，具体包括以下几方面。

（1）学习支持

高校充分借助专业教师、管理人员、专职辅导员及高年级学生帮助大学生学会学习、热爱学习，培养自主学习习惯，进而达到学习素质和学习能力"双提升"的目标，即大学生学习支持服务。指导学生思考和回答"什么知识最有价值""如何学习更有成效"等学习的基本问题，是大学生学习支持服务着力解决的核心命题，要帮助学生明确与时代新人素养要求相适应的学习观念，厘定学习目标，开发学习资源，完善学习手段，调适学习心理，钻研学业、掌握技能，力求为高起点的职业生涯提供有力支撑，进而奠定终身学习的基础。学习支持的实质就是系统的学习指导，兼具有全方位、全过程等特征，内容涵盖学习观念、目标、内容、方式和心理等。它具有学生学业过程的服务功能，学优学生的拓展功能，学困学生的帮扶功能，教学互动的促进功能。

（2）成长辅导

高校推动学生事务管理，为学生成长提供辅导服务是适应新形势下学生需求呈现出个性化、多样化发展趋势的教育模式创新成果，着眼于深度挖掘学生发展潜能，立足个体差异，采取引导、唤醒和鼓励等方式方法，深度开发与激活学生潜能。它为教育教学提供了有益补充，也是新时代专业化高素质人才培养的现实需求，对于促进学生全面发展具有重要价值。成长辅导涉及面广、点多，包括新生辅导、生涯辅导、学业辅导、情感辅导、就业指导、生涯辅导、心理辅导、留学辅导等。

（3）素质拓展

所谓素质拓展，就是以培养在校大学生的思想政治素质为重要核心，着重培养创新意识、创造力与实践能力，整体提升科学人文素养，遵循现代人力资源开发相关理论，科学规划、锻炼培养、开发提高大学生综合素质的一项系统性工程。它具有全员性、全程性、导向性、实践性、自主性的特征。根据素质拓展的宗旨和目的，凝练出素质拓展的几项基本内容，即通识教育、创新创业教育、课外实践、社团活动、情商培养、领导力培养、交往能力培养、国防生军政素质培养等。

3. 日常事务管理

这里所说的高校日常事务管理，主要包括以下几方面的内容。

（1）招生注册

可细化为招生管理、迎新工作、学籍注册管理、学历学位信息服务四个专项，由招生注册办公室负责。

（2）生活服务

可细化为住宿服务与园区管理、健康服务、文体服务、民族生服务四个专项，由学生管理中心负责。

（3）行为规范管理

可细化为法律法规与纪律教育、行为规范与礼仪、学术规范、安全教育管理、突发事件处置、违纪处理与权益保护六个专项，由学生管理中心负责。

（4）奖励资助

可细化为评优评先、奖学金管理、家庭经济困难资助、勤工助学四个专项，由大学生奖励资助中心负责。

（5）毕业、就业

可细化为就业教育、毕业典礼、就业市场建设、就业管理服务四个专项，由就业中心负责。

二、互联网赋予高校学生事务管理的新特点

（一）去中介化和扁平化

高校学生事务管理融合"互联网+"技术应用的一大优势就是去

中介化。去中介化可以去除一些不必要的中间环节，为管理部门、管理对象之间的高效交互提供便利。在过去相当长的一段时间里，我国传统高校学生事务管理过于沿用"条块结合"的管理模式，管理组织结构呈现出纵向层级延伸的特征，即"学校—院系—学生"。"互联网＋管理"平台以及社交软件APP（微信、微博等）的应用，成为事务管理部门与学生直接对接的桥梁枢纽，发布通知公告、信息查询以及项目申请和缴费退费等都能借此简单便捷地完成，层级管理的中间环节得到优化简化，以"学校—学生"为主要管理结构特征的学生事务管理组织扁平化趋势愈发明显。

（二）便捷性和高效性

将互联网有机引入大学生事务管理领域，极大地方便了具体事务的办理，尤其是在一定程度上突破时空因素的桎梏，传统学生事务管理场景随之趋于解构。在后者场景中，办理某一具体事务时，学生事务工作者和大学生都必须处于特定时间和地点，如办公室等。在更趋成熟的互联网技术的助力下，大学生只要手持一部手机便能方便、快捷地登录相关平台，可以搜索和获取所需知识，也可办理一些线上业务，无须实地奔波，办事程序得到优化简化，事务办理时间明显节约，学生事务管理效率也随之大大提高。

（三）专业化和社会化

高校学生事务管理正朝着专业化的方向不断前进。在互联网蓬勃发展的背景下，促进了以智能手机为代表的各类终端的进一步发展，无论是人的思维方式抑或是工作方式均迎来了巨大变革，新思维、新技术的相继诞生及运用给高校学生事务管理者提出了更高要求，要求他们务必要与时俱进，具备更高水平的互联网素养，强化个人的信息专业能力，对互联网技术知之甚详且能以之为工具妥善解决各种工作问题。与此同时，高校学生事务管理还表现出了社会化的特点。由此带来的结果有二：一是促使高校管理向社会购买服务，以招投标形式引入专业、有资质的企业参与高校互联网系统开发和平台建设，高校建设与社会发展的联系愈发紧密。如：校园无线网场景全覆盖、学生事务管理网站和移动端 APP 开发等。二是高等教育获得公众关注并成为舆论焦点。新媒体时代，高校打破固有的"象牙塔"形象，学生事务越来越多跻身网络热搜，诸如"延毕热潮""大学生误入传销组织"等新闻屡见报端，引发公众热议。

三、互联网呼唤高校学生事务管理的新思路

高校学生事务管理创新是互联网时代教育改革的重要部分，是依托互联网技术优势，推动学生事务管理趋向人性化、智慧化的新的发展趋势，其创新方向集中表现在管理理念转变、管理平台建设和管理方式创新三方面。

（一）以大学生发展为目标，突出管理的人文关怀

高校是典型的育人机构，推动学生发展其核心工作，亦是其他各项工作的立足点。在生产及生活实践中，无论是科技还是管理其应用初衷都是便利人类生活。在互联网背景下，高校学生事务管理也要始终秉持其根本目标，即为学生发展提供支撑，用技术为学生提供更多、更充分的便捷，这也彰显了此类管理所蕴含的人文关怀理念。第一，管理者应具备生本观念，能基于学生角度看待问题，动态优个人的工作方式。事务管理以简化程序优先、网办"零跑动"优先、取消审批优先为基本原则。[1] 如：财务和后勤部门的收费项目可采取移动支付渠

---

[1] 冯鹏跃.互联网环境下高校学生管理模式探讨[J].黑龙江科学,2021,12(15):128-129.

道完成，校运动会赛事、晚会等活动可在线直播供全校师生观看，图书馆持续更新电子资源供师生下载阅览。第二，学生事务管理者要主动融入学生的"朋友圈"。此处所指的管理者除学生事务部门以外，还包括辅导员、班主任等。管理者可以时不时地在学生的朋友圈点赞、写评论，在互动交流中明晰诉求，让学生真切感受到来自校园管理者的关怀，在此基础上消除彼此隔阂，增进感情。第三，管理者要善用新媒体发声，回应社会关切。互联网时代高校教育也成为社会关注的对象，近年来一些和学生事务管理有关的事件也曾成为过热搜，在社会上引发了广泛讨论。管理者应对新媒体保持充分了解并做到高效使用，以便更好地应对社会舆论，对维护学校声誉有着极为重要的影响。

（二）以大学生需求为杠杆，整合管理平台

互联网的核心思维就是关注注重用户需求。高校学生事务管理融合平台构建同样如此，要坚持生本原则，凸显学生需求所具有的导向地位，整合学校管理平台下的一应功能模块，架构更具效能的智慧校园，厘清其各个功能层级，除用户层、渠道层之外，还包括为管理及服务提供支撑的框架层。首先，以大学生用户为对象，明确其真正需求，找准管理及服务方向。结合目标用户所属层次，可将大学生用户分为专科生、本科生和研究生，前两者的管理服务重点主要是学业课程安排、职业规划、日常行为规范、价值观塑造等，硕博研究生的服务重点则侧重于资助管理和科研引导。按照学籍状态，用户类型包括新生、老生、校友，新生用户服务内容涵盖报到注册、校（院、专业）简介、贫困生资助等，老生用户服务内容侧重于学籍管理、课程安排、后勤服务、就业指导等，校友用户页面定期更新联络沟通、母校发展动态等信息。第二，多元化推动学生事务管理与服务中介渠道建设。高校学生事务管理最主要的途径就是管理与服务，立体化建设管理与服务渠道是当

前学生事务管理的重中之重。已广泛应用的网络平台类型多样、功能繁多，如综合性门户网站、主题性教育网站、专业性学术网站、学生论坛（社区）、"两微一端"等，不足之处在于各地各校的网络平台之间缺少联通互动，绝大多数处于"各为其政"的状态，单兵作战难以发挥集团优势。高校学生事务管理要实现学生事务管理多维立体，就要驰而不息地推动"线上"与"线下"、"网页版"与智能终端、"两微"与"客户端"有机结合起来，实现管理服务的一站式、全覆盖式供给。第三，厘清部门职能，明确管理服务清单。大学生用户接纳认可学生移动事务管理的基础前提就在于管理与服务内容的"可知性"。首先，厘定部门职责。公示高校各职能部门学生事务管理与服务清单，明确事务对应承办部门，避免相互推诿卸责现象的出现。其次，突出管理与服务重点。图书馆、教务处、财务处等职能部门与大学生在校学习生活联系最为紧密，因此也置于移动端用户界面的显要位置，以便用户访问。最后，优化用户界面设计。移动端用户体验很大程度上取决于移动端用户界面设计的合理性，也对用户满意度产生直接影响。清爽直观的界面设计和简单直观的操作，能够更好地便利大学生与职能部门间的沟通。

（三）以大学生数据为抓手，做到精细化管理

快速整合数据资源并完成运算、分析，是互联网技术应用的显著优势。但要实现精准和精细化管理学生事务，基础前提在于深度分析大学生数据信息资源。因此，推动互联网与高校事务管理的融合发展，主要的切入点就是大学生数据，这也是当前迫在眉睫的问题。首先要关注大学生数据的汇总、归类和分析。信息收集指标应涵盖姓名、年龄、籍贯、专业、兴趣偏好、参加社团等，此外还要尽量完整采集生活轨迹、消费数据、互联网浏览记录和偏好等上网行为数据。全面系统整合数据资源的基础上，借此剖析其中的内在关联，能够更精准地定位其偏

好需求并提供差异化服务，实现资源深度挖掘，达到精准化管理与服务的目的。其次，关注并做好数据共享工作，立足学生事务平台将内部一应部门有机联系到一起，确保彼此信息高效互通，防范信息割裂，进而规避资源浪费、管理低效等一系列现实问题。在信息录入和传输操作中，采用统一规范标准，各职能部门及其工作人员均能在相应权限范围内调取相关数据，省却了重复采集、录入等方面的麻烦。再次，注重管理与服务事项细化，服务大学生信息需求。平台在线更新、推送大学生关注的、与在校生活学习直接相关的学生事务信息，线上线下征求大学生关于学生事务管理的意见建议，随访抽检若干事项办理情况并了解反馈意见，确保学生知情权获得有效保障。最后，持续提升管理者信息素养，将信息安全摆在更重要位置。学生事务管理的参与者涵盖辅导员、院系和各部门行政人员，管理者不但要持续强化提升信息收集、处理能力，也必须建立基于国家安全观的信息安全意识，杜绝学生信息泄露隐患，防止大学生人身和财产遭受损失。

第七章

互联网时代高校人才培养探索与实践

第一节　运用互联网优化高校人才培养的可行性

本节采用采取问卷、访谈等方式对高校人才培养模式现状进行调查，调查对象涵盖 5 所高校的教师、学生以及部分企业，问卷发放采取线上线下相结合的形式，包括实地发放、问卷星平台发放。两份调查问卷各罗列了 20 题，全部为选择题（有单选题，也有多选题），题型方面有封闭式问题，也设置有开放式问题，要求受访者基于个人具体情况如实选择。调查对象具体构成参见表 7-1。

表 7-1　调查样本构成情况

调查类别	调查对象	调查人数及有效问卷份数
访谈调查	学校领导	30 人（30 份）
教师问卷调查	学校教师	120 人（120 份）
学生问卷调查	学生（含在校生、实习生、毕业生）	285 人（285 份）

本次调查发放问卷 500 份，回收有效问卷 435 份。访谈对象以高校学生管理部门领导、工作人员及部分企业负责人为主。

一、互联网带来新的教育发展理念

理念指导行为。"智造中国""制造中国"战略的推进迫切需要兼擅专业理论和实操技能的复合型人才，但当前多数高校教育依旧侧重于理论知识传授，实践教学专业性偏弱直接造成毕业生的岗位适应能力偏弱，无法在较短时间内较理想地适应工作。由调查结果可知，大部分教师高度认可互联网优化人才培养模式，认为其引入和运用堪称正当其时，然而也有反对声音，个别教师持两可态度，认为可有可无（表 7-2）。

表 7-2　教师对运用互联网优化学校人才培养模式的看法

看法	频率	百分比 / %
有必要	104	86.67
没必要	6	5.00
不清楚	10	8.33
合计	120	100

在互联网不断发展的背景下，高校应基于社会的真正需要去打造高水平的专业化人才，在这一过程中，第一要务便是形成与时俱进的人才培养理念。高校教师应积极调整其教学观念和模式，改变传统的"教师讲、学生听"模式，要进一步提高学生的探究能力，增进提升学生自主学习管理的能力，以实操、实训、实习等多种方式锻炼学生专业技能，培养工作素质优、操作能力强的复合技能型人才。因此，高校管理者有必要深入走访市场主体，征询调研企业关于人才标准的新变化、新要求，用以指导实务工作，立足实用性角度设定人才培养目标（图 7-1）。

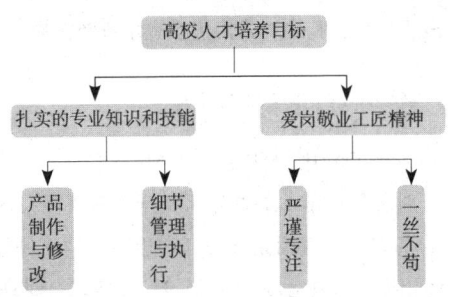

图 7-1　高校人才培养目标

二、互联网拓展高等人才培养资源

由调查可知，大部分教师指出学校未能配置数量充足的专业实训设备，37.5% 的受访教师认为能够适应实训需求，少数教师则持两可态度（表 7-3）。

表 7-3　教师对学校目前专业实训设备场地情况的看法

看法	频率	百分比 / %
能满足需要	45	37.5
不能满足需要	66	55.0
不清楚	9	7.5
合计	120	100

优质的教育资源对于提高人才培育培养成效起到基础性作用，推进高等教育事业发展，依托互联网优势和网络技术应用，打造信息化课堂，不啻于对传统教学方式的一场革命。突破时空限制的"互联网＋"教育管理与服务，可以最大限度地整合教育资源，其中可以涵盖国内外知名高校课程，又或者是学术界前沿领域研究成果。海量的教育资

源得到筛选提炼、整合利用，成为优质教学资源拓展的重要来源。

（一）数字信息设备的引入

一是尽量发掘和利用信息技术的种种优势，打造更趋完善的教育管理数据库，对各项标准（如数据采集标准等）予以统一规范。在整合相关资源的基础上，做到充分公开和透明，精简操作流程，为教育管理的动态优化提供更具力度的创新，达到教育管理提质增效的目的。二是倡议整合各地各校职业教育信息资源，依托全面铺开建设的信息基础设施，有机开发、高效应用各方面各类型的教学资源，助力职业教育的高效运行和稳健发展，在推动信息化建设的过程中，应着力打造三大项目，具体是精品课程、文献共享以及实训平台。架构更趋成熟的数字化平台应用，形成更规范、更具可行性的运行标准，打造更契合实际需求的专业学科工具，从而为全体学生的自主学习及管理夯实基础。数字化建设也为支援欠发达地区职业教育发展开辟了创新路径，优质教学资源得到即时共享，以项目教学为代表的课改教改打开新的突破口，能刺激、带动人才培养模式的新一轮创新。

（二）专业技术队伍的保障

教育信息化尤为关键，是"互联网+"背景下打造优秀师资队伍的重要保障。第一，于校内建设一支业务能力过硬、结构科学、专业性极高的队伍，强调与时俱进地提升其教育信息化水平，为该领域教育的稳步推进夯实人才基础。多措并举地丰富、强化教师的信息实践能力，推动其教学理念的动态优化，革新其教法和模式，以此保证教学的实际成效。以定期方式落实培训工作，在培训内容这一块，强调对知识更新、吸纳及提升，确保专业技术人员立足本职，关注学科前沿领域的新理论、新知识以及新技术，不断健全个人的知识结构，促进专业技术人员与时俱进地提升个人的自主创新能力、教育技术应用能力。第二，实行资源共享，完善产学研合作机制，督促合作企业拟定执行人才培养方案。企业务必要积极履约，担负起相应的育人职责，如成立专门机构并为之配备专职人员，和高校就人才培养事宜做好接洽工作；派员参与或指导帮助实训基地、专业精品课程建设；通过"轮岗顶岗实习""订单培养"等形式开展人才培养合作；改革应用学徒制，实现人才培养模式创新等。选定试点专业，校企共同招生、制定培养方案、开发课程与教材，在教育教学、师资建设、实训实习等方面开展深度合作，将促进企业发展效率和质量双提升以及高素质专业型人才培养作为合作目标。企业派员指导学生实训实习，保证学生娴熟掌握各项专业知识和技能，为学生将来更快、更好地适应工作岗位奠定基础。

三、互联网给学校及师生提供平台

（一）改革创新是高校发展的第一动力

在经济社会不断发展的大环境下，知识技能代谢也更趋频繁了，随之而来的是企业对于专业化技能型人才给出了更高要求。高校有必要响应时代呼唤，立足国情、企情，激活所有可加以利用的积极因素，在助力教改事业上稳定发力。引入信息技术并通过它去优化、改造传统教学，建设基于"互联网＋"技术应用的专业课程体系，实质就是推动自主学习管理为内核的教改课改，实现信息技术与教育教学深度融合。网络学习空间的建设利用，在高等教育事业均衡、公平发展中起到了重要作用，优质教育资源的深度挖掘使得人才培养模式趋于优化，利于保证全体学生的整体发展。聚焦优质教学资源，予以系统且深度的发掘，能实现对技能培养所涉及的一些疑难重点问题的妥善解决。

此外，在教学质量检测领域也可有机引入信息技术，能更全面、更精细地收集相关教学数据，为效果分析提供支持。

（二）教师是高校发展的第一资源

在党的十八大之后，习近平总书记曾先后多次谈及教育工作并给出了重要指示，系统阐释了新时代教育事业发展亟待解决的方向性、全局性、战略性问题，这也是中国共产党科学认识、掌握和运用教育发展规律上升至新高度的重要表现。习近平总书记认为，教师队伍建设是教育强国战略实施的一项基础性工作，政治性强，和民生福祉高度挂钩，所以更需打造一支"能打硬仗"的创新型教师队伍。

在选取《高校教师兼职情况的调查研究》相关资料中，发现高校有兼职的教师高达53.4%，占总人数的一半以上，这说明高校教师兼职是较为普遍的。针对此国家制定了相关标准，专任教师配备要与学校办学规模相适应，兼职教师比重酌情调整。

笔者在访谈中了解到，少数学校尤其缺少"双师型"教师，教师数量相对短缺，和学校实际需要之间有一定差距，关注信息化教研的教师过少，教师普遍缺少信息化素养提升的意愿。总体而言，相当数量的学校在师资队伍建设上还有较大提升空间（表7-4）。

表7-4　教师对学校目前师资队伍状况的评价

评价	频率	百分比／%
数量充足	66	55.00
数量不足	50	41.67
不清楚	4	3.33
合计	120	100

在互联网背景下，高校教师需要明确个人的职业目标，合理规划

个人的职业成长路线，积极强化专业技能，主动介入到教研科研活动中去。有目的、有规划地推动教学活动，与时俱进地拔高教学信息化能力，依托信息技术载体促进师生互动。高校应当着力打造"两个平台"。第一，教学展示平台，综合运用包括展示课、竞赛课及研讨课在内的一系列形式，为专业课程体系的架构和完善指明方向，充分调动广大教师的工作热情。引导教师多参与、多进行那些创造性工作，钻研学习国内外学科前沿领域的教育方法，倡导集思广益的工作模式，优化教法，创新学法，明确症结并予以针对性解决，有的放矢地设计人才培养方案，拟定课程标准，编写教案，院系开展教学素材资源共享、教学经验传帮带等活动，鼓励教师抓好教研科研，再探索适合学情、校情的优质教学路径，从而为出成绩夯实基础。第二，信息化课程教学平台。通过严谨流程筛选出合格的学科带头人，指导推动专业业务开展，提倡教师终身学习的理念，综合运用包括专业讲座、专家座谈、"青蓝工程"在内的一系列形式去动态强化广大教师的互联网思维，同时促进其实操能力的稳步提升。在打造教学平台的过程中，应遵循公开、及时、共享等原则，以便全面且精准地把握教育质效，鼓励教师深度挖掘专业教学素材资源，鼓励学生自主收集专业课程相关资料，教师可给予点评并作知识拓展。

（三）学生发展是高校发展的第一要务

调查显示，大部分学生认为当下的专业课程和企业提供的工作岗位之间保持着较高的适配性，在课堂上学到的那些知识及技能，大体上可以支撑实习需要，符合用人单位给出的岗位胜任力标准。然而也有一些学生给出了反对看法，小部分的看法并不明确，态度模棱两可（表7-5）。

表7-5 学生对学校人才培养情况的看法

看法	是/%	否/%	不清楚/%	合计
现专业课程与企业岗位匹配	184（64.56）	67（23.50）	34（11.92）	285（99.98）
课堂上掌握知识和能力	239（83.86）	28（9.82）	18（6.31）	285（99.98）
主动进行课外学习	163（57.19）	96（33.68）	26（9.12）	285（99.98）
所学知识和技能满足实习要求	187（65.61）	65（22.80）	33（11.58）	285（99.98）
毕业时（后）直接胜任企业工作岗位	149（52.28）	55（19.30）	81（28.42）	285（99.98）

学生求职期间往往遭遇这样或那样的困扰因素。绝大部分学生主张缺乏实习经验和工作经验是求职被拒的主要原因。但在校期间的实训教学未能考虑到社会和企业的人才需求；理论教学、实操实训之间有一定割裂，尤其是和实际工作之间有较为明显的脱节（表7-6）。

表7-6 学生关于求职中困扰因素的评估（多选题）

评估	频率	百分比/%
学校指导不够	60	21.05
对岗位专业知识缺乏了解	160	56.14
自身专业能力不足	140	49.12
求职方法技巧欠缺	125	43.86
缺乏实习经验和工作经验	194	68.07
对企业招聘流程和基本要求缺乏了解	105	36.84
其他	38	13.33

学生发展至关重要，堪称学校的生命线。"互联网+"时代培养高素质人才，必须绷紧人才培养质量"这根弦"，运用好互联网信息

技术工具，开展好移动学习、翻转课堂、远程课堂等各类教学模式，推动教改课改持续创新，进而收到教、学之间的充分互动，营造教学相长的有益局面，通过对教育教学质量的不断拔高，推动人才培养质量的与时俱进。因此，高校必须坚持生本原则，一是对学生给予充分关爱，基于他们的实际需求，为之提供更多、更优质的发展机会，维系好师生之间的和谐关系；二是对学生给予充分尊重，创设民主气氛更为浓郁的校园环境；三是对学生给予充分宽容，学生事务管理者要善于听取不同意见，主动推动营造和谐融洽的教育环境。着眼学生全面发展，将"互联网"思维引入教育教学，督促学生专注知识技能的提升，以更好地契合时代和用人单位关于人才的实际需求。

1. 有效激发学生兴趣

由调查可知，大多学生在学习方面陷入了如下困境：基础不牢靠，学习态度不端正，提不起学习热情等（表7-7）。

表7-7　学生对学习困境的评价

评价	频率	百分比 / %
不会利用互联网教学资源	69	24.21
学习基础差，缺乏学习兴趣	113	39.65
不适应互联网教学方式方法，觉得跟不上	69	24.37
不知道课前课后怎么预习复习，依赖课堂	93	32.63
不具备互联网思维，倾向传统课堂教学	60	21.05
其他	62	21.75

叶圣陶先生曾说："学习是学生自己的事，不调动他们的积极性，不让他们自己学，是无论如何学不好的。"强迫无法培育出人才，更

不用提高质量人才了。在教育实践中，应对学生善加引导，帮助其感受学习的乐趣，进而在兴趣的指引下徜徉知识的海洋。学习兴趣并非天生的，教师的刻意引导扮演着尤为关键的角色。

在培养学习乐趣的过程中，第一要务是将学生思想工作落到实处。科学规划和安排学习内容，引导学生形成并保持正确的学习态度，找准学习方法。职业教育课程改革必须立足教材，也需针对课堂导入环节做重点设计，赋予该环节足够的趣味性，进而实现对学生学习兴趣、热情的充分激发，使其不自觉地增强对课程讲授的专注度。互联网教学素材的引入能使学生获得直观生动的感官体验，借由设疑激趣的方式，可以使学生更快地进入学习情境。

首先，在使用互联网教学信息技术平台的过程中，不同学习进度的学生均能参与其中，均被赋予了一定的发表个人见解的平台和机会，也能从中收获极大的成就感。第二，应当引入适宜的、高效的教学方法。学习方法找准用好，是培养专业技能的关键所在。教师除讲授专业知识以外，更要指导学生总结规律和掌握技巧，在有限课时内获取更多效益。以专业术语的学习理解为例，枯燥的文字阅读不易记忆，而在线播放专家讲座或演示实验，则能够很好地启发学生，这对于学生观察能力、想象能力的培养也大有裨益。第三，组织专业技能竞赛。彰显个性、展示自我是大学生的重要性格特质，利用教学信息平台，以随机点名、抢答等形式抽取学生展示学习成果、专业技能或设计作品，不但能够活跃课堂气氛，也可以使学生把握好展示机会，感受到成功的喜悦，更加珍惜荣誉。

2. 创设情境深化德育教育

德育的主要目的是帮助学生具备一定的思考和辨识能力，进而使其形成科学价值观，最终助力其可持续发展。企业推动招聘活动时，除考查学生的专业技能外，同样会关注其品德操行、为人处世表现、团队精神等。就此而论，加强德育教育是高等教育工作的重中之重。反映在专业课程建设中，就是要在课本知识点讲授中有机融入德育教育内容，追求智育、德育之间的有机统一，助力学生健全人格的打造，促进其全面发展。互联网给大学生成长成才和社会交往带来诸多便利，也给该群体的各个方面特别是思想观念带来直接且巨大的影响。第一，促进了德育教育的进一步普及，可更为理想地解决学生这一群体的普遍心理问题，使其有机会接受及时、高质的心理辅导，储备更丰富的心理知识，进而使得德育工作拥有了更高水平的社会化程度。以新冠疫情防控期间的网课组织为例，学校在互联网平台的助力下，通过"开学第一课"这一新颖形式细致介绍了疫情发展动态，要求学生关注个人和他人的生命健康，要将自我防护落到实处，同时还要摒弃诸如焦虑之类的负面情绪，稳定心态抗击疫情，将抓好学业作为首要任务。第二，互联网传播不仅具有多媒介特性，还表现出了大容量信息的一面，能进一步充实德育教育素材库，也进一步丰富了德育手段，赋予德育工作以更多新机遇。第三，利于帮助教师知晓和掌握学生思想动态，据此有的放矢地推动相关德育教育，取得更好教育成效。互联网时代，我们必须把握好网络为德育带来的机遇，灵活转化德育方式方法，服务于学生健康成长。

3. 引导学生主动参与学习

学生的知识框架建构、知识内化水平各不相同，但传统课堂中，教师授课必须统一进度、内容，"开小灶"的情况极少出现，这不但导致优秀学生的发展受到无形限制，后进生听讲时也常常云里雾里、不知所以。伴随着信息技术和智能技术与高等教育建设的深度融合，互联网教育成为当代高等教育发展的重要趋势，数字资源、优秀师资、教育数据实现在线共建共享，智慧课堂普遍建立起来，线上线下混合教学的成效得到师生普遍认可，对于促进学生自主个性化学习也发挥了积极作用。具体实践是：教师预先完成教学设计，按照促进探究意识培养、认知框架构建的思路，指导学生协作学习。课程知识点由浅至深、由简单到复杂，按照发展脉络区分为基本任务和高级任务，此类任务均是履行课堂教学任务的、不可或缺的基础环节。在教学设计环节，不仅要明晰基本任务和高级任务，还需明晰两者之下的各项子任务，要求学生参考自己的学力水平选取某一步骤作为起点，在规定课时内完成学习。虽然学生们完成的任务点或有差异，但各自都有收获，未完成的任务点可以安排课后自学。其间，教师要注意激发调动学生的探究精神，鼓励学生主动参与学习，由此才能够充分彰显教师指导作用与学生主体作用的有机结合。

四、互联网改变高校人才培养方式

（一）构建信息化教学过程，重视应用能力培养

21世纪人类跨入了信息爆炸时代，教育教学也踏上了信息化发展进程，其主要目的表现在培养和拔高学生的实际应用能力。常言道，学以致用，能力堪称知识的目的所在，应对知识予以灵活运用，从而实现对实际问题的有效解决。应用能力培养主要反映在两方面：一是信息搜集、整理能力培养。学生必须适应时代要求，要着重优化个人的信息意识及实操能力，尤其是如何通过信息传播工具以便捷、高质地搜集所需信息。第二，着重提升知识运用能力，在此基础上助力创新能力的提高。由现状可知，专业知识更新频率有了显著提高，如此背景下学生务必要具备自主学习意识和能力，推动知识技能向实践应用方向转化。学生作为教学对象，要主动增强信息化学习意识，开动脑筋搜集、整理、分析、汇总有效学习素材，确保信息化教学得到高质推动。

（二）搭建网络社交平台，营造师生互动环境

网络社交发端于校园，在国际上极具知名度的社交平台 Facebook 便来源于哈佛大学。基于互联网技术应用的网络社交，获得高校师生的广泛认同。本书调查的 5 所学校中，全部受访者（包含学校教育工作者、学生）均在 1 个及以上的社交网络平台注册。由此可见，在社交网络体系中，高校师生的活跃度是排在第一位的。社交网络在信息互通方面占据极大优势，借助社交网络能为学生的创新发展搭设与之高度契合的教育环境，有其重要优势：一是分享信息和资源的效率高；二是能够搭建在线教育平台；三是促进产学研合作，畅通校、企、学生、家长等各方面主体间的交流。社交网络平台在高校普及推广，更以各种形式渗透融合到教学、管理、文化、生活等一系列领域。因校园网络被赋予了一定的权威性，信息互动效率和频率均大大提升，并由此完成基于特定主题或话题的教育社交圈构建，交往环境也被赋予了更大的安全系数，人和人之间的信任度也会有所强化。在网络环境下，现实人际交往对象发生了极大转变，即转变成了网上交往对象，交流互动时间、频率增加，除了能够拓宽彼此的交际圈，促进情感投入，现实中的人际关系也因此愈发亲密和稳固。

（三）开展专业技能竞赛，着力培养创新精神

纵观当代大学生可知，其思维活跃，颇具创新意识。学校可以网页制作、动画制作、程序设计为主题，适时开展信息技术领域的专业技能竞赛，也可以吸纳学有专长的优秀学生，参与到院校网站建设和维护中来，使学生愈发清晰地感受到互联网的诸多益处，进而主动接触相关技术，不断优化个人的信息素养。在创新人才培养这块，竞赛项目发挥出了重要的载体作用，借助互联网平台推动不同规模的竞赛，能够直观发现彼此间的差距或不足，以后学习中，更注重检视自我，

补缺补差，进一步强化个人的"互联网+"精神，为其后续成长奠定基础。在现如今的高校中，信息化技能竞赛已颇为常见，在激活学生创造意识和拔高其创新能力方面发挥了相当积极的功效，利于学生专业视野拓宽、实操能力提高，进而推动创新能力和创新思维的全面发展。

第二节 运用互联网优化 高校人才培养的策略

一、运用互联网优化课程开发和课程结构

一方面，依托互联网的种种优势，进一步提高优质资源共享效能。对于互联网而言，它的一大突出优势是，不仅做到了数据互联互通，也做到了资源共享共用，得益于此，在一定程度上规避了重复建设问题，还有效打破了信息孤岛的桎梏，避免出现各自为战、各自为政的现象。在教育信息化平台投入实际使用之后，教师可便捷地实施资源搜索和下载，为其教学工作的高质展开提供了极大便利；学生可通过此类平台展开在线学习，不仅支持课前预习，也支持课后补漏；平台也成为家校互动的重要载体；教务部门也获益匪浅，可借此有序开展教务管理等一应事宜。笔者通过调研了解到，深圳学校配置了一定数量和规格的多媒体课室，引入了高清摄像机、录播主机、拾音话筒等设备，并配备安装有电子应用系统、录播在线互动软件。一体化课室均实现网络全覆盖，计算机系统、投影仪等各型设备一应俱全。执教教师授课过程中，可以同步面向结对帮扶的韶关（粤西北地区）某校开展视频互动教学，由此达到课堂、实训与辅导同步的效果。互联网平台和信息技术手段的深度应用，有力推动了优质教育资源的传播、共享，

这对于缩小区域城乡教育差距和促进均衡化教育都起到积极作用。

另一方面，打造信息化平台，坚持走精品课程路线。在打造精品课程的过程中，教师应切实履职。第一，引入适宜教学设备，编制配套管理制度；第二，打造更具战斗力的师资队伍，对成员的学历、实践经验、年龄结构等各个方面予以严格把关；第三，教学方法多样化，要善学善用任务驱动、项目教学、导学案等各类教学方法；第四，课程内容优化，结合课程讲授进度配套提供慕课、习题、实训指导等，介绍专业学科前沿研究领域的新知识、新技术；第五，丰富实训课程，丰富活跃组织形式，侧重实训、实践、实验，打造精品课程。

依托互联网技术推动精品课程建设，学生登录平台后可借由网络终端、触摸屏等形式自主检索和查阅所需学习资料，或微信扫描二维码，从手机端浏览、下载学习资源，达到自主学习的目的。精品课程建设要灵活运用好慕课、微课、在线课堂、录制视频课程等各类教学形式，推动互联网与课堂信息化教学深度融合，进而适用于各类专业课程。精品课程建设是互联网信息化教学改革的重要方向，示范引领作用尤其显著。师生查阅资料时，能够借此即时在线教学资源包含教案、教学设计、课件、微课视频等。现代化教育教学手段与技术的深度融合，推动教师积极投身互联网信息化教学改革，持续挖掘和丰富教学资源的同时，促进学生创新意识、创造力不断提高，真正实现教学相长。

二、运用互联网提升教师与学生信息素养

（一）构建学习型、能力型"双师"教师队伍

一些地区（学校）对"双师型"教师缺乏统一标准；"双师型"教师的培养遭遇了诸多困难，如因教师数量过少，一些学校无法协调日常教学和其他活动（如教师培训等）之间的矛盾。建议采用下述做

法：第一，政策扶持。无论是地方政府还是教育主管部门又或是学校均应积极行动起来，提供强力支持，包括进一步扩大经费投入规模，健全软硬件体系，创设更优质的信息化教学氛围，让师生充分感受此类教学的巨大优势，动态丰富信息化教学方法方式以保证其运用效果。积极推动包括网络课程建设在内的相关活动，要求教师全面且深度地认知互联网教育并积极适应，从而实现对此种教育的高效驾驭。第二，制定并出台配套标准。合理控制"双师型"教师在全体教师中的占比，设计契合实际、满足统一规范要求的"双师型"教师标准。教师需要知晓"教什么"，也要知晓"如何教"。近十多年来，信息化教学大赛频频举行，产生了颇大影响力，已蜕变成国内中职学校教师进一步强化个人信息化教学能力的重要平台。应将此类大赛固定下来，推动其常态化发展，为广大教师创设互动、提升的平台。第三，不仅要勇敢走出去，也要积极请进来。对于新教育技术而言，教师是直接使用者，也是主要受益方，教师应以正确态度面对新技术的引入和应用，这不仅关系着教师角色的定位，同时也会影响技术的实践效果。[1]学校应以青年及骨干教师为对象，定期组织相关培训，不断提高其信息技术运用能力；定期邀请业界专家及其他优秀人才来校，为专业教师提供培训或经验交流。为方便教师培训活动的有序、高质展开，可综合运用包括短期培训、访问交流以及业务培训在内的一系列方式，不断深化教师对信息技术的认知并借此夯实其教学能力，打造信息化素养更高的教育教学团队，最大化地发挥模范带头作用。

（二）引导学生从阶段性教育转向终身教育

学校发展状况如何及取得了哪些成绩，在过去主要考查学生就业率、在校学生数、发展速度等几个关键指标。现阶段，社会各界对高

---

[1] 张海燕."互联网＋"大赛背景下大学生创新创业培养研究[J].现代交际,2021(23):75-77.

等教育提出了一系列新的需求，关于教育目标的理解也比过去更为深刻了，逐步形成了"终身教育"的理念。学校应严格贯彻以人为本的理念，将因材施教工作落到实处。教师堪称学生的引路人，应善于发现学生身上的问题且应积极解决这些问题，主动创设更为优质的教育氛围，助力学生的持续发展乃至终身发展。

终身教育在时间上具有一定的延展性，即所谓的活到老学到老，它并不是某种具体的教育形态，将之视作一种教育理念更为合适，是涵盖了诸多教育形态的、内容丰富的教育过程，主要包括家庭教育、学校教育以及社会教育等。以学生为对象推动的终身教育便是要扫除空间层面的界限，不局限于校园学习，强调融入社会。互联网的运用成功突破了如此界限，和高等教育发生了有机融合并展现出了不俗的应用效果，使得后者迎来了更多、更难得的发展契机。在互联网愈发繁荣的背景下，各种先进的移动设备相继登录课堂内外，进一步提高了学习效能。在某种程度上突破了时空和课程规划的束缚，支持随时随地学习。聚焦以网络教育为代表的各种新模式加以全面且深度的探索，深化高等教育和信息技术的全方位融合，教师应引导学生大胆畅所欲言，同时积极推动包括分享、探讨及合作在内的诸多事宜。在探究过程中，学生应积极思考，主动创作，贯彻学以致用的理念，持续、动态地完善个人的知识体系。打造更趋成熟的互联网，基于学生特点和需求为其架构更具开放性和灵活性的教育体系。

三、运用互联网增进实训教学与校企合作

（一）校企共建校内外实验实训平台

落实专业内涵建设，和当地优势产业做有机对接，积极吸纳更多的人才培养资源，学校可和当地合作企业共同打造一定数量和规模的

校外实训基地，并通过相关方协商方式确定此类基地的运营模式。实训基地主要培养与当地产业密切相关的专业技能，要求学生到企业进行实训、实习。企业在打造实训基地的过程中，应密切联系互联网时代的客观需要，优化资源调配工作，提供实训管理效能，深入践行网络化、信息化、标准化的理念，完整、准确地收集实训期间的一应数据。推动校企融合工作，有助于架构多方共赢之局面。学校能从中受益，依托对相关平台，能为毕业生就业提供支持，也能为教师在职培训提供助力。

（二）技术服务和产品开发

学校的职责主要体现在两大方面，一个是传承理论知识，另一个是教授技能技术。在教授技能技术的实践中，以专业教师为对象不断增强其技术研发能力是关键。发挥互联网信息交流作用，同时发挥企业项目的纽带作用，为特定师生提供参与机会，一方面丰富了师生的实践经验，另一方面也缓解了企业一方人才短缺的现实问题。[1] 积极践行省教育厅给予的指导意见，以配套指导委员会为平台，落实"人才培养质量"及相关工作并发挥其突破口作用，面向全体学校提供共享型技术服务，依托企业锻炼夯实了学生技能，为人才培养夯实了基础。提高学生专业技术水平，保证毕业生就业率，进而扩大学校影响力，教师深入企业挂职训练，促进整支教师队伍综合素质的不断提高，学生实际参与现场实习并习得有关技能，如此一来可营造企业、学校、学生三方共赢的局面。

---

[1] 曾艳梅．"互联网 +"时代江西高校文创人才培养研究 [J]. 中国商论 ,2022(4):146-148.

第三节 依托互联网某专业人才培养案例评析

本节主要以互联网+平面设计专业人才培养模式为案例，进行评析。

一、平面设计课程设置

（一）专业课程

纵观平面设计专业学生的培养可知，主要由两大部分组成，一部分是前3年的在校学习，另一部分是第4年的校外实习。在校学习阶段，不仅安排有必修课程，也规划有选修课程。进入实习阶段之后，要求学生跟岗实习（为期6个月）和顶岗实习（为期6个月）。

立足市场用人需求规划课程结构，深化学生的理论知识储备，还着重提高其实操能力。供企业选用的设计软件有很多，较具代表性的如Photoshop、Illustrator、CorelDraw等。在规划和安排专业课程的过程中，需要遵循先易后难的原则，先接触美术基础课程，涵盖三大构成、素描、色彩等多个方面的内容，然后着重拔高学生的美术素养，培养其审美情趣，可向其展示名师佳作，激发学生灵感。设计从生活中来，又是超越生活的。设计灵感往往建立在丰富积累之上，而知识积累是一个漫长过程，需为之投入大量时间和精力，应积极尝试触类旁通，在不断的看、学、想中实现对知识的积累。这些均需互联网参与其中，实现对信息的高效搜集、传递和理解，探索各种优质资源。

纵观平面设计专业可知，其课程结构涵盖两大方面的内容，分别是课程类型、教学学时。在课程类型这一块，可被细分成基础课程、专业课程、专业实训等，以上各部分被赋予了差异化的教学学时。课程有理论、实训之分，值得一提的是以专业技能课程为主，即此类课程的占比最大。在教学实践中，重点拔高学生的思维及实操能力，把关键知识点有机融入进实力教学，一方面可以让学生经由实际动手解决相关任务，另一方面启发学生系统且深度地思考一下怎样才能实现实例（表7-8）。

表7-8 平面设计专业课程结构表

课程类型	教学学时		总学时
	总学时	实训所占比例 / %	
公共基础课	772	19	3 210
专业核心课	552	68	
专业技能（方向）	818	65	
专业综合实训	168	64	
跟岗实习	300	100	
顶岗实习	600	100	

（二）信息化课程和精品课程

随着文化产业化的不断深入，国内平面设计迎来了空前发展，如此背景下中职平面设计课程教学应顺时而动，进一步开阔自己的视野，形成独特的创新意识以及理性思考能力。随着互联网学习的兴起，学校教学也随之迎来了重大变化，开始强调对现代信息技术的发掘和利用，围绕学习这一中心，引入更具效能的系统方法，合理规划教学过程所包含的一系列环节及其要素，动态完善教学过程。在信息化环境下，打造覆盖面更广、功能更强大的教学信息平台，激发学生学习热情，不断拔高其信息素养，强化其学习的主观能动性，最终促进教学效果更上一层楼。包括《计算机应用基础》在内的诸多课程的一线授课教师在大量教学实践中积累了颇为丰富的教学经验。推动网络课程体系的架构，除教学设计和课件制作之外，同时还包括微课视频编辑等其他部分。将网络课程投放到日常教学活动中，能发挥出相当不错的助教和助学效果，另外，进一步丰富教学信息平台各类资源的储备，能为日常教学活动提供有力支撑，也能为教改工作开辟新的思路。

二、培养模式的优势与特点

（一）培养模式的优势

相较过去的人才培养模式，基于互联网的人才培养模式具有诸多优势。优势一，丰富了知识取得渠道，保证了知识传播效率。在传统课堂教学中，一次仅能为数十人服务，相较之下互联网课程的服务人数则几乎没有上限。优势二，提高了交流深度和频率。学生借助网络能进行随时随地的交流。教师依托大数据能围绕学生学习行为展开系统且细致的分析，保证了分析结果的有效性，进而能制定出更具针对性的应对措施。优势三，遵循了因人而异的原则，保证了因材施教的效果。不同学生有着差异化的基础，知识掌握水平参差不齐。互联网立足学生个人的学习进展予以通盘掌握和个性化分析，明确目标对象的学习规律，再为之设计出契合实际的学习计划，充分体现了人性化。"线上＋线下"教学模式将师生有机捆绑到了一起，能助力学生效率搜寻到和个人特点及需求高度匹配的教师、课程，也能更充分地发掘发挥教师的价值，推动学生的多元、持续发展。

（二）培养模式的特点

平面设计展现出了相当不俗的发展潜力，然而在培养个人的创新理念和能力的基础上，也需投入一定时间和精力去维系客户关系，让客户高度满意，才能在白热化的竞争中站稳脚跟。第一，强化学生的自主性。立足个人的需求自行编制和执行适宜的学习计划，自主且合理地安排一应要素，包括学习时间、地点以及内容等。在网络环境下，学生的学习不仅被赋予了高度的自主性，也被赋予了明显的个性化以及充分的能动性。从另一个角度观之，网络教育也给学生提出了更高要求，包括具有更高的主动性、更强的自学意识和能力等。在互联网技术的加持下，课后教学体系更趋成熟，在调动学生兴趣方面发挥了重要作用。选择平面设计专业的这批学生必然要经常接触电脑，而电脑和互联网是不分家的，由于有了移动交互等内容的广泛参与，使得教学内容更趋多元，有助激发学习热情。第二，强调对综合素质的拔高。力图打造一个和学生个性特质高度吻合、能为学生终身学习提供支撑、和社会当下用人需求有机对接，集交互性、开放性以及多样性等诸多特点于一身、个性化十足且实效显著的在线教育智能导向学习平台。在网络环境下，师生之间、生生之间能进行即时且高效的互动。

三、培养模式具体成效分析

（一）促进了学生综合素质与技能的提升

学生不仅要汲取专业知识和把握专业技能，还应不断提高自身的综合素质，强调全面发展。第一，应对所选专业保持高度、长效的热情，积极参与专业学习，持续优化职业素养，夯实知识及技能储备，强化心理素质，找准角色定位，为将来的正式上岗奠定基础；第二，主动介入社会实践，搜集心仪企业的用工信息，如对员工提出了哪些要求，在此基础上形成契合实际的择业观，明确个人职业和发展定位，为就业尽量扫除障碍；第三，主动参与技能竞赛之类的活动，锻炼个人的实践能力，关注专业技能考证事宜，将需要用到的证件（如美术设计等）尽量拿到手，丰厚个人的求职筹码。

（二）促进了教师职业能力的增长

教师被要求时刻关注用人单位的人才需求，特别是哪些人才类型才是时下紧俏的。纵观互联网技术能力应用可知，它属于一种旷日持久的、具有系统化特点的过程，教师由接触到熟练掌握需投入大量时间和精力。在人才培养实践中，教师会深入了解互联网并予以持续改进。教师对于计算机和互联网的认知会随着时间推移不断加深。第一，使得教师的组织管理能力得到了不断强化，集中反映在能对班集体予以更具效能的管理；第二，使得教师的个人调控能力得到了不断强化，在遇到新问题时，教师能予以科学分析并加以针对性应对，实现了对工作的充分优化；第三，使得教师的教学能力有了显著提高，例如能制订出更为合理的教学计划等；第四，使得教师的语言表达能力有所增强。教师语言应追求"三性"，分别是科学性、逻辑性以及启发性，还应有机融入姿态、面部表情以及手势等元素，赋予教师语言更为强大的表现力。由调查可知，教师这一群体普遍对互联网信息技术有了一定认知，也掌握了不少基本操作，并以之为依托促进了学生管理、教学质量等方面的进一步改善。

（三）促进了专业办学质量的提高

平面设计专业是一种需要实操的专业，其专项资金投入呈逐年扩张趋势，相继落成了用于提升实战技能的、规模不等的人才培养基地，为之引入了诸多配套，如网络机房等，并和关联企业形成了互惠互利关系。[1] 在校方有需要的情形下，相关企业会安排专人赴校，为校方的信息化平台建设提供支持。在校企合作更趋深化的背景下，已成功推出了若干门精品课程（专业课），进一步丰富了课程教学体系，也为实践的顺利进行提供了强力的硬件保障。

平面设计专业充分享受了互联网高速发展的红利，架构了更趋强

---

[1] 董航."互联网＋"创新创业人才培养模式新探[J].辽宁高职学报,2022,24(2):8-10+89.

大的课程体系，动态优化人才培养模式，积极推动实践教学，打造了一支富有战斗力的教师队伍，依托专业立项等活动，凸显了品牌，为其他专业的发展提供了有益借鉴。

第四节　借助互联网完善人才培养中的学业评价

一、高校人才培养中传统学业评价

学业评价的重要性不言而喻，是高校人才培养体系中不可或缺的组成部分，能对学生所取得的学习成效加以全面、准确且客观的评价，进而能为其后续学习提供指导。学业评价方式有很多，以下几种最具代表性。

（一）课堂表现评价

在高校学业评价方式方面，课堂表现评价一直是尤为关键的一个组成部分，它以学生为对象，对其课堂期间的参与度、答题水平、协作能力等诸多方面予以评价，以此全面且细致地了解学生的学习情况。

1. 观察学生的参与度

教师应当着重关注学生上课期间的参与情况，具体包括能否做到主动发问，能否做到积极答题，能否积极展示个人观点等。参与度一定程度上反馈了一名学生的学习热情及其实际投入程度，是衡量其学习态度端正与否的关键指标之一。

2. 评估学生的回答问题能力

教师可利用提问这一方式了解目标学生的答题能力，进而了解其相关能力，主要包括理解能力、思维能力以及实践能力等，通过研究学生的回答，教师能够在很大程度上知悉他们的学习进度和思维发展状况。

3. 评价学生的合作与交流能力

在课堂实践中，教师应当着重培养学生的合作与交流能力，这关系到学生能否高效地参与到团队合作事宜中去。在推动小组讨论等活动时，教师应对学生们的表现予以密切关注，在此基础上了解具备的合作与交流能力，具体涉及互动参与、团队协作以及语言沟通等多个细分方面。

4. 引入小组讨论和课堂作业

小组讨论、课堂作业也是教师了解学生课堂表现的两条关键路径。在小组讨论过程中，教师能够了解学生在团队中各自扮演的角色，借助对课堂作业批改，教师能够及时把握学生当下的学习态度，也能对其问题解决能力有一个较为客观的认知。

（二）实习评价

在高校人才培养体系中，实习评价是一个不可或缺的关键环节。实习单位以学生为对象，对其实习期间的一系列表现予以专门评价，以期了解他们的工作态度、实操能力乃至综合素质。

1. 实习报告

学生在实习过程中一般需要撰写一定数量的实习报告，对其间的收获予以梳理和归纳。透过实习报告能了解学生的主要实习经历和成效，反馈的是学生对于实习岗位的认知及胜任能力。

2.实习成果

对于实习评价来说，学生在实习期间取得了何种工作成果是其重点关注对象。实习单位会以学生为对象聚焦其取得的工作成果予以评估，涵盖承担的项目、处理的问题、给出了哪些优化对策等。实习成果达到何种高度反馈的是学生拥有什么样的实践及创新能力。

3.实习导师评价

实习导师，即为学生实习提供指导的那些实践经验丰富和专业技能较强的老员工。实习导师不仅会观察学生，也会与学生展开互动，对学生实习过程中的各方面表现（如实操能力、工作态度、协作精神等）予以相应评价。如此评价往往颇具针对性，能助力学生做出及时、高效的改进。

4.工作表现评价

实习单位可围绕学生工作表现予以全方位评价，除工作态度、责任感以及交流能力之外，还包括实践能力、合作能力等。透过此类评价能系统、细致地认知学生的综合素养。

5.实习反馈会议

实习单位可定期举办实习反馈会议，和学生展开直接沟通并对其做出客观评价。在此类会议，可在做出评价的基础上，为学生提供针对性乃至建设性的指导。如此互动式评价模式有其积极意义，能深化双方交流，进一步提升合作的有效性。

实习评价需要在客观、全面、准确上多下功夫，不仅要了解学生在实习中的真实表现，也要关注他们的成长前景。在形成评价结果之后，应当让学生尽快知悉,以便其扬长避短。实习单位也应当将关于学生的评价信息传输给学校,为学校进一步优化教学活动及实习规划提供帮助。依托科学合理、行之有效的实习评价,能显著强化学生的实际操作能力,进而夯实其就业基础。

(三)多元评价

在高校人才培养实践中,学业评价方式远不止一种,具有多元特点,除学生自评、生生互评之外,还包括教师评价等,整合相关各方的反馈,可以全面、准确地认知和把握学生的综合素质。

第一,学生自评,即一种为学生提供了参与机会、允许其介入其中的评价方式。通过个人的自我总结,学生能系统、深度地认知个人学习情况,包括学习成果、方法以及态度等。该方式可在一定程度上锻炼学生的自我管理及优化能力。自评方式有很多,较常用的有两种,一种是撰写学习日志,另一种是填写自评问卷,借此了解和把握个人学习目标的达成情况。如此自评过程有益激发学生的学习热情,能促进其自我成长能力的进一步提高。

第二,同学互评,即要求学生内部彼此评价的一种方式。借助学生之间的彼此观察,深化学生对本人和他人的认知。在推动同学互评的实践中,有多种形式可供选用,具体包括小组讨论、合作项目以及团队活动等。学生可带着任务去展开评价,评估目标同学在合作实践中做出了何种贡献。如此互评方式有助激发人的沟通及协作能力,深化相互认知,能为学习共同体的形成奠定基础。

第三,教师评价,即由教师发起和实施的关于学生学业成绩的一种评价。教师无疑是教育领域的专业人士,在评价学生方面更为得心应手,其做出的评价往往是客观的、准确的、权威的。教师评价的具体形式也有很多，除口头反馈和书面评语之外，同时还包括面谈等。教师评价务必要及时和准确，如此才能为学生学习提供有力帮助。

综合运用上面介绍的三种评价方式，可基于差异化视角展开观察和做出反馈，能有效回避单一评价方式的不足。学生自评有助激发学生的主观能动性，同学互评有助激发学生的团队协作精神，教师评价有助保证评价结果的准确性和实效性。引入综合评价方式可以为学生们的多元发展和差异化成长提供有力支撑，强化其各方面能力。

二、高校人才培养中互联网＋学业评价

二十一世纪是一个信息爆炸的世纪，互联网＋学业评价应运而生且获得了广泛应用，在优化高校人才培养模式方面发挥了重要作用，也为教学管理开辟了诸多新思路。在如此新的、更具潜力的教育模式下，智慧学习平台等先进工具被引入了学生的日常学习，在评价其学习成效方面发挥出了积极作用。

（一）智慧学习平台

纵观高校教学活动可知，智慧学习平台目前在学业评价方面发挥着重要作用。其有机集成了多种先进技术，优化了过去的教法，为师生营造了有别于传统的、更具效能的教育环境。该平台的一大核心优势是供给了差异化的学习路径。不同学生有着差异化的学习特点、效率以及需求，而该平台依托大数据等先进技术，剖析每名学生的具体情况，如习惯及需求等，在此基础上打造与其高度匹配的学习路径，也带来个性化学习体验，能极大激发学生的主观能动性，提升其学习质效，也能为学业评价提供有力支撑。值得一提的是，该平台在优化教学质量上也发挥出了相当积极的作用。在使用该平台的过程中，教师能实时把握学生进度，了解其碰到的问题，知晓哪些知识点尚有待

巩固等。此类信息的重要性不言而喻，能帮助教师有的放矢地优化教学策略，更好地契合学生一方的需求，最终保证了教学效果。智慧学习平台储备了大量的、高价值的教学资源，供给了多种行之有效的学习方式，较具代表性的如视频讲座、在线练习以及互动讨论等。大量的学习资源，再加上灵活的教学方式，能赋予学习活动更多趣味性，也能赋予学业评价更为理想的全面性。

需要指出的是，该平台可基于学生学习实际为其提供更具针对性的建议。例如，平台在系统梳理学生学习数据之后，能明确其学习短板，进而为之推介适宜辅导资源。此类学习建议能显著拔高学习效率，也能为教师评价活动的高效展开提供支撑。在考试这一块，该平台也能发挥出相当不俗的作用，可提供在线测试功能，能基于学习进度等信息，编制与之适配的个性化考题。如此考试方式为学生考试提供了极大便利，也能赋予学业评价活动更为理想的公平性和准确性。该类平台的普及给高校人才培养活动带来了直接且重大的影响，能显著优化学生一方的学习效率，也能大幅拔高教师一方的教学质量。不仅如此，也能对外供给更具准确性、客观性、全面性的学业评价，为高校更高效地推动教学管理工作夯实了基础。所以不难发现，智慧学习平台已经成了高校的一种关键组分，是推动互联网＋学业评价活动的核心工具。

（二）数字化教学资源库

在学业评价领域，数字化教学资源库的作用也愈发凸显，促进了教学方式的升级，也推动了学业评价的进一步优化和完善。第一，基于该库的学业评价被赋予了一定的定制功能。此类评价工具为教师提供了多元化的选择，可更为灵活地设计各种评价策略及执行标准，有针对性地应对各种各样的教学情境，保证了评价效能。从该角度观之，评价方法不仅囊括了传统试题，也可涵盖以项目展示为代表的一系列评价指标，能赋予学业评价更为理想的全面性和公正性。对于数字化教学资源库而言，数据驱动是其另一大特性和优势。在使用该资源库的过程中，学生的各项操作均会留下痕迹，突破了评价的局限性，不再囿于教师个人的主观感知，而是建立在详实的实证数据基础之上。以在线上答题为例，无论是正确率还是答题用时又或是登录平台的频率均可被用作评价指标。如此基于数据的评价方式无疑是极具优势的，能客观、精准描述学生的学习状况，也很好地防范了主观偏差招致的问题。但也要注意，此种学业评价尽管具备诸多优势，然而也带来了诸多挑战。例如，怎样深度发掘发挥教学数据的价值，怎样确保评价结果真的做到了客观、公正，怎样在评价操作中妥善保护全体学生的个人隐私，以上均是值得慎重思考的问题。在应对上述挑战的实践中，教育技术的日臻完善发挥了重要作用。例如，依托人工智能，能迅速解析有关教学数据，在此基础上制定出针对性的优化方案。另外，对于人们愈发关注的教育公正问题，也可借助先进技术予以妥善解决，较具代表性的如区块链等。

（三）全过程实时记录学生学习数据

该种学业评价方式能实现对学生学习状态的高效反馈，也能方便教师更全面、更细致地把握学生特点及需求。在运用该种评价方式时，首先需要解决的一个问题是通过何种方法方式对相关数据加以妥善搜集及运用。该过程牵涉面较广，和多种教学活动有关，包括课堂讨论、个人或团队项目以及在线课程等。在汇总相关数据时，务必要对那些关键因素保持高度关注，如数据质量有无达标、量度单位是否一致、有无实现对学生隐私的充分保护等。在整合此类数据之后，教师需要充分发挥其作用，即借此把握学生学习状态和发展趋势。全过程实时记录的做法具有诸多优势，能多角度、深层次地描述学生学业现状，因此类评价建立在实时学习数据这一基础之上，因此能相当精准地指出每一名学生的优缺点。相较过去的定期考试来说，其精确度更高。值得一提的是，全过程数据记录能助力教师科学把握学生的学习模式及其发展走势，为之打造更具针对性的教学策略，也能为学生的自我进步和自评提供支持。学生可随时调取个人的学习数据，获悉个人的学习状态及有待解决的问题，进而树立起清晰的奋斗目标。教师可基于这些数据判断学生在学习上碰到了哪些难题，再予以有针对性的干预，能大幅改善学习效果。在全过程实时记录基础上架构的学业评价系统也能为学生家长提供服务，方便其更深度地介入到学生的学习。在该系统的帮助下，家长能准确知悉自家孩子的学习状态，还能借助系统明确有待解决的问题。在该种学业评价系统的帮助下，可对有关学习数据加以系统且深度的分析，进而实现对学习效果的客观预测并展望学习趋势，明确有关问题，方便教师、家长制定针对性的解决办法，找到更适宜的学习路径。

虽然该种学业评价呈现出了诸多优点，然而也迎来了不少挑战。例如，数据搜集及其分析均要耗用不少时间，还需要特定技术的支持。另外，教师也要储备必要的知识及技能，如此才能充分发挥此类数据的价值。还应出台配套政策，以防范学生隐私泄露问题。

（四）无纸化考试检测学生学习情况

无纸化考试，亦被唤作电子化考试，在评价学生学业方面发挥了重要作用，也给教育带来了诸多变革。无纸化考试拥有诸多优点，除实时性和灵活性之外，还具有广泛性的特点，当然也诱发了诸多挑战。虽然传统纸质考试方式在个别方面依旧拥有极大优势，然而无纸化考试无疑具有更多、更大的可能性。其在很大程度上变革了学习评估方式，供给了更为丰富、更具实用性的评价工具，能动态追踪学习进展，搜集和学习有关的各项数据，进而能聚焦学习成绩予以相当精准的评估。无纸化考试在一定程度上摆脱了时空因素的束缚，赋予考试更大的公平性及便捷性。学生可在学校内或家中参加考试，也保证了成绩反馈的实时性。在无纸化考试模式下，能对试题予以随时调整，进一步提高了考试本身的灵活性。无纸化考试引入了信息技术，能便捷、精准地评价学生当下储备的知识和已掌握的技能。依托对数据的系统梳理，能把握学生的不足，为教学活动提供更及时、更精准的反馈。另外，无纸化考试还能基于学生特点、能力、学习进度，为其设计差异化的测试。

除前面提及的各项优势之外，无纸化考试也迎来了诸多挑战，较具代表性的如配套技术设施的引进、如何保证考试本身的公平性、如何明确学生在技术掌握上的个体差异等。所以，无纸化考试的推动离不开配套技术的支撑，也离不开有关教育资源的助力。

发展转变篇

第八章

互联网时代高校学生管理模式的转变

第一节　管理层面

一、落实高校各项学生管理工作

在高校学生管理方面，辅导员身负重责，在行使管理职责之余，还需做好教育工作，关心学生学习并对其行为予以正确引导，帮助他们形成正确三观。聚焦辅导员这一角色加以分析，能促进该岗位上的工作人员更效率地推动其日常工作。

在改革开放进程不断深入的背景下，高校发展也迈入了崭新阶段。在新的历史时期之下，高校辅导员势必要肩负更多，比如：要推动德育教育工作，要压实高校的各项规章制度，要辅助教学活动的展开，要在择业辅导上发挥作用等。由此可见，高校辅导员可谓是身负重担，并非纯粹的"政治辅导员"。该群体的工作不仅难度大，复杂系数高，且具有琐碎的特点，给从业者的各个方面尤其是心理素质提出了较高要求。应对辅导员做出精准、合理的角色定位，动态优化其工作效能，最终为高校学生的学习和发展提供更大助力。

（一）加强学习，做个"教育通"

对于辅导员而言，大学生思政教育是其核心工作之一，能拉近学生和学校之间的关系，所以辅导员应当尽可能地将自己打造成"教育通"，发挥好引领作用，吸引更多学生深度介入到各种思政活动中，动态提升该群体的思想觉悟。

第一，高校需重视和做好思政教育工作，包括开设有关课程，组织专题讲座，要求学生积极参与此类活动并展开热烈讨论，勇敢提出个人见解。随后，辅导员当给予适当补充，引导和帮助学生在此类活动中树立正确三观。

第二，在推动思政教育的实践中，辅导员不妨采用引经据典的做法，用事实去说服学生。

第三，辅导员应当关注个人修养，尤其要动态拔高个人的思想境界，以便发挥榜样作用，保证思政教育效果。

第四，为全面且准确地把握学生们的思想动态，辅导员应当和学生展开积极沟通，立足学生的具体情况启用针对性的教学措施。

第五，考虑到当下学生普遍熟悉互联网，辅导员应当对网络技术善加运用，以此保证思政教育效果。

（二）身体力行，做个"好榜样"

第一，相较一般课程教师而言，辅导员和学生之间的接触更频繁，也更深入，因此辅导员更易走入学生心中，甚至成为他们的学习榜样。辅导员素质在一定程度上决定了他所带学生的素质，所以辅导员这一群体务必要与时俱进地优化个人的综合素质，保持适宜的言谈举止，具备以身作则意识，从而为学生创设一个可供学习的榜样。

第二，学生中也有不少出类拔萃的人，完全可以成为其他学生的榜样。辅导员应善于发现这样的人并将之树立为榜样，发挥出见贤思齐的效果，以此调动全体学生的进取心。

第三，辅导员应当适时适当地推出学习榜样活动，较具代表性的如学雷锋活动、深入社区做义工、去养老机构慰问老人等，以此培养该群体助人为乐、奉献社会的精神。

（三）全面发展，做个"多面手"

第一，辅导员需扮演好思想领路人的角色。基于强化学生思想觉悟这一基本立足点，与时俱进地增强个人的思政素养，组织学生积极参与到各种党团自动活动中去，让他们真正感受到榜样的力量。

第二，辅导员需扮演好学习引导者的角色。在积极履行管理者职能的同时，也要积极发挥自身的教育职能，帮助学生掌握更科学的学习方法，帮助他们更有效率地汲取专业知识。

第三，辅导员需要扮演好学生朋友的角色。要和学生打成一片，发自真心地关爱他们。在高校求学期间，学生依旧停留在成长阶段，辅导员应当对该群体给予更多的包容、关心和照顾，应及时且全面地把握该群体的学习乃至生活状况，要想方设法地解决其难题，让他们感受到来自辅导员的善意和温暖，从而赢得学生发自内心的认可。

第四，辅导员需要扮演好心理疏导者的角色。在跨入大学校园之后，不少学生依旧未能成功摆脱青春期的各种烦恼，不仅如此还要面对巨大的就业压力，在多重压力的共同作用下，他们的心理很容易出现问题，所以辅导员应当具备一定的心理学知识，关注并做好对学生心理的疏导工作，助力他们的健康、持续发展。

第五，辅导员需要扮演好学生就业辅导者的角色。在即将踏入社会时，不少学生还面临着择业上的困扰，此时辅导员应当引导和帮助学生设计出和自身兴趣及能力高度匹配的职业生涯发展规划，帮助他们找准个人定位和明确就业目标，在此基础上打造出更具科学性、可行性的职业生涯发展规划，为就业目标的顺利达成夯实基础。也可尝试组织职业发展规划评比活动，让大学生在横向对比之中明确本身不足，并加以针对性调整。辅导员应当鼓励学生积极且深入地参与社会实践，以此检验在校期间所学习到的理论知识，帮助他们积累更多的实操经验，为其后续的高质就业奠定基础。

总而言之，在当前的社会背景下，辅导员肩负了多重角色，为了能够为当代大学生提供更为优质的和专业的辅导，辅导员有必要与时俱进地汲取专业知识和强化个人专业技能，促进自身的综合发展。在管理学生的实践中，辅导员应当全面、细致且及时地把握学生状况，因人而异地加以辅导，使其少走弯路，不断强化学生的综合竞争能力，助力他们的持续发展。

二、掌握高校学生管理的关键点

（一）入学教育环节

高校的大一学生来自高中。高校采用的是自我管理模式，然而大部分中学生并未形成足够的自我管理能力。所以，大一新生如何顺利完成高中生到大学生的身份转变便成了重中之重，此时入学教育的作用便凸显了，是高校学生管理活动的首要环节。在入学教育这一块，会推出军训活动，基于队列、内务及平时行为规范等多个角度展开教育，还会基于专业特点和需求落实专业思想教育，让广大学生真切感受到科教才能真正兴国，中国若想成功跻身世界强国之列，振兴教育事业当属第一要务，应引导学生了解当地乃至全国的就业情况尤其是本专业的现状及其走势，培养和巩固学生"时刻准备为祖国做贡献"的职业道德观念，使"奉献自己、服务他人、努力打拼、不断创新"这一信念内化成该群体的毕生价值追求。由实践可知，军政训练最好将时间控制在半个月的样子，一个班级安排两名教练员，对一天时间进行合理分段，安排适宜的训练内容，以晚自习为例，建议组织唱红歌、学规章以及展才艺等活动。先组织系部初赛，评选出表现优异的先进班集体，在军政训练汇演环节做展示。在入学教育阶段，各系部主管学生工作的相关人员应严格履职，做好指导、管理及督查工作，确保在该阶段收到应有的效果。

（二）评优、纳新环节

在学生管理这一块，做好优秀学生评选、奖学金评定以及党组织纳新等一系列工作，这关系到良好班风、良好学风乃至良好校风的创设和保持。在组织评优、评奖以及纳新等事宜时，高校学生管理部门均会提前印发活动说明文件，关键之处体现在各系部及辅导员应给予高度关注，要严格贯彻文件精神，将相关工作落到实处，将政治素质过硬、成绩优异的这部分学生提拔上来，甚至使之成党组织的一员，从而发掘发挥出评优、纳新等活动的真正效能。

（三）军政教练员选拔环节

以邢台学院为例，学院根据自身的实际情况，在推动军政训练活动时自行培养本部教官，如此操作能节省相当可观的经费，还进一步拔高了部分学生的实操能力，此举能充分激发学生的参与热情，引导其树立起高度的责任心及事业心。在推动该项工作时，务必要严格选拔标准，不可稍有放松，反之则会有损学生教练员的对外形象，无法发挥出榜样带头效果。军政教练员的选拔工作被规划在各个年度的 4 月份，基于本年度所实现的招生人数，确定这一年度的选拔人数，在走完报名流程之后，由学校武装部安排专人推动筛选工作，把那些条件达标的选拔出来，在 5 月份利用课余时间推动配套的、系统的强化训练，为后续入学教育活动的高质展开奠定人才基础。

（四）关心爱护和严格要求环节

不管是辅导员抑或是非正式的学生管理者，仅强调关心和帮助是不可取的，易让学生滋生得过且过的心理，若一味严格，则易招致逆反心理，可见应平衡好关心帮助、严格要求之间的关系，发挥其互为补充的效果。在学生陷入困境时，辅导员应给予及时且必要的帮助。在学生违反校规时，则要予以有理有据的批评教育。在管理学生的实践中，关心爱护是必要的，严格要求也不可或缺，缺了哪一样都无法保证管理效果。一些学者推崇赏识教育，笔者的观点是，赏识教育即所谓的正面教育，仅进行赏识教育是不可取的，因为它不全面。在实践中，管理者需要以朋友身份和学生多做接触，做好观察，落实好阶段性管理和评价工作，以真心换真心。

（五）开学和放假环节

不少大学生持有如下心理：在校待久了，特别想回家一趟；在家里待久了，又期盼早点开学。临近放假、开学时，学生最易陷入心绪不稳的境地，然而不管何时，学生管理人员均应将安全教育当成大事来抓，说服学生统一购买校方责任险，并倡导有余力的学生购买个人人身保险。值得一提的是，在放假前、返校后提醒学生妥善保管好个人贵重物品，另外欠同学的东西要记得还。放暑假时，应重点做好防溺水宣传；放寒假时，应重点告知农村学生要警惕煤气中毒。要引导和帮助学生形成认真、谨慎的做事态度，要知道一些看似不起眼的疏忽甚至会让人丢掉性命，溺水、煤气中毒、交通意外之类的事故并不少见。所以，教育管理者对于安全教育不能掉以轻心，应坚持警钟长鸣。

（六）大学生基本信息管理环节

高校学生来自全国各地，可能出身不同民族，人和人之间在习惯、性格以及爱好等方面往往存在一定差异。不同民族出身的学生，其在信仰上可能存在极大差异，家庭富裕学生和家庭贫穷学生存在不一样的处世方式，特别是家庭遭遇过重大变故（如单亲家庭）的那类学生较易遭受自闭、抑郁等问题的困扰，这给基层管理人员提出了更高要求，要求其熟悉各位学生的具体情况，完善其信息档案。常和学生沟通，引导学生友好相处，打造优良班风。

（七）及时准确地提供就业信息

就现状观之，大学毕业生的就业形势堪称严峻，如此背景下更应引导学生以正确视角去看待社会，深度把握就业形势，认真解读就业政策，以积极乐观的心态迎接就业和挑战，立足个人实际选择就业或创业。在学生即将走出校门之际，辅导员最为关键的工作是为这部分学生提供尽可能丰富、尽可能高质的招聘信息，同时就求职技巧予以必要辅导。使学生明白，唯有综合素质过硬的人才能更好地适应社会和找到心仪工作。

三、提高管理者自身的综合素质

（一）注重知识更新，加强责任引导

学生管理者应明确自己所肩负的责任，要将其升级成个人的内心信念，塑造必要的社会责任感。动态优化个人的自我管理能力，关注并积极满足就职要求，包括政治素质、职业能力及实践经验等，要针对学校要求和个人短板有目的和有规划地落实好学习、受训活动，巩固个人的职业素质，为学生管理工作的高质展开奠定基础，也为学校教育的可持续发展贡献力量。学生管理者肩负着教书育人的重担，务必要在让人民满意方面多下功夫，要正确看待和把握个人、社会之间的关系，积极践行社会责任，主动追寻自我价值，这也是创设和谐学院不可或缺的思想基础。个人和社会之间存在一定区别又保持着密切联系，不仅是共生共存的，而且是辩证统一的。应充分发掘发挥学生管理者投身工作的积极性，督促其以理性思维去研究和解决问题，最大化地发挥其职业优势，助力其踏上勇于创新之路。青年学生管理者头脑灵活，更易接受新鲜事物，实操能力强，也具备创新精神，可利用以老带新等途径助力其快速成长，不断强化其社会责任感，使其能游刃有余地应对工作中的难点和重点，在巩固其责任感的同时也要拔高其事业心。唯有如此，才能在学生管理岗位上做出更出色的成绩。

（二）注重能力管理，拓展创新载体

学生管理者不仅要具备过硬的心理素质，比常人更坚强的品质，还应拥有较强大的抗挫折能力。在推动学生管理事务时，难免会遇到一些难题，甚至因此受到误解和委屈，要善于排解如此心情，反之会在某种程度上降低工作效能，甚至让情况朝着更糟的方向发展，因此学生管理员需要着重强化个人的心理素质，坚定个人的职业精神，唯有对本职工作产生了发自内心的热爱，才能事半功倍。在繁重又无趣的工作实践中，学生管理者更需秉持耐心和细心，进而高质量地达成教书育人的目的。孔子曰："吾日三省吾身。"学生管理者也需要对个人工作予以不定期反思，克服私欲，赶走惰性，才能推动高校学生管理工作的高质运行和持续发展。在面对和学生切身利益密切相关的"繁、急、难、重"工作时，应创新载体，强调能力管理，应持续寻找和发现新方法，梳理出新程序，动态优化管理效能，积极摆脱传统观念的束缚，塑造创新理念，追求教育和管理的实效，在创造个人价值的同时，寻求它和社会价值之间的有机统一。分析学生管理者可知，他们是学院运行和发展的服务者，也肩负着为社会输送优质大学毕业生的重任。该群体需要拥有高度的社会责任感，才能发挥以身作则之效，培养出更多、更优质的人才。对于高校学生管理者，不仅要强化其职业能力，更需强化其社会责任感，要追求上述二者之间的良性互动，唯有如此才能为高校学生管理工作的高质展开夯实人力基础。

第二节 环境层面

一、加强学校网络思想政治工作队伍建设

在进入所谓的信息电子时代之后，网络思政教育备受瞩目，也成了当务之急。如此背景下，高校应当打造一支职业能力过硬的网络思政队伍，该支队伍的成员要储备大量和思政教育有关的理论知识和实践经验，还需熟悉网络，能轻松自如地通过网络平台推动思政工作。网络思政工作给实施者提出了较高要求，要全面、深度了解各种网络文化及其一应形态，这是前提所在，应动态把握大学生这一群体的思想状态，积极融入其网络生活，及时提供针对性的心理辅导，将思政工作有机融入其虚拟世界，确保网络背景下的思政工作得以高效展开，这给高校提出的要求是应进一步拔高自身的网络思政教育能力，打造一支熟悉最好是精通校园网络文化的工作队伍，为之配套适宜数量的

专兼职人员，尤其要配置以下三类人员：第一类，网络专业技术人员；第二类，网络管理人员；第三类，网络文化研究人员。遵循"强化素质、完善结构、追求稳定"的原则，打造统一调度、多方协同、权责明晰、优势突出的网络工作队伍。以该支队伍为基本依托，积极创设所谓的"绿色网络校园"。综合运用多种路径去搜集网上相关信息，随时和学生展开平等式的探讨，及时且充分的答疑解惑，排除学生在学习、生活以及就业等各个方面和层面的问题，提高当代高校学生解读网络信息的能力，引导该群体掌握辩证思维及方法，能正确看待和高效解决问题，还应具备明辨是非的能力，能对网络环境中的负面信息加以自觉抵制，引导和帮助其养成健康上网的习惯。

二、提高文化素养、自我调节与管理能力

强化大学生网民对于负面信息的分辨和抵制能力，这对巩固该群体网络思想阵地而言有着相当积极的意义。第一，帮助高校学生成长为自己的心理医生。高校学生依旧处于生长发育阶段，情感丰富但普遍存在易冲动的特点，所以应当注意管控个人的情绪，要学会对负面情绪进行有效排解，用形式适宜的方法方式表达个人情感及诉求，尤其要着重规避深陷网络游戏的问题，这一点尤为关键。第二，引导高校学生学会科学规划个人生活，打造健康、积极、有序的大学生活。由现状可知，不少高校学生生活自理能力十分薄弱，一些人遇到了难以融入大学生活的问题；部分学生过于内向，无法和周边人展开正常交往和交流，更不用提打造理想的人际关系了，进而会加剧对网络的依赖，深陷网络游戏而无法自拔。第三，应以学生为对象着重强化其道德自律意识。进入大学阶段之后，人的三观正在逐步定型，所以需要向其输送正确的网络伦理道德观念，告知他们即便在虚拟网络中也要有所不为，引导其主动提高个人修养，打造并维系正确的人生观。

在该领域，可围绕网络游戏道德的有关主题组织座谈会，鼓励学生积极参与其中并大胆地各抒己见，使其清楚认识到网络道德一旦失范将会招致哪些社会危害，从而有目的和有规划地培养该群体网络自我教育的能力。

三、加强网络监管力度，有效管理网络文化

纵观当代大学生可知，其身处世界经济一体化进程更为深入的背景下，普遍对新鲜事物有着较浓烈的探究兴趣。然而，因社会生活经验不足，自我控制能力不强，易误上歧路，甚至在不经意间违反了法律。高校应充分发掘和展现思政教育的优势，告知大学生何为是非，何为美丑，要自觉抵制各种负面信息，具备必要的网络道德，助力自身的可持续发展。

对于校园网络文化，应基于技术角度做好监管工作，可供选择的切入点有：

第一，校内网站监管。网站留言板等采用的互动交流方式且高度开放，允许用户自由发布信息，理应成为监控重点。目前，留言板在技术上已经进入了较成熟阶段，能以实时方式采集和存储发布者的各项信息，包括用户名、发布时间以及精准的 IP 地址等。如此一来，为此类信息的溯源提供了可能，还能在一定程度上约束学生的个人行为。

第二，关于校内上网场所实施的监管。一般而言，大学校园中会配有多种可供上网的场所，例如学生机房、网络实验室以及电子阅览室等。对于这些场所的计算机，可通过机房管理系统软件予以配套管理，同时辅以上网实名制。此类管理软件不仅能追踪上网时间，也能精准追踪 IP 地址。在宿舍网络这一块，无论是提供固定 IP 地址抑或是绑网卡 MAC 地址均是较可行的办法。在条件许可时，也可引入一套配置了

宽带认证计费功能的系统软件，为上网人员提供专属的账号及密码，在提供上网服务的同时也使其接受来自软件的监管。依托技术方面的管控，能够较容易地追索到信息的实际发布者。

第三，关于校内网络信息实施的监管。应当对校外网络中潜藏的各种负向性文化保持高度警惕并将之抵御在校园网之外，建议通过网关过滤法予以应对。

四、营造积极、向上、健康校园文化环境

对于网络信息安全，学校需要有目的、有规划地予以研究，依托适宜技术对企图入侵校园网络的垃圾信息予以针对性处理，打造一个绿色、健康的校内网络环境。学校需要将校园文化建设当成大事来抓，组织更丰富、更适宜的业余文化生活。第一，遵循以学生为本的理念，组织各种洋溢着青春气息的文娱活动，实现对学生们参与热情的充分激发。第二，对那些有网瘾的学生提供必要关怀及帮扶，为其营造积极向上的校园氛围，帮助其一步步地摆脱对网络的依赖。第三，学校需要对学生的网游行为予以适度介入，尽最大努力地抵制那些以暴力、色情为代表的各种负面信息，从而打造一个充满正能量、催人进取的网络文化环境。

五、以学生为本，创新网络思想政治教育

形成并维系正确的发展观，以大学生为对象严格落实网络思政教育工作，遵循以学生为本的理念和原则，依托对教育目标、过程及方法方式等各个方面的有机把控，尊重大学生这一群体的主体地位，进而发掘发挥其主观能动性，强化其对网络中不良信息的抵御能力，在汲取知识，强化个人素养的过程中，拔高思想境界，推动该群体的全面、持续发展。尤其要做好下述工作：

第一，网络环境条件下的高校道德教育需要重新定位自己的目标。践行包括理解、尊重及信任在内的诸多原则，强化疏导，充分强化学生的主体性并将之设定成最迫切的目标，引导学生掌握正确的选择方法，着重提升其道德评判力和自制力，赋予其更高水平的自主性、理性以及自律性，帮助该群体蜕变成网络道德的自觉拥护者、大力践行者。

第二，需要重新设计道德教育的内容。网络不仅是德育路径，亦是德育的一项重要内容。学校在推动网络德育的实践中，应在既有内容基础上凸显两大教育，一个是关于价值观的教育，另一个是关于道德意志力的锻造，引导学生形成"去伪存真、追寻真理、谨慎决定"的意识，提高其识别力和执行力，从而帮助他们实现对各种负面信息的有力抵制。

第三，建立思想政治工作专门网站，占领网络"红色"阵地。在推动思政工作时应尝试打造专门的门户网站，这是思政教育在技术层面的客观需要。架构更趋完备的网络德育信息数据库，依托网上"两课"提供配套的答疑及辅导工作，在发展网络文化的过程中进一步肯定马克思主义的指导地位。

第三节　体制层面

一、系统完善法制化建设

（一）制定完善的法律监督管理制度

在学生管理这一块，高校被赋予了诸多权利，此类权利显现出了某种水平的强制性。在过去相当长的一段时间里，我国法制领域尚不完善，未能对大学学生管理工作给予足够重视，主要体现在司法审查缺失方面，导致了学生合法权益无法得到有力维护的问题。基于现行法规视角观之，学生人身权利行为这一块并未收到清晰授权，造成相当部分权利无法获得司法程序给予的有力保护。因此，需要架构一个更趋完备、高效运转、契合高校教育实际的法律体系，依法合规地指导高校的各项管理活动，充分发挥司法程序应有之效能，确保各方权益得到有力保护，尤其要保护高校学生的合法权益免受侵害。

（二）开展专题教育讲座，传播法制理念

对于高校学生管理工作，应进一步加强配套的法制化建设。应以学生为对象不断强化其法制观念。在一系列的法制化教育方法方式里，专题教育讲座是颇具代表性和实际效能的一种。可邀请业界专家聚焦当代大学生较关心的某方面或某几方面内容予以针对性引导。例如，在大学校园中，恋爱是司空见惯的，在感情达到一定阶段之后便会发展至同居。由我国现状可知，大众关于同居这一名词还是极其敏感的，同时配套法律也是极其欠缺的。在围绕该专题予以法治教育时，可参考国外的成熟做法，让学生对同居有一个全面且细致的认识，以便在此类情境中正确处理相关问题以保证自身的合法权益。在组织此类讲座时，应重点关注如下两点：第一，专题应当和受众兴趣保持较高水平的一致性；第二，务必要和学生展开充分互动。

（三）利用"校地联动共学共育"营造法制化氛围

以大学生为对象积极做好配套的法治教育，应尝试冲出校园范围，使学生有更多深入社会的机会，只有让学生置身社会，才能为其知识和能力的发挥提供必要场所，反之只会沦为纸上谈兵。在"校地联动

共学共育"模式中，校园扮演着根本基地的角色，为相关实践活动提供了必要的物质支撑，还为面向大学生这一群体的法治教育活动的顺利践行开辟了必要平台和路径。所以，在推动高校学生法治教育的实践中，有必要对前面提及的"校地联动共学共育"模式善加利用，有机融入社会的各类实践，培养和强化目标群体的法律意识，使之更立体、更形象、更清晰。

（四）坚持平等，服务学生

高校需要大力宣传平等、尽职等优良意识，尽可能地满足学生一方提出的合理要求。对校内的各种不良风气，管理者有必要给予足够重视并做出严谨分析，通过思政教育的方法方式加以引导和解决。要着重解决教学不到位，后勤服务缺失的问题，这是高校应尽的基本义务，如此才能为全体大学生提供更为优质的"服务"。

总之，在推动高校学生管理工作朝着法制化方向不断迈进的过程中，教师需要发挥好榜样作用，为学生这一群体法制化理念的成型和进一步强化夯实基础。另外，教师需要掌握一定的沟通技巧，能和学生进行及时且深度的交流，高效消除学生关于法制的疑惑，为学生的持续发展奠定基础。

二、健全现代化管理机制

一方面，建立科学的学生管理机制，强化管理队伍建设。

开放思想，创新理念，积极打造"以学生为本"的先进管理机制。人的重要性不言而喻，是教育的基础，同时还是教育的根本所在。所有教育均应充分践行以人为本的理念，这是当下教育所要奉行的基本价值。笔者的观点是，高校有必要进一步强化以学生为本这一理念的地位并将之上升到教育管理核心理念的高度。若想充分践行该理念，则要对青年学生给予充分尊重，具备包括尊重其人格、个性以及依法享有的一系列基本权利。管理要体现在引导上，而非控制；管理要体现在影响上，而非支配；管理要体现在感染上，而非教训；管理要体现在解放上，而非约束。以学生为本旨在充分唤醒学生人性并对其给予足够尊重。真正意义上的管理是践行以学生为本这一核心理念的管理，要帮助他们充分体验大学学习和生活的种种美好，依托适宜的教育活动引导其形成正确的人生态度、理性的价值判断以及更趋健全的思想体系。在推动学生管理工作时，要关心该群体的自由、幸福以及尊严，要以全面发展为基本立足点去打造综合实力过硬的人才，不仅要有机融人人文关怀，也需充分彰显道德情感。

在现代管理活动中，应充分发挥真理、人格、道德以及情感等多种因素的力量，应对外在规范予以有机内化使之成为思想品格的有机组分。在推动学生管理事宜时，应当高度肯定学生的主体地位，对这一群体予以深入了解，给予必要尊重，进而为其提供更为优质的服务。号准这一群体的思想脉搏，一方面要明确他们的群体特点，另一方面要了解其个性特征，在剖析和看待教育管理关系时，应将学生摆到权利主体的位置，不仅如此还要充分发掘发挥其主观能动性，设身处地地为青年学生着想，助力他们的健康成长，排解其思想上的困惑，解决其遇到的各种实际问题。立足青年学生的真正需求，做好配套的人生指导工作，除包括职业成长和心理辅导之外，还包括帮困育人。应积极扭转过去的教育着力点，即摒除消极防范的做法，转而采用主动引导、突出服务的模式。学生管理者应找准自身定位，不可摆出居高临下的姿态，应当明确学生所具有的中心地位，肯定这一群体的优点，为其能力的发挥提供必要的空间和机会，如此才能让他们的主观能动性得到长足发展。

在过去的学生管理工作中，命令式的管理方法相当常见，也就是说学生管理者被赋予了非常高乃至绝对的权威，然而纵观当下的 90 后大学生可知，他们普遍拥有相当强烈的自主意识，个性独立且要强，不惧竞争，表现出了相当大的被尊重需求，而不喜欢接受别人的强行支配。立足以上特点，有必要在大学生群体中积极倡导包括自我管理在内的一系列先进思想，转变学生管理者的传统观念，促使他们将工作重心转移到指导方面，指导学生的学习，同时为其就业指明方向，对于学生身上暴露出的问题，应当予以及时提醒并帮助他们尽快解决。应当打造一支专业能力过硬的学生管理队伍，这是学生管理活动得以高效展开的基础。在推动学生管理事宜的具体操作中，应对管理者作出严格要求，要求他们务必要按规办事，切实履行自身的职责，还应打造和推出相对完善的配套监督体系，不仅如此还需要在工作及平时生活中给予足够关心，从而实现对其工作热情的充分调动。另外，应以学生管理者为对象落实好配套的培训工作，有目的和有规划地优化他们的业务能力。

另一方面，规范管理，完善规章制度。

完善制度、规范和程序尤为关键。现阶段，高校所采用的规章制度通常出自相关职能部门之手，正式使用之前不仅要接受法制工作部门的审查，也需通过校长办公会议予以专门审议，在通过之后才可在学校中正式实施。所以，若想完善规章制度，则务必要把控好包括起草、审查、审议、决定、实施在内的一系列环节。

第一，起草无疑是最为基础的工作，在很大程度上决定了草案的质量。在开始之前，起草部门会安排专人就计划起草的这些规章制度予以专门论证，除分析其必要性外，也会研究其可行性。唯有在深入调研基础上，才能保证论证工作的充分性，在一应条件均较为完善之后，获批之后形成具体计划，方可开启正式的起草工作。执行立项程序是必要的，有助于提前察觉问题并加以尽快解决，具有相当积极的现实意义。

第二，在进入审议、决定阶段之后，和规章制度有关的草案务必要提报到校长办公会议处，启动特定程序予以审议。待审议批准之后，才可公之于众。对于已付诸实施的规章制度，应赋予师生相关权利，主要包括查阅、复制、摘抄等，另外还需尽快出台与之配套的权利保障机制。

以规章制度涉及的解释及其适用为对象予以必要规范，这关系到规章制度能否得到顺利执行。在解释方面，需执行"谁制定，谁解释"这一基本原则，即高校应履行其解释责任。相关职能部门尽管承担了起草事宜，然而其并非制定主体，未被赋予解释权。在过去很长一段时间里，高校规章制度的解释权大多被交到了起草部门的手中，如此做法存在一定的不合理性。所以，规章制度，尤其是需就新问题解释适用依据时，理应校方面出面予以清楚解释。若属于行政领域的规章制度，通常由对应的职能部门负责解释。

规章制度的编制牵涉面较广，是一项复杂的系统工程。在新背景下，第一要务是基于规章制度所涵盖的一应环节的具体特点和需求为之打造配套的制度性规范。值得一提的是，应着重做好下述工作：第一，为重大事务打造适配的议事、决策以及监督程序；第二，动态完善学生纪律处分程序；第三，健全学生申诉机制。如此才能在育人工作中积极、深度地贯彻法治精神。

基于学校运行和学生实际角度观之，应将学生管理所涉及的诸项内容有机融入管理的一系列制度内，以便发挥其潜移默化的教育效果。与此同时，应基于形势走向，动态优化和健全有关管理制度，积极践行与时俱进的原则。在管理实践中，严格贯彻规章制度，明确告知学生哪些事情可以做，哪些事情不可以做，让学生知荣辱，懂进退，进而在大学校园中创设出健康的、积极的、浓郁的学习氛围。应聚焦学生的实际问题并将之放在第一位，在管理实践中，应着力解决学生遭遇的各种问题，借此培养其对学生管理部门及人员的信任感，进而为此类工作提供更大配合和支持。不断跟随时代变化，及时更新换代各种规章制度，规范管理，使高校的管理更加贴切和符合新一代大学生的要求。

三、提升信息化管理水平

（一）充分认识到信息化建设的重要性

在信息化背景下，高校信息化建设跨入了全新阶段，成功跻身战略高度。在国家教育体系中，高校是一个基本却又关键的单元，在助力社会发展、国家强盛方面发挥着尤为关键的作用，通过何种方法方式优化学生管理质量，为社会供给更多、更优秀的人才，已蜕变成高校前进路上的关键问题。高校在打造学生信息化管理系统的实践中应积极引进前沿的电子信息技术，这是优化学校运行质量和效率的一个关键选择。由现状可知，高校信息化建设之路已成必然，亦是教育发展不可或缺的构成环节。怎样充分发掘发挥信息化的种种优势及为其引入更多社会建设力量引发了广泛关注。首先需对信息化建设的意义和作用保持清晰认知，其次要深入认知和有机利用信息化系统的各项优势，基于利人的角度推动调整、完善工作，充分发挥此类系统的管理效能。唯有对信息化建设给予高度关注，才能提高建设效率，让高校学生管理系统在尽量短的时间内落成并发挥出应有的功效。因此，对于信息化建设来说，首要的一步表现在，把握时代机遇，明晰既有管理系统存在的问题，打造契合实际、高效运行的信息化系统，不可发生盲目投建问题，从而助力高校学生管理水平进入更高层次。

（二）提高管理人员水平，加强信息化队伍建设

为了进一步提高高校学生管理信息化建设效率，建议以管理者为切入点做好相关工作。仅有高性能的管理系统是不够的，打造高素养的管理队伍也尤为关键。在学校管理活动中，管理队伍不仅是制度的制定者，还扮演着执行者和协调者的角色，会给管理质效带来直接且巨大的影响。对于管理过程，可将之表征成信息传递及其发生各种变化的过程，管理队伍肩负着传递及处理此类信息的职能，就整个管理系统而言被赋予了决定性地位。在高校学生管理信息化建设实践中，管理者也需面对各种管理信息予以相应处理，且在新架构的管理体系内，管理者的管理模式发生了重大转变，之前的层级管理模式被摒弃，具有扁平、柔性特点的管理模式成为了主流。管理者必需专业素质达标，如此才能推动信息化建设的顺利展开，只有将人工管理、系统管理有机结合到一起，才能实现对信息化管理种种优势的充分发挥，裁撤掉非必要的管理功能，进一步优化管理质效。

（三）不断完善管理信息系统，具体化管理功能

在推动高校学生管理朝着信息化方向不断迈进的过程中，先要保证相关硬件有效到位，接下来需持续健全管理信息，依托管理信息系统去设计、打造各功能模块，不仅要引入科学的管理体制，还需利用管理平台实现一系列的管理职能，将信息化管理理念及模式有机融入各个管理环节，从而实现对学生管理效率的不断提高。动态优化学生管理信息系统，及时、准确地录入有关管理信息，为学校的学生管理决策提供必要依据。在推动学生管理工作的实践中，应进一步联系学

生实际，将两者有机结合到一起，使得管理工作能发挥出更大效能。

第四节　学生层面

一、重视学生权利：更新学生参与高校管理的观念

引导和鼓励学生适度介入高校管理，这是对学生消费者身份的尊重，也体现了对受教育者合理诉求的充分支持。在传统观念的束缚下，不少高校管理者觉得大学生这一群体社会经验少、实践能力不足，是难以胜任管理工作的，因此不建议学生的介入。基于人才培养层面观之，为学生开辟介入学校管理的渠道有其积极意义，有助强化大学生的民主意识，也有助推动他们的全面发展；基于学校高效管理层面观之，学生的介入有助于优化学校的服务效能，原因是"积极听取顾客的意见，才能不断优化服务质量，获取更高水平的顾客满意度"。对于学校服务来说，学生扮演着直接体验者的角色，应当吸纳他们介入其中，一来能提高学校管理工作的针对性，二来能提高学生自我管理能力和质量。所以，高校管理者应积极摒弃"替代家长"这一传统观念，肯定学生拥有的主体地位，为其适度介入高校管理提供平台和机会，充分发挥大学生的主观能动性。

"参与，即意味着务必根植组织，真正走入管理者乃至全体员工的内心并反映到其实际行动中去。"应让学生充分知晓参与学校管理的意义，如此才能充分调动其参与热情，进而使其主观能动性得到充分发挥。由关于"学生参与高校管理的积极性"的一项调查可知，仅17.6%的受访学生表示其该方面的积极性很高，而57.7%的受访学生表

示一般，22.6% 的受访学生则给出了不高的回答。所以，若想让更多学生介入高校管理活动，则务必要进一步激活其参与意识，形成更趋强烈的主观参与意愿。第一，高校应着重激发学生这一群体的主人翁意识，摒弃"只读书"传统观念；第二，以学生为对象系统阐释参与学校管理的必要性和重要性，着力消除其抵触感；第三，高校在倡导学生参与时不能停留在口号层面，而应为之开辟多元化、有效化的渠道，做好参与指导工作，对一些学校管理事务进行有机简化，使得学生也有余力做好。

二、赋予学生权力：完善学生参与高校管理的机制

明智地分享权力并不等于削弱权力，反而可以多出成果。通过打造、健全和学生相配套的参与机制，将有关权力充分下放给学生，这也是后期高校推动管理体制优化工作的一大主流趋势。

（一）构建并完善高校学生管理听证制度

在我国当下的法治建设活动中，听证制度扮演着关键角色，发挥出了相当积极的作用，建议将听证制度有机运用于高校，为学生更深度地介入学校管理提供制度层面的支持。由现状可知，国内不少高校已成功架构了学生管理听证制度，使得学生的参与权利得到了有力保证。例如 2012 年厦门理工学院便成功组建了本学院的学生听证委员会，采用了"学校如何做，先听听学生们的意见"这一模式，赋予学生参与主体的地位，而非单纯的被管理者。

（二）实行高校学生代表大会提案制度

学生参与学校管理有其积极意义，也是我国当代大学应当积极探索的一个方面，完善的大学制度应当为该群体的有效参与奠定制度基

础，参考教代会模式引入和采纳学代会提案制度，为学生更顺利、更高效地介入高校管理活动提供强力的组织保障。以南开大学为例，在第 19 次学代会期间，该校学生便以学代会代表名义向校方提出了大量"提案"，总数不下百份，内容更是覆盖面极广，除学习相关问题（如课程规划等）外，也涉及生活问题（如膳食优化等）。把提案制度有机运用于学生代表大会，可以打通学生、学校之间的交流路径，强化学生的自我管理意识和能力，充分发掘发挥学生的主人翁意识，使其能在学校管理事务中发挥出更为积极的作用。

（三）完善学生参与高校管理的规章制度

若想深化学生对学校管理事务的参与，则务必要完善配套制度，这也是依法治校的不可或缺的制度保障。现阶段，我国很多高校都在大力探索大学生如何合理、高效介入民主管理的问题，旨在为大学生的此类活动奠定必要的制度基础。以吉林大学为例，其制定并出台了《吉林大学学生参与学校民主管理实施办法》，以期扭转学生在高校管理活动中的从属地位，引导形成主动参与模式，动态强化广大学生的自我管理能力。

三、优化学生参与：提升学生参与高校管理的品质

促进学生参与高校管理，不应仅仅停留在低层次、低水平的"形式阶段"，而应致力于层次的提高和品质的提升，达到有效、积极和高水平的"实质阶段"。

（一）提高大学生参与高校管理的层次

参与高校管理可分为三个层次，初级层次以行使知情权、监督权和建议权为核心，中级层次以行使行动权、咨询权和评议权为核心，

高级层次以行使决策权、表决权和投票权为核心。目前，我国大学生参与学校管理的途径和方式还主要集中在初级层次或者中高级层次的初级阶段，如高校普遍设置的校务公开栏、校长信箱、校长接待日以及实行的学生助理制、学生评议制等，都只停留在知情权、监督权、建议权等初级阶段和层次。学生组织、学生干部参与管理也仅仅停留在宿舍、食堂等生活服务管理层面，对学校重大方针的决策根本无从参与。鉴于大学生身心发展的特殊性以及群体功能的特殊性，学生参与高校管理的范围和程度可以是有限的，但学生作为学校主体参与学校各个层次管理的权利却是不可忽视的。高校应充分尊重学生参与学校重大决策领域管理的权利，让学生真正享有"参政议政"的权利。

（二）创新大学生参与高校管理的方法

随着网络技术的成熟以及高科技产品在高校的广泛应用，学校可以充分借助当前先进的技术和科技手段拓宽学生参与学校管理渠道。例如，南开大学就通过开设"小开"微信平台来专门用于校园信息咨询、交流和反馈等事务，学校不仅能够用它发布各种公告信息，还可以将其用于向学生征集各方面的提案和意见，成为"随时随地任何学生"参与学校事务管理的一种新的便捷途径。此类形式创新与方法创新，能够打破以往学校管理工作在时间和空间上的限制，提高管理工作的效率，使学生参与学校的管理更加人性化和现代化。

（三）增强大学生参与高校管理的能力

无论是我国还是西方国家，学生与教师和专职行政管理人员相比，在知识、经验和能力方面都是不足的，但这不足以成为限制他们参与学校管理的理由。大学生作为由成年人组成的群体，已经具备较成熟的思想和独立判断的能力，同时还兼具较强的可塑性和培养空间。高校应当重视对学生参与学校管理能力的培养，创造机会让更多学生关心和了解学校的发展并积极参与到学校管理当中，尤其要鼓励学生参与教学管理、干部选举及奖惩制度等事关自身发展和切身利益的重大事务。例如，辽宁大学曾实施大学生入机关挂职锻炼计划，每年选拔一定数量的优秀在校大学生，安排他们担任校内重要行政岗位的助理工作，包括教务处处长助理、后勤集团总经理助理、学生处处长助理等，锤炼学生参与学校民主管理的素质与能力。

第九章

互联网时代高校人才培养模式的转变

第一节 转变的基本原则

一、围绕重心的原则

应高度关注学生的学习情况并将之设置成高校在打造人才培养模式时的创新突破口，反之，不管目标设定得多么"华丽"，均会招致偏离工作重心的问题。值得一提的是，工作重心通常亦是高校十分看重的目标愿景，这和人才培养方面密切关注学生的实际需求高度吻合。在认知和把握工作重心的过程中，务必要将宣导工作落实到位，要让广大教师深刻认识到人才培养模式创新具有的积极意义，进而为相关工作的开展提供更大助力。

二、具体化的原则

纵观高校人才培养模式创新可知，其实质可被理解成以学校既定人才培养目标为对象予以所谓的具体化处理。由高校运行现状可知，其核心工作是打造具有创新意识和能力的应用型的人才。在该愿景的明确指引下，应设置清晰目标，例如，打造社会当下亟需的人才，进一步优化毕业生的就业率等。

三、可实现的原则

可实现，即最终完成的可能性。该原则会在一定程度上决定高校人才培养模式创新工作的最终效果。不少学校尽管设定了人才培养目标，然而其中一些过于超前，是学校既有资源所无法支撑的，有沦为空中楼阁的可能；一些又过于滞后，在一定程度上制约了高校的迅速发展。所以，在此类创新活动中，一方面要立足学校实际，切忌好高骛远，应有目的、有规划地达成目标，不要总想着一步到位，应基于本校发展规律为之架构适宜的指标体系。

四、合理有序的原则

在推动此类创新工作时，应设置尽量清晰的阶段性目标，第一，应做到高度明确，所涉及的各项工作任务务必要具体、清晰，不能模糊不清；第二，应具备良好的可行性，应自觉抵制好高骛远式的设定，因为几乎无法达成，势必会打击到师生的自信心。所谓有序，即在时间规划上应做到有序，具体来说在设定目标的操作中，应立足实际，予以计划推进。

第二节　转变的路径选择

纵观国内高校可知，其在推动人才培养模式创新工作时主流做法是对之前模式予以优化升级，而非实施所谓的颠覆性设计，这种情况和国内高校的客观条件有关，因为大部分高校面临资金有限的问题，另外也和国家现行政策密切相关，由现状可知，国家为高校改革提供的帮助力度是有限的，造成不少高校有心无力，师资不足、资金短缺长期困扰着高校，使其在人才培养模式方面无法放手创新。值得一提的是，在诸多影响因素中，资金问题带来的影响排在第一位，然而该问题又很难通过校方的自行努力加以解决，同时政策环境也不是很给力。高校在该领域的创新集中反映在两大块，一个是培养模式的定位，另一个是方向选择。需要做好下述工作：

第一，在培养模式定位方面，应做到立足实际。高校之所以推动人才培养模式创新，其主要目的是优化自身的人才培养能力，使其更具"市场竞争力"。应在节约资源上做出努力，高校应对本校的优劣势有清晰认知，进而利用该创新活动有目的、有规划地参与竞争，借此收获更为可观的创新效益。高校需要科学展望社会后期的用人需求，观察人才需求的情况，从而真正培养出社会需求的人才来，无论是哪种方式的选择，均要密切联系自身条件和社会需求，如此才能做到有的放矢。

第二，在方向选择方面，应遵循多方考虑的原则。要照顾社会需求，持续输送社会紧缺人才，这是高校推动此类创新的根本目标，所以在创新方向确定这一块，务必要重视和做好前期的社会调研工作，精准把握社会关于人才的真正需求。另外，应密切关注人才的比较优势。以技术型人才为重点对象，不断强化其比较优势，这也是高校推动此类创新的一大目的。所以，在方向选择这一块，需就新、旧模式进行横向比较，明确新模式具有的比较优势，如提升究竟体现在哪几个方面，到底能为高校人才培养工作创造什么样的优势等。

第三节　转变的路径内容

一、教学理念层面

基于"全程育人""以生为本""以学定教"的教学理念，结合高校办学理念、人才培养模式、社会人才需求等，重构包括高校办学方针在内的诸多事宜，明确高校人才培养定位（包括应用型、创新型以及复合型等），打造多维目标体系，架构涵盖全体学生的分层教学体系。健全多维目标体系十分关键，这是高校推动全方位育人工作的基础所在，利用对人才培养模式的动态优化，有机融入和职业有关的知识，可以进一步丰富人才的知识储备和拔高其专业能力，引导他们形成并保持正确三观。知识目标关注两点，一个是专业课程大纲，另一个是应用型人才培养，要求学生掌握各项基本知识，明确专业特征，知晓职业成长方向。技能目标聚焦在实践技能培养和提升方面，利用包括实践基地、任务教学以及项目仿真在内的诸多途径，不断强化学生的综合技能，尤其是专业技能。素养目标给学生提出的要求是：拥有高水平的职业道德素养，讲究职业操守，强化学生的职业信念，使其愿意为工作岗位而努力奋斗，最终提高其工作适应能力。分层教学体系会基于学生差异（如学习能力等）为之设计与其所处层次相适配的培养目标，打造具有阶梯式特点的人才培养体系，有目的、有规划地提升学生的专业技能。

二、教学模式层面

互联网技术正在为教育发展做出重要贡献，但也注意，建构在互联网基础上的教学模式尚留有诸多亟待解决的问题。

（一）课程教学不能完全等同于教育

对于教育而言，其终极目标体现在打造全面发展的优质人才，高校的主要作用也是如此。为进一步提高人才培养水平，需学校管理层和一线教师携起手来，积极践行教育教学规律，高质推动管理及教学工作，在做到全员、全方位育人的基础上，也要做到全过程育人；一所高校应当形成健康的、浓郁的校园文化并充分发挥其润物细无声式的熏陶作用，助力大学生这一群体综合素质的不断提高。基于该角度观之，基于互联网的教学模式固然有其优势，然而也无法彻底取代学校教育。笔者的观点是，与其担心传统学校是否会走向没落，还不如投入更多时间和精力去研究怎样进一步发掘发挥网络教学的功效。在探究线上教学的实践中，尝试和线下教育进行有机融合，互为补充，相互扶持，持续优化教学质量；各高校应清楚、正确地看待互联网教育产业的价值，做好协同探索工作，基于统筹视角做好教育教学工作，同时保证该领域改革试验的实效性。

（二）加强"联结"与"互动"，提高学习效率

分析基于互联网的以"微课程"为代表的诸多学习模式可知，其基本特征体现在联结、互动上，这两者是保证学习效率的关键所在。在互联网教学实践中，应当基于创造性视角对有关信息技术善加利用，优化学习模式，革新教学内容，健全运行机制等，积极推动师生、生生及人机互动，深化线上线下教育之间的融合，吸引更多大学生注册，以共享方式投放优质教育资源，保证教育公平，赶超国际先进教育模式。如若不然，"微课程"等便与十几年前诞生的网络课件无甚差异了。

（三）完善学习监督和效果评价机制

纵观互联网教学可知，其准入门槛不高，就现状观之依旧缺乏成

熟有效的激励机制，整体而言，学习者的参与热情及自律性偏低，同时课程实际完成率也停留在较低水平。怎样对线上学习成效予以合理评价并把结果及时且有效地告知师生，动态优化线上教学质量，充分激发学习者参与热情及效率，备受关注，亦是线上教学模式亟待突破的瓶颈问题，也会给线上线下教学之间的有机结合带来深远影响，亟需业界人士打造与之适配的评价标准、体系及方式，不仅如此还需在大数据技术有机运用等多个方面予以更为系统的研究。

（四）探索和完善市场运营机制

在教育资源配置活动中，市场扮演着决定性的角色，当形成了一定规模的市场需求时，基于互联网的教学模式才能获得不断发展。打造健全的运营机制尤为关键，是互联网教学进一步成长的关键性保障，例如，对于线上教学，应当进一步梳理清楚其公益性、营利性之间存在何种关联；对于课程联盟和与之关联的各种协作组织，怎样完善其运营模式；通过何种路径高效筹措免费线上教学所需的经费和资源等。以上这些均有待实践的探索和检验。

三、师资队伍层面

在企业大学打造的人才培养系统中，师资是尤为关键的部分，不管基于来源角度观之又或是基于其担负的角色来看，均展现出了多元化的发展走向。和培养目标、课程体系相适配、保持高度一致的讲师体系备受关注，亦发展成了当下高校的主要特色之一。

在线上教学领域，单一课堂式讲师有其局限性，难以满足学生的多元化需要。讲师被赋予了"教练""导师"等职能，就角色而言更趋多元。主要反映在：第一，扮演着主题式授课讲师的角色。以创业家训练营活动为例，讲师要围绕和课题有关的各种知识及技能予以一一讲解，还要引导学习者进行讨论交流。第二，扮演着内外部教练的角色。在内部教练这一块，主要由企业之中实践经验较为丰富的专家担任，受年龄较大影响，他们大多已经退居二线。将这部分专家引入项目式课程有积极意义，能发挥较理想的榜样效能。外部教练可以从外部引入更多、更前沿的观念。第三，扮演着技术导师的角色。关注实战培养，要求各业务单元积极响应，安排长年奋斗在实践一线的技术负责人出面充当技术导师。

四、支撑体系层面

为积极推动高校人才培养工作，应进一步完善配套的支撑体系，除引进高校名师打造专属"智库"，架构和完善人才配套科研制度之外，还能积极推动人才创新创业项目孵化等事宜，从而不断提高人才培养水平。在打造"智库"的过程中，需要明确并严格执行入库规则、成员筛选机制、配套的福利制度等，由"智库"引导和推动校内人才培养工作，基于人才发展的特点和需求为其打造科学完备的职业发展规划并做好答疑工作，助力高校人才培养工作的稳步推进。在设计和完善人才配套科研制度方面，应打造更趋完善的学生科研项目规划，在各个年度组织和实施不同级别的学生科研项目，发掘发挥优秀学生的天赋，为其专业发展提供机会和平台。应对人才创新创业项目孵化给予高度关注，可打造一定规模的人才专项科研基金，充分发挥校企合作的作用，基于创新创业人才的客观需要，健全其协同发展机制，为其可持续发展提供有力支撑。

五、教学路径层面

现代化教学路径备受各大高校的关注，是互联网蓬勃发展背景下高校推动自身人才培养路径创新工作的关键一环，在输出复合型人才方面发挥了尤为关键的作用。在规划和打造该路径的过程中，可引入翻转课堂并将之用作核心，同时辅以包括闯关教学在内的各种前沿教学理念，进一步优化和完善高校人才培养体系。在打造翻转课堂的实践中，有机设置自主探究、合作探究以及总结反思等环节。在自主探究这一环节，引入任务式学习模式，设计并投放自主探究任务卡，详细列示本节课时的重点，如待达成的知识层面的、技能层面的及素养层面的目标，以此引导和帮助学生的自主学习，特别是如何立足任务要求进行高质量的课前预习；在进入合作探究阶段之后，充分发挥小组协作的作用，综合运用包括闯关教学在内的多种模式，设计多个关卡，厘清规则，要求学生大胆闯关，以此夯实其专业基础和拔高其专业技能。进入总结反思阶段之后，教师会立足教学实践反馈的种种不足，予以有目的的教学巩固，对学生的高质量作品进行校内宣传，以此强化学生信心，激活其学习动力，发挥出高校的教育能力和价值。

第四节 转变的各类保障

一、内部质量保障

（一）学校领导层高度重视并推行质量意识

纵观高校管理事务可知，领导层是最为关键的团体。同样道理，人才培养工作受到学校领导层的重视程度是影响人才培养质量的关键因素，亦是人才培养工作有序、高质运转的先决条件。意识决定行动，所以高校领导特别是决策层领导务必要具备高度的质量意识并将之反馈到实践中去，这样才能引起相关人员的真正重视，进而实现对各方面资源的充分调动，为人才培养活动的高质进行夯实基础。应以高校决策层为对象，使其感受到提高人才培养质量的必要性和紧迫性，进而促使其对相关理论展开学习和研究。在办学实践中，学校决策层务必要具备高度的责任感，在思想上关注和肯定人才培养质量的重要性，进而督促其付诸实际行动。

（二）营造质量保障氛围

高校普遍关注质量文化建设，这具有积极现实意义，也是人才培养质量得以充分保障的一个关键条件和必要条件。应培育和拔高高校全体员工的自觉意识，使其能主动地介入到人才培养质量保障工作中去。由实践可知，在高校推动的人才培养质量保障工作中，质量文化发挥着相当关键的影响。高校领导不仅要狠抓教育，还需在政策引导上多下功夫，全面且深度地宣传质量文化，创设优质的校园氛围，引导师生员工的思想发生积极转变，能积极、主动地支持人才培养质量保障活动。

（三）建立长效机制持续激励内部成员

高校是社会的高校，需要密切关注市场发展情况并顺势为之，唯有如此才能和时代一起进步。转变传统观念，在推动质量保障工作的过程中，和利益进行有机挂钩，如此可带来可观的动力效应，能激励质保作用的进一步提升。科学的激励机制通常涵盖两大方面，一个是正面奖励，另一个是反面惩罚，两者具有相辅相成、有机补充的关系。需指出的是，短期的管理效果很多时候是无法发挥出模范效应的，鉴于此高校需要打造和推出长效的激励机制，应积极落实绩效考核工作，奖励先进，以评促学，激发广大师生的主观能动性。还应将管理工作落到实处，依托现行的制度系统，明确各方权责，推动定期考评工作，及时纠偏，确保师生不会在错误的方向上努力。

（四）引入第三方评估作为良性刺激

高等教育应着力摆脱孤岛效应，要和社会的实际需求建立密切关系。高校应积极引入第三方力量（除教育系统和社会上关联组织外，还包括家长群体等），聚焦其人才培养质量予以针对性诊断，高校也可利用该路径履行其应负的社会责任。在有外力介入和影响的背景下，能在一定程度上提高高校的危机感，促使其在人才培养质量保障这一块投入更多时间、精力和资源，为自身的人才培养开辟出更为宽阔的渠道，进而实现双赢局面。

（五）加大人、财、物等资源投入

纵观高校人才培养质量保障可知，该工作得以顺利推动的一个基本前提是拥有丰富的资源投入，尤其人员投入这块。参与人员有专兼职之分。为保障人才培养质量，高校会设立专门的监测部门并为其配备一定数量的专职人员。在推动专项评估活动时，会酌情引入部分兼职人员，以业界专家为主，由其为此类活动建言献策。若投入不足，则保障工作举步维艰，最终会在一定程度上降低人才培养质量。质量保障离不开资金的支持，也离不开有关物资的支持。所以，高校在推动该工作时务必要为之提供足够的人力和财力支持。

二、外部质量保障

（一）健全高等教育质量保障相关法规建设

由现状可知，我国对高等教育质量保障的关注尚不到位，尤其体现在配套法规建设这一块，依旧留有很多不足。因配套法规的缺失，加重了盲区问题，造成该方面的保障工作收效不大甚至到了形同虚设的地步。所以，在积极吸纳国际相关先进经验和成熟做法的基础上，我国有必要立足高校人才培养质量保障的当下运行情况，尽快制定和颁布配套法规，基于宏观角度做好调控工作。

西方发达国家（如美国等）十分关注高等教育质量并为之出台了诸多政策法规，且已在实践中收到了不俗效果，能为我国当下推动的高等教育改革提供一定参考。在制定和颁布有关法规之后，在有具体政策可供依据的基础上，政府能有目的、有规划地向高等教育领域投入相关资源。与此同时，国家需要打造与之配套的教育监评机构，严格执行法定权力以监督和规范高校办学的方方面面，尤其要重点关注其人才培养质量保障工作的落地情况，要体现公平性和公正性，还需在此基础上进一步完善配套法规。

（二）进一步扩大高校自主办学权

我国对高校人才培养质量给予了高度关注，要求高校聚焦人才培养质量拔高和保障问题实施动态的制度创新，要和社会实际需求保持高度一致。如此背景下，应赋予高校更大自由度的办学自主权，助力其摆脱枷锁，进一步发掘发挥其能动性。政府需要对高校做进一步的放权，尤其是办学权，政府应将更多精力投放到规划引导、宏观调控以及完善规则等方面。应进一步发掘发挥市场本身的监督职能，督促高校在实践中不断总结办学规律，有目的和有规划地优化人才培养质量。

在推动市场化工作的过程中，也要与时俱进地健全社会舆论监测及引导机制，充分发挥社会、媒体等相关方的监督作用，督促政府、高校和有关机构合规办事。进一步提高社会参与度，如为方便社会更及时、更高效地监督高校人才培养工作，可开辟更多、更通畅的评价渠道；着力健全政府的统筹机制，定期发布相关评估数据，督促责任方尽快整改，确保人才培养质量得到充分保障。

（三）加强质量保障理论和实践的建设

分析高校的人才培养质量保障工作可知，其牵涉面极广，结构也十分复杂，为赋予其足够的科学性及有效性，应立足国情落实理论探索工作，明确其内在规律。该保障工作涉及诸多理论，除了系统科学理论、高等教育学理论之外，同时还包括高等教育评价理论等。我国在上述领域的研究尚需进一步深化，也需就其范围做进一步拓展，应积极吸纳、转化国际上在质量管理领域业已取得的先进成果，并将之有机融入我国实践，在此基础上打造出和我国国情高度适配的、高校特色有机契合、高质量的人才培养质量保障体系。

（四）加大数据化、信息化等现代化技术的应用

西方发达国家（如美国等）在践行教育质量保障事宜时更侧重操作层面，如聚焦人才培养质量保障所涉及的过程、内容、方法等予以了一一细化，还围绕保障结果、结论进行了深度研究并付诸了实践。我国在该方面起步偏晚，导致能为人才培养质量保障提供支撑的技术尚没有真正成熟。所以有必要借鉴国际上的成功模式，充分发挥统计学的功能，关注并保证数据量化质量，因地制宜地将包括信息化在内的相关技术有机运用于人才培养质量保障领域，动态完善其指标、方法以及技术等各个方面。

图书在版编目（ＣＩＰ）数据

提质赋能 ：互联网时代高校学生人才管理模式研究/
曹晖著. — 长沙 ：湖南科学技术出版社，2024.6
ISBN 978-7-5710-2827-5

Ⅰ．①提… Ⅱ．①曹… Ⅲ．①高等学校－学生－学校
管理－研究 Ⅳ．①G645.5

中国国家版本馆 CIP 数据核字(2024)第 068736 号

TIZHI FUNENG:HULIANWANG SHIDAI GAOXIAO XUESHENG RENCAI GUANLI MOSHI
YANJIU

提质赋能 ：互联网时代高校学生人才管理模式研究
著　者：曹　晖
出 版 人：潘晓山
责任编辑：吴展鹏　汤伟武
出版发行：湖南科学技术出版社
社　　址：长沙市芙蓉中路一段 416 号泊富国际金融中心
邮购联系：0731-82194012
印　　刷：长沙市宏发印刷有限公司
厂　　址：长沙市开福区捞刀河大星村 343 号
邮　　编：410153
版　　次：2024 年 6 月第 1 版
印　　次：2024 年 6 月第 1 次印刷
开　　本：880mm×1230mm　1/32
印　　张：10
字　　数：234 千字
书　　号：ISBN 978-7-5710-2827-5
定　　价：86.00 元